新 社会福祉士養成課程対応

障害者福祉論

― 障害者ソーシャルワークと
　　障害者総合支援法 ―

相澤 譲治
橋本 好市　編
津田 耕一

JN122904

みらい

●編者

相澤　讓治　神戸学院大学
あいざわ　じょうじ

橋本　好市　神戸常盤大学
はしもと　こういち

津田　耕一　関西福祉科学大学
つだ　こういち

●執筆者一覧（五十音順）

相澤　讓治　前出 ………………………………………………第1章
あいざわ　じょうじ

伊藤　秀樹　兵庫大学 …………………………………………第2章第1節
いとう　ひでき

伊藤　葉子　中京大学 …………………………………………第3章
いとう　ようこ

小田桐早苗　川崎医療福祉大学 ………………………………第6章
おだぎりさなえ

柿木志津江　関西福祉科学大学 ………………………………第12章第1～3節
かきぎしづえ

鍛治　智子　金城学院大学 ……………………………………第13章第2節
かじ　ともこ

後藤　祐之　川崎医療福祉大学 ………………………………第14章 事例1
ごとう　ひろゆき

栄　セツコ　桃山学院大学 ……………………………………第13章第4節
さかえ

下田　茜　川崎医療福祉大学 …………………………………第7章
しもだ　あかね

玉井　智子　元今治明徳短期大学 ……………………………第12章第4節
たまい　ともこ

辻井　善弘　宝塚さざんか福祉会 ……………………………第14章 事例2
つじい　よしひろ

津田　耕一　前出 ………………………………………………第13章第1節
つだ　こういち

直島　正樹　相愛大学 …………………………………………第8章
なおしま　まさき

中野　明子　吉備国際大学 ……………………………………第2章第2節
なかの　あきこ

野村　智宏　金城大学 …………………………………………第10章
のむら　ともひろ

狭間香代子　元関西大学 ………………………………………第5章
はざまかよこ

橋本　好市　前出 ………………………………………………第4章
はしもと　こういち

平野　華織　中部学院大学 ……………………………………第13章第3節
ひらの　かおり

松永千惠子　国際医療福祉大学 ………………………………第9章
まつながちえこ

森　詩恵　大阪経済大学 ………………………………………第11章
もり　うたえ

はじめに

　現在、障害者福祉分野のみでなく、社会福祉、社会保障全体でさまざまな制度の改変が続いている。特に、「社会福祉基礎構造改革」以降、障害者権利条約の批准、障害者虐待防止法、障害者差別解消法等の整備をはじめとするめまぐるしい変化の連続である。特に障害者自立支援法成立から障害者総合支援法への成立は、実践現場に、そして利用者、家族に多くの当惑を生じさせたのかもしれない。障害者福祉に対する崇高な理念は語られるが、現実の制度や支援の状況はどうであろうか。また、専門性が強調されるものの、障害者福祉の専門職としてのアイデンティティを確立できるシステムが保障されているであろうか。「自立支援」の理念が、利用者に対して真の「自立支援」につながっているであろうか。

　常に支援者は、利用者サイドに立脚して冷静かつ客観的な判断と熱い意志を保持する必要があるだろう。また、施設設置基準への職員資格を明記することや、利用者へのアドボカシー機能をはじめとする専門的機能を重要視した対応スキルが求められる。

　本書は、障害者福祉の最新の動向をふまえて、基本的理解が得られるような構成に留意し、ソーシャルワーク実践の視点も学ぶことができるよう工夫している。各章の冒頭には、章テーマとソーシャルワーク実践とのかかわりについて概観し、本論において障害者福祉とソーシャルワーク実践の理解が深まる体裁をとっている。また、各章末にはその章の学びをベースにしたまとめの節や自主的学習ができる課題を提示している。

　考える主体はあくまでも学ぶ者である。専門知識は取得しておかなければならないが、学ぶ者が課題に対し主体的に取り組むことによって、自分自身の意見を定着させることができる。ぜひ取り組んでいただきたい。

　なお、現在の法制度上「障害者」という用語が使われていることから、本書においても文意によってこの文字を用いている点をご理解いただければ幸いである。

　最後に、本書の作成にあたり、お忙しいなかでご執筆いただいた執筆者のみなさまに深く感謝申し上げる。また、刊行に際して、㈱みらい企画編集課の三浦敬太氏から賜ったご指導とご尽力に、心から御礼申し上げる。

2021年1月

編　者

目　　次

はじめに　／3

第1章　障害者福祉の視点

1．現代社会と障害者 ……………………………………………11

⑴　人　　権　／11

⑵　障害者観　／12

⑶　コロニー政策　／13

⑷　本人主義　／14

2．障害者と家族・地域社会 ……………………………………16

⑴　障害者と家族　／16

⑵　障害者と地域社会　／18

第2章　障害者福祉の歴史

1．欧米の障害者福祉の歴史 ……………………………………23

⑴　国際連合による取り組みと障害者福祉の発展　／23

⑵　北欧の障害者福祉の歴史　／26

⑶　アメリカの障害者福祉の歴史　／28

⑷　イギリスの障害者福祉の歴史　／31

2．日本の障害者福祉の歴史 ……………………………………33

⑴　古代から第二次世界大戦まで　／33

⑵　第二次世界戦後から今日まで　／36

第3章　障害者福祉の基本理念

1．障害者福祉の基本理念の歴史的変遷 …………………………49

⑴　当たり前の生活を求めて　／49

⑵　障害当事者自らが社会参加し、権利行使の主体へ　／50

2．現代における障害者福祉の基本理念 …………………………52

⑴　ノーマライゼーション（Normalization）　／52

⑵　リハビリテーション（Rehabilitation）　／54

⑶　自立生活（Independent Living：IL）の理念　／55

⑷　ソーシャル・インクルージョン（Social Inclusion）　／57

第4章　障害の概念、そのとらえ方

1．障害の概念と定義－障害のとらえ方－ ……………………………………61

⑴　「障害者」を同じ市民としてとらえることへの道標　／61

⑵　「国際障害分類（ICIDH）」からみた障害の概念　／62

⑶　「国際障害分類（ICIDH）」から「国際生活機能分類（ICF）」へ　／63

⑷　「国際生活機能分類（ICF）」からみた障害の概念　／64

2．わが国にみる障害（者・児）の定義 …………………………………………67

⑴　障害者福祉法制における障害（者・児）の定義　／67

⑵　対象別福祉法制における障害（者・児）の定義　／67

第5章　障害者福祉実践における今日的視点

1．ソーシャルワーク実践の基本的視点 …………………………………………73

2．エコロジカル視点 ………………………………………………………………74

⑴　システム思考－人と環境の一元的理解－　／74

⑵　エコロジカル思考－交互作用と適応－　／75

3．ストレングス視点 ………………………………………………………………76

⑴　ストレングス視点とは何か　／76

⑵　ストレングス視点の基本的原理　／77

4．エンパワメント志向の実践 ……………………………………………………78

⑴　エンパワメントとは何か　／78

⑵　エンパワメント志向の実践で必要な技法　／79

⑶　障害者本人中心のソーシャルワーク　／80

第6章　障害者の生活とニーズ

1．人間の理解 ………………………………………………………………………83

⑴　人間の基本的ニーズ　／83

⑵　基本的ニーズと支援の視点　／85

2．障害者の生活とニーズの理解 …………………………………………………86

⑴　社会福祉分野におけるニーズ　／86

⑵　個人の生活とニーズ　／86

⑶　障害者のニーズ　／87

3．障害者の生活と実態の理解 ……………………………………………………90

⑴　障害者の全体的状況　／90

⑵　生活状況（在宅者の同居者の状況）　／92

⑶　就労状況　／93

第7章　障害者福祉の法体系と実施機関

１．障害者福祉の法体系 ……………………………………97

２．障害者福祉の法 ………………………………………101
　⑴　障害者基本法 ／101
　⑵　障害者総合支援法 ／104
　⑶　身体障害者福祉法 ／106
　⑷　知的障害者福祉法 ／108
　⑸　精神保健福祉法 ／109
　⑹　発達障害者支援法 ／110
　⑺　障害者虐待防止法 ／112
　⑻　障害者差別解消法 ／114

３．障害者福祉の関連法制度 …………………………115
　⑴　児童・保健・医療 ／115
　⑵　教　　育 ／117
　⑶　雇用・就労 ／118
　⑷　所得保障 ／118
　⑸　生活環境 ／119

４．障害者福祉にかかわる実施機関 …………………120
　⑴　身体障害者更生相談所 ／120
　⑵　知的障害者更生相談所 ／120
　⑶　精神保健福祉センター ／121
　⑷　発達障害者支援センター ／121
　⑸　児童相談所 ／121
　⑹　福祉事務所 ／122
　⑺　保健所・市町村保健センター ／122
　⑻　障害者の就労にかかわる実施機関 ／122

第8章　障害者福祉のサービス体系

１．障害者総合支援法制定・施行・改正 ……………125
　⑴　障害者総合支援法制定・施行までの経緯 ／125
　⑵　障害者総合支援法の改正 ／127

２．障害者総合支援法に基づく障害者福祉のサービス体系 ……128
　⑴　概　　要 ／128
　⑵　対象（「障害者」の範囲） ／129
　⑶　自立支援給付 ／129
　⑷　地域生活支援事業 ／138

３．児童福祉法に基づく障害児を対象としたサービス ……139
　⑴　障害児を対象とした施設・事業体系 ／139

　　⑵　サービスの利用形態　／139

　4．障害者福祉サービスにおける給付の仕組み　………………………141

　　⑴　支給決定・サービス利用のプロセス　／141

　　⑵　障害支援区分　／144

　　⑶　障害支援区分の認定　／144

　　⑷　利用者負担　／144

　5．障害者福祉のサービス体系における課題　…………………………146

　　⑴　費用負担・所得保障に関する課題　／147

　　⑵　障害支援区分に関する課題　／147

　　⑶　市町村への実施責任の一元化（責務）に関する課題　／148

　　⑷　居住支援・地域移行支援に関する課題　／149

第9章　障害者の社会参加

　1．障害者の社会参加を拒む要因と克服への課題　………………………153

　　⑴　4つの障壁（バリア）と社会的障壁　／153

　　⑵　バリアフリー、ユニバーサルデザインにかかる施策　／154

　　⑶　障害者に対する偏見とその克服のために　／156

　2．障害者の社会参加の現状と取り組み　…………………………………158

　　⑴　障害者の社会参加と地域移行　／158

　　⑵　障害者の芸術・スポーツ　／161

　　⑶　障害者の社会参加を促進するための合理的配慮と差別の禁止　／163

　　⑷　社会参加の今後のあり方－パーソナル・アシスタンス制度の実現－　／165

第10章　権利擁護

　1．権利擁護の意味と構成要素　……………………………………………169

　　⑴　権利擁護の意味と担い手　／169

　　⑵　権利擁護の考え方　／170

　2．権利擁護にかかわるシステム　…………………………………………171

　　⑴　障害者虐待防止法　／171

　　⑵　障害者差別解消法　／172

　　⑶　日常生活自立支援事業と成年後見制度　／173

　　⑷　触法障害者への支援　／176

　3．虐待に対する対応と支援者の役割　……………………………………176

　　⑴　Sセンターの虐待防止に向けた取り組み　／176

　　⑵　Sセンターによる虐待発生から通報までの経緯　／177

　　⑶　虐待対応における支援者の役割　／179

　4．法制度と今後の課題　……………………………………………………179

第11章　障害者の生活保障

1．所得保障と各種手当 ……………………………………………183

(1) 公的年金制度　／183

(2) 生活保護法・生活福祉資金貸付制度　／185

(3) 特別児童扶養手当等の支給に関する法律　／186

(4) 労働者災害補償保険法　／188

(5) その他の補償・優遇措置　／188

2．雇用・就労 ……………………………………………………189

(1) 一般雇用　／189

(2) 障害者雇用促進法の概要　／192

(3) 福祉的就労　／195

3．教　　育 ………………………………………………………199

第12章　障害者福祉を支える人々

1．障害者福祉にかかわる専門職 ………………………………205

(1) ソーシャルワークの専門職　／205

(2) ケアワークの専門職　／207

(3) 行政機関等の相談支援にかかわる専門職　／207

(4) 障害者総合支援法に基づく主な職種　／208

2．障害者福祉の関連分野における専門職 ……………………210

(1) リハビリテーションの専門職　／210

(2) 保健・医療分野の専門職　／211

(3) 教育分野の専門職　／212

(4) 労働分野の専門職　／212

(5) 心理分野の専門職　／213

3．障害者を支援するその他のマンパワー ……………………214

(1) ピア・ボランティア　／214

(2) 行政委嘱型ボランティア　／215

(3) 家族・当事者　／215

(4) 日常生活自立支援事業における専門員および生活支援員　／216

(5) 障害者福祉分野におけるNPO活動等　／217

4．障害者福祉を支える人同士の連携 …………………………217

(1) 多職種（間）連携　／218

(2) さまざまな分野における連携　／220

第13章　障害者ケアマネジメント

1．ケアマネジメント　　…………………………………………………229
　⑴　ケアマネジメントの始まり　／229
　⑵　ケアマネジメントの必要性　／230
　⑶　ケアマネジメントの意味　／231
　⑷　障害者ケアマネジメントの理念　／232
　⑸　ケアマネジメントの展開過程　／234
　⑹　わが国の障害者ケアマネジメントの取り組み　／236

2．身体障害者のケアマネジメント　　………………………………238
　⑴　身体障害者の障害特性と生活ニーズ　／238
　⑵　身体障害者ケアマネジメントの特色　／241

3．知的障害者のケアマネジメント　　………………………………244
　⑴　知的障害者の障害特性と生活ニーズ　／244
　⑵　知的障害者ケアマネジメントの特色　／246

4．精神障害者のケアマネジメント　　………………………………249
　⑴　精神障害者の障害特性と生活ニーズ　／249
　⑵　精神障害者ケアマネジメントの特色　／252
　⑶　「ケアマネジャーになる」関係性　／255

第14章　障害者ソーシャルワークの実際

事例1　身体障害者の地域生活支援　261
1．利用者・支援者の紹介　　……………………………………………261
　⑴　利用者と家族　／261
　⑵　支援者　／262

2．事例の概要　　………………………………………………………262

3．支援の過程　　………………………………………………………263
　⑴　アセスメント　／263
　⑵　面接におけるコミュニケーション上の配慮　／264
　⑶　支援目標の設定　／264
　⑷　支援の過程　／265

4．新たな課題と残された課題　　……………………………………268

5．事例の考察　　………………………………………………………269

事例2　知的障害者の地域生活支援　270
1．利用者・支援者の紹介　　……………………………………………270
　⑴　利用者と家族　／270
　⑵　支援者　／271

２．事例の概要　……………………………………………………………271

３．支援の過程　……………………………………………………………273

　⑴　アセスメント　／273

　⑵　支援目標の設定とサービス等利用計画の立案　／275

　⑶　支援の過程　／277

４．新たな課題と残された課題　…………………………………………279

５．事例の考察　……………………………………………………………280

索　引　／283

第 **1** 章　　　　　　　　　　　　障害者福祉の視点

● 障害者福祉の視点とソーシャルワーク実践

　障害者福祉を学ぶということは、第2章以降の歴史、基本理念、概念と実態、基本的ニーズ、法制度、サービス体系、専門職者、他機関との連携等々に関する知識を習得することである。しかし、大切なことは、それらの内容の一つひとつや現代社会におけるさまざまな障害者（児）問題を考えるとき、表面上の事柄のみを理解するのではなく、歴史的背景（経済、政治、文化、思想等）を把握しておかなければ真の理解ができない点である。知識として理解しなければならない内容もあるが、問題意識をもち続けることが、確実に学びの深さにつながっていく。多くの問題意識をもつことによって、人権の重要性に気づいていくであろう。

　しかし、そのような学びに加え、障害のある当事者と直接出会い、話を聴き、あるときには何らかのサポートをすること、また、当事者家族の声に耳を傾けることも重要である。この直接的な出会いも大きな学びとなる。ソーシャルワーカーは、現代社会のさまざまな矛盾に直面する。当事者や家族とのかかわりのなかで矛盾に気づき、そして教えられることで、解決への手立てが見出せていくであろう。

1．現代社会と障害者

(1) 人　　権

　障害者福祉を考える際の原点は、「人権」である。人権とは、人が生まれながらにもっている権利の総体のことである。この基本的人権には、自由権、社会権、生存権等があげられるが、最も重要な権利は、生存権である。日本国憲法第25条において「すべて国民は、健康で文化的な最低限度の生活を営む権利を有する」（第1項）と規定し、生物学レベルの生存ではなく、人間らしい生活を送ることができるように求めている。この「人間らしく生きる権利」は、障害者福祉を考えるときの出発点となる。障害者（児）が家族とともに、あるいは一人で、また複数で、地域社会で人間らしく生活できているのかを常に問うていなければならない。

＊1　アメリカ独立宣言
イギリスによって統治されていた13の植民地が独立したことを宣言した文書。「基本的人権と革命権に関する前文」他本文等で構成されている。

＊2　フランス人権宣言
人間の自由と平等、人民主義、三権分立など17条から構成されている。フランス革命の基本原理を述べた宣言。

しかし、この「人権」や「人間らしい生活」は、とても抽象的な表現である。生存権に示される「健康で文化的な最低限度の生活」自体があいまいな表現ともいえる。そこで、人権の理念や具体的な内容について文言化して定められたのが各種人権宣言である。歴史的には、アメリカの「独立宣言＊1」(1776年)、フランスの「人および市民の権利の宣言 (人権宣言)＊2」(1789年)、ドイツの「ワイマール憲法」(1919年)、「国際連合憲章」(1945年)、「世界人権宣言」(1948年)、「国際人権規約」(1966年) 等があり、障害者に関する人権宣言も国際連合によっていくつか採択されている (第2章p.24参照)。しかし、これらの人権宣言は、いずれもその時代、社会の大きなうねりによって軽視され、侵害され続けている現実があった。この大きなうねりとは、戦争に代表される反福祉的行為であったり、その社会を覆う思想、価値観である。

そこで、障害者 (児) が置かれている状況について、いくつかの時代的状況と人権を関連させながら、トピック的に紹介してみよう。

⑵　障害者観

たとえば、古代ギリシャでは、障害者 (児)、特に身体障害者の人権は考えられていなかったといえる。具体的には、障害者は遺棄、抹殺されたわけであるが、その理由は「労働力」あるいは「兵士」として役に立たない存在であっただけではなく、次のような思想の影響を受けてであった。

それは、プラトンの霊肉二元論である。プラトンは、霊と肉の二者のうち、人間にとって大切なのは霊であると考えた[1)2)]。医療は、健康を回復する人のためにあるので、障害者は、医療の対象外であること、障害者は生殖の機会を与えられるべきではないことを紹介している。これは、優生政策＊3の原型ともいえる。アリストテレスも「不具者 (障害者のこと) は、育ててはならないという法律を定めなければならない」と主張している[3)]。市民は健康体をもつ者であり、そうでない者は、市民といえず、国家社会 (ポリス) を形成する人となり得ないのである。

＊3　優生政策
優生学の考えに基づく政策。遺伝要因を重視して、優良遺伝子を増加させ、反対に劣等遺伝子をなくしていく考えが優生学である。強制的な不妊手術、婚姻の禁止などの介入によって、人間の遺伝形質の改良を行うこと。

プラトンの言説は、その当時の社会に大きな影響を与えたが、プラトンはまた「障害児は、山に捨てろ」とも主張している[4)]。国家の繁栄にとって、市民でない障害者 (児) は不必要な存在としてみなされていたことがわかる。

一方、日本において障害 (者) は、どのようにとらえられていたのであろうか。

新村拓は、「古代・中世社会においては、障害者は共同体の外に追い払われていた。それは、障害者が罪を犯した者であること、さらに、障害者が発すると考えられていた災気 (のちには穢れとなる) から共同体を守り、秩序と

安定と回復を願うということが、その行為の正当性を与える論理であった」
と指摘している[5]。

　障害者（児）は、共同体の存続のために不必要な存在であり、穢れ、不浄、
災いをもつものとして考えられていたのである。社会全体の存続を優先させ
ていたことがわかる。また、障害者は、「異界の人」[6]であり、そして異界の
人ゆえに共同体は自ら手を下すことなく、「水に流す」ことによって障害者の
いのちを消していったのである[7]。「水に流す」とは、「なかったことにする」
との意味である。障害児が生まれたら、河川文化の日本社会では、「水に流
し」生まれなかったことにしていた。

　第2章第2節に具体的な記述があるが、以上のように外国ばかりでなく、
日本においても障害者への対応は差別と隔離の歴史であった。たとえば、明
治時代以降は、わが国の富国強兵政策のもと、障害者はあるときには「非国
民」のレッテルを貼られた[8][9]。また、障害児も教育の対象とはされていなかっ
た。

(3)　コロニー[*4]政策

　身体障害者福祉法制定（1948（昭和23）年）当時、なかでも重度の障害者
（児）への施策が不十分な時期である1950年代に、重症心身障害児を抱える
親たちを中心に入所施設設置への運動が行われた。このソーシャルアクショ
ンの結果、1963（昭和38）年に重症心身障害児施策の制度化がなされたが、
重症心身障害者（児）たちが安心して生活できる場の必要性が強調されるよ
うになった。

　1960年代、厚生省（現：厚生労働省）の行政担当者や福祉関係者は、「ヨー
ロッパ社会福祉研修視察団」として西ドイツ（現：ドイツ）のベーテル[*5]や
スウェーデンのカルスルンドを訪問した。たとえば、1967（昭和42）年に小
林提樹（当時・重症心身障害児施設島田療育園長）は、北欧（デンマーク等）
へ福祉事情の視察を行っている。そして、重症心身障害者（児）が安心して
生活できる場の設立にあたって参考にしたのがベーテルである。

　ベーテルの町の萌芽は、1867年に始まる。牧師F．V．ボーデルシュヴィン
グがベーテルと名づけたこの町は、障害者と健常者が一つの共同体として約
3.5km²の敷地で生活している[10][11]。それは、施設ではなく、一つの地域社会
である。視察した人たちは、ベーテルを障害者（児）の理想の村としてみ
た[12][13][14]。そして、わが国においてこのベーテルを参考にして自治体によって
コロニーが設立されはじめるのは1970年代である。しかし、1970年代は、北
欧やアメリカにおいてはノーマライゼーションの理念のもと、いわゆる大規

＊4　コロニー
心身障害者が長期にわ
たって生活する大規模
な総合社会施設群のこ
と。コロニーとは、植
民地の意味である。

＊5　ベーテル
ベーテルは、神の家の
意味である。数人の篤
志家が一軒の農家に数
人のてんかんの子ども
を保護したのが始まり
である。現在は、病院、
老人ホーム、アルコー
ル依存症患者の施設、
職業訓練所、図書館、
プール等があり、約
8,000人の障害者と約
1万4,000人の施設従
業者およびその家族が
生活している（引用文
献14参照）。

模収容施設が縮小、解体されていく時期であった（第2章p.38参照）。

　また、1950年代以降、わが国では政策的にも福祉国家への途をめざした。経済的復興という社会的な背景も現実にはあった。また、この社会福祉施策拡充の動向は、市民の社会福祉運動に後押しされたことも事実である。これは、当時、顕在化してきた公害問題を代表とする環境問題に関する市民運動と軌を一にするものである。そして、障害者（児）の家族の会によるソーシャルアクションとともに重度障害をもつ子の親としての立場から発表した作家水上勉の「拝啓池田内閣総理大臣殿」*6も世論を喚起した大きな要因の一つであった[15]。

＊6　水上勉「拝啓 池田総理大臣殿」
『中央公論』誌（1963（昭和38）年6月号）に掲載された水上勉から池田勇人（総理大臣）にあてた「手紙」である。1962（昭和37）年に誕生したわが子が二分脊椎症であったことから、障害児の教育や福祉の問題を提起した内容である。

　親としての願いがあるにせよ、国際的にはノーマライゼーションの理念の影響下、コロニーが廃止されていくなか、どうしてわが国ではコロニーが設立されたのであろうか。

　その答えの一つに、障害者（児）を地域社会が受け入れなかったことがあげられよう。障害者（児）、特に重度の人たちは、家族によって介護を受けている。しかし、家族介護に限界が生じた場合、地域社会は受け入れの場ではなく、施設、それも長期（本人の死まで）にわたって生活できる施設入所しかなかったのである。この点を小澤温は、「わが国の場合、障害者の地域生活の基盤は家族介護に頼っている実態がみられ」、「家族介護の限界が生じ、親としてやむを得ない要望としてコロニー設立への要望」があったと指摘している[16]。

　また、このコロニー建設は、1960年代の高速道路建設、新幹線建設と同様、社会開発の一環でもあった。山間部の土地を整備し、大規模な施設を建設できたのは、高度経済成長期だったからでもある。

⑷　本人主義

＊7　ピープル・ファースト
1991年に世界で初めての全国組織である「カナダ・ピープル・ファースト」が設立される。わが国でも毎年、ピープルファーストジャパンの主催で「ピープル・ファースト全国大会」が開催されている。

　「ピープル・ファースト」*7とは、「まず、人間である」という意味である。知的障害者の当事者組織の名称が「ピープル・ファースト」であり、特に知的障害者の人権に関する運動を行っている。

　1973年、アメリカのオレゴン州で、知的障害者（当事者）たちの会議が開かれた。その際、当事者に対して「自分たちのことをどのように呼んでもらいたいか」と尋ねられたときに、ある男性が「ピープル・ファースト」と答えたことに帰因する。「私たちは、知的障害者としてではなく、まず、一人の人間としてみてほしい」との願いがピープル・ファーストである。

　サポートを受けながらも、当事者自身ができる限り物事を決める主人公であることが社会的にも浸透している。1970年代のアメリカは、ベトナム戦争に対する反戦運動や、女性、黒人の権利獲得運動等の社会的背景をもちなが

ら福祉権獲得運動やコンシューマー運動へとつながっていく。この意味で「ピープル・ファースト」も広くは公民権運動の一つといえる。

このように、障害者（特に知的障害者）本人が自らのことを語り、社会参加し、自分のことは自分で決めようとする考え方を本人主義という。

そして、1981年の「国際障害者年」の際に、世界各国の障害者である当事者が各団体の障害種別を超えた国際組織である「障害者インターナショナル」（DPI）[*8]を立ち上げた。国連の正式協議機関であるこの組織の主張は、「われら自身の声」である[17]。

*8
Disabled Peoples' International：DPI。第3章pp.50-51参照。

これら一連の動向の特徴は、第一に、障害をもつご本人、つまり当事者が人権を問い、主張する主体者となっている点である[18]。

第二に、障害観の転換である。国際障害分類（ICIDH）から国際生活機能分類（ICF）への改定（第4章1節参照）にみられるように、障害は個人の責任に帰するのではなく、環境との関係性において障害が存在することが認識された点である。

第三は、障害学の提唱である。当事者の主張を学問的にも裏づけるためにイギリスを中心に「障害学」が主張されている。障害者は、社会によって無力化されてきたのであり、社会自体を変えるべきとの主張である[19]。

第四に、障害者本人の手記、体験記、主張が公に表現され、書籍等として刊行されていることである。また、講演を行い、障害者福祉、広くは福祉への啓発活動も行っている。このことは、市民が当事者の本音を含む発言を知り、理解する大きな契機ともなっている[*9]。

たとえば、松兼功（作家、脳性まひの障害をもつ）は、次のような経験を紹介している。

*9
障害当事者が執筆した本として、松兼功『障害者に迷惑な社会』『ショウガイノチカラ』『こころの段差にスロープを』『障害者が社会に出る―その後の五人の人生―』、鈴木（戸沢）ひとみ『一年遅れのウェディング・ベル―わたしは車椅子の花嫁さん―』『気分は愛のスピードランナー―車椅子のウェディングから1年―』、小山内美智子『私の手になってくれたあなたへ』『車椅子からウィンク』『痛みの中からみつけたしあわせ』『おしゃべりな足指』、安積遊歩『癒しのセクシー・トリップ―わたしは車イスの私が好き！―』『車イスからの宣戦布告―私がしあわせであるために私は政治的になる』『いのちに贈る超自立論―すべてのからだは百点満点―』、東田直樹『飛び跳ねる思考―会話のできない自閉症の僕が考えていること―』『あるがままに自閉症です』『自閉症の僕の七転び八起き』などがある。

数年前の参議院議員選挙の前日、ワープロに向かっていると、電話のベルがけたたましく鳴った。急いでワープロから離れ、ちょっと息を切らせて「モシモシ……」と出ると、40歳前後と思われる女性が、まるで20代に舞い戻ったようなキャピキャピした声で、「こんにちは！　私はA党を応援しているYと申す者です。明日の選挙では、東京選挙区には"H・S"と、比例代表には"A党"と、ぜひお書きください」と、一気にまくし立てた。（中略）

それでも、いったん出てしまった以上、むやみに切るわけにもいかず、「ハイ……ハイ」程度のナマ返事をしながら耳を傾けていた。幸か不幸か、電話の向こうの女性はそのナマ返事で私の言語障害に気づいたらしく、キャピキャピ声のトーンをいきなり低くして、「あら、そちら、障害をもってる方ですか？」と、尋ねてきた。私が少しためらいがちに、「ハイ、そうです」とこたえると、彼女はぶっきらぼうに、「それじゃ結構ですから」と言って、電話をガッチャンと切っ

た。「ツゥー　ツゥー　ツゥー」あとに残った虚しい不通音に向かって、私は思わず、「いったいなにが結構だって言うんだよ?」と、罵声を飛ばした。

　彼女もあきらかに、私を言語障害があるというだけで一人の有権者として扱おうとしなかったのだ。[20]

　障害者に対し、一人の市民、一人の有権者として対応しない人（一人の市民、一人の有権者である）がいることも確かである。私たちは、このご本人の声に誠実に耳を傾け、その「生活のしづらさ」を少しでも理解し、支援していく姿勢を堅持しなければならないだろう。

２．障害者と家族・地域社会

(1)　障害者と家族

＊10　パール・バック
アメリカの小説家。キリスト教伝道師の両親とともに中国に渡り育つ。夫とともに養子仲介機関を設立する。1931年に『大地』を発表し、1932年にピュリッツァー賞受賞。

　パール・バック[＊10]には、７人の娘がいた。しかし、本人自身が生んだ子は、長女のみである。２人目以下は、いわば養子であり、長女は知恵遅れ（知的障害のこと）として出生した。娘が知恵遅れと知ったときの思いを、母としてのパール・バックは次のように述べている。
　「私の胸をついて出た最後の叫び声は、『どうしてこの私がこんな目に遭わなくてはならないの?』ということばであった」[21]。そして、パール・バックは、後日、「娘は、価値ある存在である」と決心したと述べている。しかし、このように決心するまでパール・バックは、子どもに多くの医師の診断を受けさせ、意気消沈していく一人の母親であったことも事実である。障害児を抱える両親、特に母親がとる行動と同じである。この「価値ある存在」と受け入れるまでの思いを次のように述べている。「月日がたつにつれて、私は生きていく以上、悲しみを抱いて暮らしていても、そのなかで楽しめることは大いに楽しむようにつとめるのは当たり前だ、と思うようになって」[22]いる。母親（保護者）として、子どもの障害の受容についての多くを教えてくれるのがパール・バックの真実の声である。しかし、障害をもって生まれた子どもを容易に受け入れがたい家族がいることも事実である。
　次に、両上肢欠損症の赤ちゃんを出産した母親と周囲の人たちの言説を紹介してみよう。

　右手が肩からなく、左手は肘までの３分の１しかない赤ちゃんが生まれた。そうすると、夫の両親が担当医師に「人工妊娠中絶ということもあるのだから、こ

の子は生まれなかったことにして、なんとか始末してもらえないだろうか……」と申し出をした[23]。そして、(前略)もっと順子(母親の名前)を悲しませたのは、夫の両親が「こんな子がわが家に生まれたのは嫁の責任」と言い触らしたことだ。「二人のあいだの子どもなんだから、どっちの責任ってことはないはずでしょう。ところが向こうの両親は "うちには遠い親類までたぐっても、そんな片輪者なんか一人もいない" と言い張るんです。医学的にみて、この障害は遺伝じゃないんだといくら説明しても聞き入れませんでね。順子さん、あんたの責任ですよ……と、ことあるたびに言うんですよね」[24]と、夫の両親は母親を責めている。

　障害児を生んだのは嫁の責任であり、わが家(夫の家、ひいては夫の家族)の恥であると主張する。障害をもって生まれた子どものいのちよりも世間の目を気にする人たちがいる。

　劣等遺伝は、「イエ」社会においては忌み嫌われる存在であったことが現代社会を生きる家族の声から理解できる。多数の国民の利益を守るために個人や小数集団(特に障害者や病者)を排除するのは当然であるとの社会防衛思想も根底に横たわっている。歴史的にも、わが国ではハンセン病患者を代表とする感染病者対策や精神障害者の人たちに対する隔離政策等にその典型例をみることができるだろう。

　また、障害者と家族を考える際に、2つの課題がある。1つは、障害のある人の兄弟姉妹の抱える悩みである。もう1つは、障害者の親が亡くなった後、子どもである障害者本人の自立生活の課題である。

　兄弟姉妹は、親と違い障害者本人とほぼ同じ時期で生活している。兄弟姉妹は自身の成長とともに我慢せざるを得ない経験も多々あるだろう。また、家族に障害者がいることで偏見差別等も経験したかもしれない。近年は散見されなくなったが、結婚が不利となったケースもあったことも事実である。

　また、兄弟姉妹を支援する団体として、「全国障害者とともに歩む兄弟姉妹の会」や精神障害者については「東京兄弟姉妹の会」などがあり、現在各地に支部がある。これらの会では、悩みの共有や情報支援などが行われピア(仲間)して支え合う仕組みが実施されている。

　障害者の中には、障害者総合支援法に基づくサービスを受けたり、ボランティアやNPOのサポートを得たりしながら地域で生活している人もいる。しかし、実際地域での生活となると、年金、所得保障、就労支援を含めた働く場の確保の面でも十分とはいえず、住宅、交通、教育などのそれぞれのニーズに見合ったサポートも不十分である。また、地域によってはインフォーマルな社会資源の有無が地域での生活への困難さもあるだろう。

(2)　障害者と地域社会

　次に、身体に障害のある男の子の弟が小学校4年生のときに書いた作文を紹介しよう。

　　ぼくには、手足の不自由な兄がいる。父も母も、大きい兄も、おじいちゃんも
　おばあちゃんも、家族みんなでみまもっている。
　　兄は、自分の力では、なにもすることができないけど、がまんできる。強い人
　だなあと、思うことがある。
　　毎年、夏にやってくる夜店や、夏まつりは、母のつらい間だ。夜店の開かれる、
　すぐちかくに、ぼくの家があるので、母は、「連れていってやりたいけれど、あ
　まり人がじろじろみるのでなあ、スターなみや」と笑う。「見られてもええやん。つ
　れていったろうよ」と、ぼくがさそう。
　　車椅子にのせてもらった兄は、喜んでわなげとか、花火とか、いろいろな店を
　見ていくと、おとななのに指さして笑う人がいる。あるお母さんは、自分の子ど
　もに、「これこれ、そんなことやめとき、わるいことしたら、あないなんねんで」
　と、悪い見本のように言った。「ちがう。兄ちゃんの、不自由なのは、悪いこと
　したからやないで。生まれるときに、頭の中にできた、けがのためや」と、ぼく
　は大きな声で叫びたかった。
　　運どう会の昼食のときにも、兄のほうをみてくすくす笑っている人がいた。そ
　れまで、母からおいしそうに、おべんとうを食べさせてもらっていた兄の顔が、
　急に悲しそうになった。その顔をみて、ぼくも悲しくなる。でも、ぼくたちは、
　すぐにおもしろい話をする。
　　ぼくは、からだの不自由な兄が運どう会にきて、おうえんしてくれるのがいち
　ばんうれしい。何日もまえから、「きっときてや、ぜったいきてや」と、たのんで
　いた。兄は、ようご学校を休んで、ぼくのおうえんにきてくれたのだ。
　　よその人がどんなに見ても、ぼくは、ゆうえんちでも、百か店でも、えいがや
　レストランでも、兄といっしょにいきたい。
　　ぼくは、兄のたのしそうなかおを見ていると、自分もたのしくなる。近じょの
　人や、しんせつな人が、兄をはげましてやってくれたときは、とてもうれしい。
　「あんな人ばっかりやったらええのにな」と、思うときがある。
　　からだは不自由でも、兄のきれいな心は、ぼくたちよりすばらしいと思う。気
　もちよくみんなのあつまるところへ行けるような世の中が、早くくるように、ぼ
　くたちは努力していきたいと思う。[25]

　10歳の子どもが素直に感じた世間の冷たさを表現している。世間は、内部
の人同士の結束力は強いし、許し合いもある。許し合いは、一種の人間関係

のあいまいさがあるからであろう。しかし、世間の外部の人には無関心であるし、外部の人に対して排除する論理もある。現代社会で障害者は「地域社会の一員」にはなれたであろうが、「世間の一員」に入っていないのではないだろうか。地域社会は個人により形成されている。多様な価値観をもつ一人ひとりの個人の集まりが地域社会となっている。しかし、地域社会は「場の共有」がある程度存在するにせよ、「さまざまな価値を共有し合う」人間関係の集まりとはなっていない。

　施設コンフリクト*11も、いわば「世間」との確執（総論賛成各論反対）である。障害者の施設は必要ではあるが、世間にとっては迷惑な存在である。そこで、世間の人たちは施設設立にあたって、反対運動や計画変更を要求する。施設と地域社会とのコンフリクト（葛藤、紛争）が現実に存在する。このように、障害者は世間の一員ではなく排除されている。「共生」は相互の理解なしには生まれないことを施設コンフリクトの現実が示唆している。

　現在、障害者本人や家族が抱える「生活のしづらさ」は増大している。ますます本人と家族の自己責任へと押しやられている制度改革となっている。「自立支援」への目標とその援助（支援）は、本人と家族の自助努力を大前提にしている危険性を私たちは冷静に洞察しておかなければならないであろう。

*11　施設コンフリクト
障害者や高齢者の社会福祉施設や作業所の新設計画に対し、地域住民の設置反対運動によって、中止や計画変更となること。コンフリクトとは、葛藤、紛争の意味である。

本章のまとめ●現代社会における障害者福祉を学ぶ視点とは●

　現代社会における障害者福祉を考察する際の基本的なキーワードは、人権、当事者、家族、支援（サービス）、地域社会である。そして、障害者（児）が置かれている現実の状況を解決・軽減していくために自立支援、権利擁護、エンパワメント、ストレングス等の実践としてのキーワードがある。これらのキーワードを通して、諸外国の障害者福祉サービスから学ぶことや国際比較をすることで、わが国のサービスの充実にも寄与できるであろう。しかし、より一層大切なことは、日本社会における歴史的、社会的な状況と脈絡を押さえたうえで考察し、分析することである。そのためには、常に歴史から謙虚に学ぶことや、現実の「生活のしづらさ」を抱えている人たちから直接学ぶ必要もあるだろう。

【引用文献】
1）石川准・長瀬修編『障害学への招待』明石書店　1999年　pp.130－131
2）プラトン（藤沢令夫訳）『国家（上）』岩波書店　1979年
3）アリストテレス（山本光雄訳）『政治学』岩波書店　1969年　p.320
4）プラトン　前掲書2）
5）新村拓『死と病と看護の社会史』法政大学出版会　1989年　p.70
6）新村拓　同上書　p.73
7）樋口清之『日本人はなぜ水に流したがるのか』PHP文庫　1993年
8）障害者の太平洋戦争を記録する会編『もうひとつの太平洋戦争』立風書房　1981年
9）西田一『手話と補聴器で歩んだ道』文理閣　1999年
10）F.V.ボーデルシュヴィング（鈴木克則訳）『ベーテルの人々とともに』暁書房　1992年
11）F.V.ボーデルシュヴィング（鈴木克則訳）『父ボーデルシュヴィングの生涯』暁書房　1987年
12）井本義孝『ドイツの福祉日記』筒井書房　1995年
13）橋本孝『福祉の町ベーテル－ヒトラーから障害者を守った牧師父子の物語－』五月書房　2006年
14）橋本孝『奇跡の医療・福祉の町ベーテル－心の豊かさを求めて－』西村書店　2009年
15）水上勉『生きる日々』ぶどう社　1980年
16）小澤温編『よくわかる障害者福祉（第6版）』ミネルヴァ書房　2016年　p.56
17）DPI日本会議・2002年第6回DPI世界会議札幌大会組織委員会編『世界の障害者　われら自身の声』現代書館　2003年
18）中西正司・上野千鶴子『当事者主権』岩波新書　2003年
19）M.オリバー（三島亜紀子・山岸倫子・山森亮・横須賀俊司訳）『障害の政治－イギリス障害学の原点－』明石書店　2006年
20）松兼功『ショウガイ　ノ　チカラ』中央法規出版　1999年　pp.137－139
21）P.バック（伊藤隆二訳）『母よ嘆くなかれ』法政大学出版局　1993年　p.7
22）P.バック　同上書　p.71

23）斉藤茂夫『生命かがやく日のために』岩波書店　1994年　pp.68－69抜粋
24）斉藤茂夫　同上書　p.70
25）向野幾世『お母さん、ぼくが生まれてごめんなさい』サンケイ出版　1978年　pp.209
　　－210

障害者福祉の歴史

● 障害者福祉の歴史とソーシャルワーク実践

　本章では、ノーマライゼーションの思想とそれに伴うソーシャルワーク実践の生成や発展について、欧米と日本における障害者福祉の歴史の流れを通して紹介する。具体的には、まず、国際連合による取り組みと障害者福祉の発展過程を確認した後、デンマーク、スウェーデンに代表される北欧と、アメリカ、イギリスの障害者福祉の歴史についてみていくことにする。次に日本の障害者福祉の歴史について、前半は古代から第二次世界大戦まで、後半は第二次世界大戦後から今日までに時期区分をし、特に後者に対しては、欧米など国際的な動きと連動しながら概観する。

　これにより今日の障害者福祉におけるソーシャルワーク実践が、人権思想を具体化していく障害者福祉の歴史の積み重ねのなかで形成され発展してきたことが明らかになるとともに、ソーシャルワーカーにとっても今後の実践に向けて取り組むべき課題についての示唆を得ることができるであろう。

1．欧米の障害者福祉の歴史

⑴　国際連合による取り組みと障害者福祉の発展

1）　世界人権宣言から国際障害者年まで

　第二次世界大戦末期の1945年、世界平和の実現、国際協力、人権と基本的自由の尊重などを目的とした国際連合が誕生した。その3年後の1948年に、アメリカのフィラデルフィアで開かれた国連総会は、「世界人権宣言[*1]」を採択した。

　その第1条では、「すべての人間は、生まれながらにして自由であり、かつ、尊厳と権利とについて平等である。人間は、理性と良心とを授けられており、互いに同胞の精神をもつて行動しなければならない」と謳っている。これは人権を「人間が生まれながらにしてもっている権利」（天賦人権説）として初めてとらえたものであり、その後の障害者福祉や社会福祉全般のみならず、あらゆるヒューマンサービス領域で大きな影響を与えることになった。

*1　世界人権宣言
「すべての国家にとって達成されなければならない共通の基準」として第3回国連総会で採択された人権に関する世界宣言で、「人類家族全員が本来もっている尊厳と平等で譲り渡すことのできない権利を認める」という前文と本文30か条からなる。人権の内容としては、市民的自由や政治的権利の他、経済的、社会的、文化的権利などがある。

この人権思想は、その後のノーマライゼーション（第3章参照）の思想形成にも大きな影響を与えていくが、ノーマライゼーションの思想の影響を受けた新たな宣言として「知的障害者の権利宣言」（1971年）と「障害者の権利宣言」（1975年）が国連総会で採択された。

　知的障害者の権利宣言は、前文と本文7か条からなり、知的障害者が人間として尊重される権利は何ものにも代えがたいことを強調している。これに対して、前文と13か条からなる障害者の権利宣言では、知的障害者のみならず、障害をもつすべての人を対象にしている。つまり、障害者は人間としての尊厳が尊重される権利を生まれながらに有しており、障害の種別や程度、人種、性別、言語、宗教、財産、社会的身分、政治的・経済的な地位にかかわらず、あらゆる障害者の権利を障害者の固有の権利であるとし、知的障害者の権利宣言をさらに発展させた形で宣言している。そして、翌1976年の国連総会において、これらを理念としてだけでなく社会において実現することを目的として、「完全参加と平等」をテーマに1981年を「国際障害者年」とすることを決定した。

2）　国際障害者年から今日まで

　国際障害者年の翌1982年、国連は長期的な展望に立った継続的な活動を行っていくためのガイドラインとして「障害者に関する世界行動計画」を採択するとともに、翌年の1983年から1992年までを「国連・障害者の十年」とし、「完全参加と平等」を実現するための積極的な障害者問題への取り組みを加盟各国に要請した。

　2002年7月には、ニューヨーク国連本部において、第1回の「障害者の権利及び尊厳を保護・促進するための包括的・総合的な国際条約に関する諸提案について検討するためのアドホック委員会」が開催され、障害者権利条約作成の是非も含めて検討が行われた。以後2006年8月までに8回の委員会会合が開かれ、2006年12月13日の第61回国連総会本会議において「障害者の権利に関する条約」（障害者権利条約）を採択した。2020年7月の段階で、日本を含む182か国が批准国となっている。

障害者の権利に関する条約[1]

（国連総会決議　2006年12月13日）

（前文略）

第1条　目的

　この条約は、全ての障害者によるあらゆる人権及び基本的自由の完全かつ平等な享有を促進し、保護し、及び確保すること並びに障害者の固有の尊厳の尊重を促進することを目的とする。

　障害者には、長期的な身体的、精神的、知的又は感覚的な機能障害であって、様々な障壁との相互作用により他の者との平等を基礎として社会に完全かつ効果的に参加することを妨げ得るものを有する者を含む。

第2条　定義

　この条約の適用上、

　「意思疎通」とは、言語、文字の表示、点字、触覚を使った意思疎通、拡大文字、利用しやすいマルチメディア並びに筆記、音声、平易な言葉、朗読その他の補助的及び代替的な意思疎通の形態、手段及び様式（利用しやすい情報通信機器を含む。）をいう。

　「言語」とは、音声言語及び手話その他の形態の非音声言語をいう。

　「障害に基づく差別」とは、障害に基づくあらゆる区別、排除又は制限であって、政治的、経済的、社会的、文化的、市民的その他のあらゆる分野において、他の者との平等を基礎として全ての人権及び基本的自由を認識し、享有し、又は行使することを害し、又は妨げる目的又は効果を有するものをいう。障害に基づく差別には、あらゆる形態の差別（合理的配慮の否定を含む。）を含む。

　「合理的配慮」とは、障害者が他の者との平等を基礎として全ての人権及び基本的自由を享有し、又は行使することを確保するための必要かつ適当な変更及び調整であって、特定の場合において必要とされるものであり、かつ、均衡を失した又は過度の負担を課さないものをいう。

　「ユニバーサルデザイン」とは、調整又は特別な設計を必要とすることなく、最大限可能な範囲で全ての人が使用することのできる製品、環境、計画及びサービスの設計をいう。ユニバーサルデザインは、特定の障害者の集団のための補装具が必要な場合には、これを排除するものではない。

（中略）

第5条　平等及び無差別

1　締約国は、全ての者が、法律の前に又は法律に基づいて平等であり、並びにいかなる差別もなしに法律による平等の保護及び利益を受ける権利を有することを認める。

2　締約国は、障害に基づくあらゆる差別を禁止するものとし、いかなる理由による差別に対しても平等かつ効果的な法的保護を障害者に保障する。

3　締約国は、平等を促進し、及び差別を撤廃することを目的として、合理的配慮が提供されることを確保するための全ての適当な措置をとる。

4　障害者の事実上の平等を促進し、又は達成するために必要な特別の措置は、この条約に規定する差別と解してはならない。

（後略）

(2)　北欧の障害者福祉の歴史

1）　デンマークの障害者福祉の歴史

　デンマークの民主主義は農業協同組合運動や労働組合運動などの社会運動を通して形成され、それに伴い障害者の自立概念も、民主主義的な伝統に基づく社会的連帯の取り組みのなかで生まれてきた。

　デンマークにおける障害者の自立運動の出発点となったのは、第二次世界大戦後に福祉国家としての政策理念となった「ノーマライゼーション」である。この言葉は、後に「ノーマライゼーションの父」とよばれるN.E.バンク-ミケルセンが1953年に知的障害者の親の会の要望で作成した社会大臣宛の要請書のタイトルに「ノーマライゼーション」という造語を使用したのが起源であるといわれている。

　当初は、理念というよりは知的障害者への処遇の原理であった。N.E.バンク-ミケルセンは、第二次世界大戦中にナチス・ドイツの収容所で生活した体験があり、戦後、劣悪な環境の大規模入所施設での生活を余儀なくされている障害者の処遇を改善しようと知的障害者の親の会とともに処遇改善のための運動を行った。そして障害のある人も一人の市民として教育を受けて就労し、家庭をもって地域で生活する権利をもっていると主張した。そこからノーマライゼーションという理念が生まれ、N.E.バンク-ミケルセンが社会省の行政官として携わった「1959年法」において国の政策として取り入れられた。ノーマライゼーションという言葉が世界で初めて用いられた同法制定により、地域療育援助システムの整備や学校制度の改革などが行われるようになった。

　1964年には、ノーマライゼーションの理念のもとに、「社会福祉改革委員会」が設置され、「予防・安心・快適性」を目標とした新しい福祉政策案が作成された。1976年には「生活支援法」が施行され、これまでの高齢者、母子家庭、障害者というカテゴリーに分類してサービスするシステムを廃止して、福祉関係法を一本化する体制へと移行した。さらに1980年には、大規模な入所施設である国立精神薄弱者コロニーや精神病院などが地方自治体に移管され、小規模の入居施設や通所施設に移ることになった。

　しかし、この変遷に伴って2つの問題が生じた。一つは、地域社会で十分に受け入れ準備ができていなかったために、精神的にダメージを受ける障害者が出てきたことである。もう一つは、軽度の障害者が施設から離れ、より重度の障害者が施設に残ったため職員への依存が大きくなり、精神的負担を起因とした職員のバーンアウト現象が顕著になったことである。その後、こ

れらの課題を解決するための試みの一つとして音楽、芸術、演劇など障害者による文化活動が次々と企画され、やがてこれが新しい障害者運動を展開していく。当事者を中心とした組織が発足し、国の障害者政策に積極的に働きかけていくようになると、重度障害者の自立生活を可能にする、デンマーク独自のパーソナル・アシスタンス制度を実現させることに至った。

　その後、生活支援法は社会的な変化に応じて改正され、1998年には「社会サービス法」「積極的な社会政策に関する法」「権利安全に関する法」の3法律が、それまでの生活支援法に替わる新しい法律として施行された。

2）　スウェーデンの障害者福祉の歴史

　1950年代にデンマークで生まれたノーマライゼーションの理念は、すぐにスウェーデンに伝わり、知的障害者施策に取り入れられた。そのとき中心的役割として活躍したのがB.ニィリエである。N.E.バンク－ミケルセンが「ノーマライゼーションの父」とよばれるのに対して、B.ニィリエは「ノーマライゼーションの育ての父」とよばれた。

　B.ニィリエ[2]は、1968年に制定された「精神発達遅滞者援護法」のなかで「ノーマライゼーションとは知的障害者の日常生活の様式や条件を、社会の普通の環境や生活方法にできる限り近づけることを意味する」と述べ、同法は、ノーマライゼーションの理念を取り入れたスウェーデンの最初の法律になるとともに、全員就学を制度的に確立し、入所施設中心のあり方を見直して、居住環境の質的改善をめざし、「保護」から「援護」という知的障害者の新しい概念を提示した。

　スウェーデンにおいては、1970年代に入ると知的障害者の施設から地域への移行が始まっていった。1985年には、先の精神発達遅滞者援護法が「精神発達遅滞者等特別援護法」に改正され、翌1986年に施行されると、これまでの知的障害者だけでなく、中途知的障害者や小児精神病者などにも対象を広げた。ノーマライゼーションの理念のもと、知的障害者施設を廃止していくことを国の方針として示した1994年施行の「LSS法」（特定の機能障害者に対する援助及びサービスに関する法律）、1997年施行の「特別病院・入所施設解体法」のなかで1999年12月末日までに入所施設が全廃されることが明文化されると、大規模施設はほぼなくなっていった。このようにスウェーデンの福祉制度は、福祉国家の原型としての役割を世界に先駆け果たしてきた。

　ノーマライゼーションの理念のもと、入所施設解体を決定的にした1994年のLSS法の特徴は、「援護」から「権利」へと援助サービスに関する新しい概念を提示して、地域社会への完全参加と平等を打ち出したことである。そし

て、障害者への福祉サービス、リハビリテーション、補助器具の貸付などの
ケアの責任や医療的支援はランスティングとよばれる県レベルの地方自治体
からコミューンとよばれる市町村へと移管した。

　LSS法の制定に伴い、自己決定権と人格の尊重など自立のための援助（支
援）が叫ばれるようになり、65歳以下の知的障害者、重症心身障害者、日常
生活において援助（支援）およびサービスを必要とする者が対象とされ、個
別援助、パーソナル・アシスタンス、生活アシスタント（コンタクトパーソ
ン）、ガイドヘルパー、デイケアなどが含まれている「10の権利」を受けるこ
とができるようになった。権利制度のなかでも、障害者の自己決定権や生活
を最も向上させたのはパーソナル・アシスタンス制度の導入だといわれてい
る。また、交通機関へのアクセスを保障し差別をなくすために、1994年には
「障害者オンブズマン法」が施行された。

　このような一連の改革をみると、スウェーデンの社会は経済的危機のなか
でも社会的にハンディキャップをもっている人々の生活を保障しようとする
伝統が生き続けていることがうかがえる。

⑶　アメリカの障害者福祉の歴史

１）　リハビリテーションの理念

　リハビリテーションは、アメリカで発展してきた理念であり、リハビリテー
ションという言葉の語源は、「再び元の適した状態に戻す」や「権利や名誉の
回復」というように「人間としての権利や尊厳を、人間社会において取り戻
す（復権）する」からきている。

　リハビリテーションの系譜の一つとして、労働災害補償や第一次世界大戦
後の復員軍人対策として政策化された1920年の「職業リハビリテーション法」
に代表される職業リハビリテーションがある。本法は1973年に大改正がなさ
れ、「リハビリテーション法」として障害を理由にする差別を禁止し、障害者
の社会生活の自立と参加を大きく発展させることになった。

　もう一つの系譜としては、リハビリテーション医学である。こちらは２度
の世界大戦を経て急速に発展してきた。そのなかでもハワード・ラスクはリ
ハビリテーション医学を体系化し、「リハビリテーションの父」とよばれるこ
とになる。

　その後、リハビリテーションは世界的に広まり、国連が1982年に定めた
「障害者に関する世界行動計画」のなかで「リハビリテーションとは、身体
的、精神的、かつまた社会的に最も適した機能水準の達成を可能にすること
によって、各個人が自らの人生を変革していくための手段を提供していくこ

とを目指し、かつ、時間を限定したプロセスである」と定義している。

2）　ノーマライゼーションの影響による障害者福祉の発展

　ドイツ出身でその後アメリカに移住したW.ヴォルフェンスベルガーは、北欧で生まれたノーマライゼーションの理念を、国の文化を背景とした実践的な理論として再構築し、具体的なサービスシステムや評価システムを提言してきた。

　1960年代にはJ.F.ケネディ大統領が設置した知的障害に関する大統領委員会の報告書でノーマライゼーションの理念が紹介され、一般の人たちが営んでいる日常生活にできるだけ近づけることをめざし、精神障害者や知的障害者の脱施設化政策が進められ、W.ヴォルフェンスベルガーもこの政策を支援した。この結果、多数の知的障害者や精神障害者を施設や病院から地域に戻していったが、地域の支援体制が十分でなかったため、ホームレスを生み出すなどのさまざまな問題も生じた。そこで、1970年代にはグループホームなどでの生活をめざす脱施設化が図られていく。この脱施設化政策は北欧へも広がっていった。

3）　自立生活（Independent Living：IL）運動

　この一連の動きとともに1970年代のアメリカにおいては、自己決定の行使を自立とする新しい考え方が提起された。この思想は「自立生活思想」、通称「IL（Independent Living）思想」とよばれ、ノーマライゼーションとともに障害者福祉の思想として大きな影響を与えていく。障害者が日常生活において介助をはじめ、さまざまな支援が必要であっても、自己の人生や生活においては、自分が望む生活を自ら選択して決定するという、自己の責任により決定することを自立とする考え方である。障害者の選択権と自己決定権が尊重されている限り、たとえば身体的には不自由であっても人格的には自立している[3]とするものである。

　このIL思想が運動へと発展することにより、アメリカ社会で最も重要な人権の一つとしてみなされていた「自己決定」が普遍化されていった。施設や病院においても一方的な処遇や治療から、一人ひとりの自己実現に向けた生活支援へと具現化していくのである。そしてアメリカからヨーロッパ、1980年代にはわが国にも導入されていった。

4）　障害をもつアメリカ人法（ADA）

　1990年、「障害者に関する世界行動計画」で打ち出された「機会の均等化」

の理念に基づき、障害者差別撤廃と社会への参加をめざした「障害をもつアメリカ人法」（Americans with Disabilities Act：ADA）が成立した。この法律は、障害の種別を問わず雇用や公共施設利用および電気通信等の分野において、障害に基づく差別を禁止することなどに重点が置かれた。

　障害をもつアメリカ人法以前は、リハビリテーション法をはじめとする連邦政府による障害者関係法が存在し、また州政府においても41州で障害者差別禁止法が成立していた。特にカリフォルニア州においては、アクセス法という障害をもつアメリカ人法を先取りするような法律もあった。しかし、これらの既存法には問題点があり、それらの不備を補い、州による格差を解消するために障害をもつアメリカ人法は成立した。

　ここで、障害をもつアメリカ人法成立までの経緯をもう少し詳しくみていく。本法成立の背景には、1954年の「公立学校における白人と黒人の分離を法律によって強制することは、憲法の保障する法の平等な保護に反し、違憲である」とするブラウン対教育委員会最高裁判決（Brown v. Board of Education347U.S483）と、1960年代に盛んであった公民権運動[*2]の影響を受けて制定された「公民権法」（1964年）がある。このうち公民権法では、公共施設の利用や雇用、連邦援助プログラム等の分野で、人種、宗教、性別、出身国などの理由による差別が禁止されたものの、障害者を加えると法が弱体化するといった理由から障害者は除外されていた。初めて障害者の公民権を保障したのは、1973年に成立した「リハビリテーション法」である。本法は、あらゆるすべての障害者を対象にしたという点では画期的なものであったが、規制対象を連邦政府、連邦政府と契約を締結するもの、連邦政府の補助金を受けているものに限定するという制約があった。

　1980年代に入ると、レーガン政権による小さな政府の実現をめざす「包括予算調整法」が成立し、福祉後退への路線へと進んでいった。しかし1986年には、障害者に関する政策の提言や調整を行う独立政府機関である全米障害者評議会（障害者が委員の半数を占める）が、全米での障害者並びにその家族との話し合いにおいて差別撤廃に向けた法律制定の必要性を認識し、具体的な法案の作成に取りかかった。その成果が1990年7月に制定された障害をもつアメリカ人法である。7月26日のADA署名式典におけるブッシュ大統領の演説では「障害をもつアメリカ人法制定の成功は、独立宣言に次の言葉を書き込んだ勇気ある祖先の精神を私たちが忠実に守り続けてきたことを証明するものです。『われわれには、明白の真理として、すべての人は平等に造られ、創造主によって、確かな譲ることのできない権利を賦与されている』。私たちはこの言葉によって完全な統合の実現をめざして、2世紀以上にわたり

＊2　公民権運動
アメリカで政治的・社会的平等を求める社会運動の一つとして1950年代から1960年代に起こった。憲法で保障された政治に参加するなど公民としての権利の適用を求めて、キング牧師など非暴力を主張するアフリカ系アメリカ人らによって主導された。

努力してきたものであります」[4]と国民に向けて力強い祝辞を述べている。

　障害をもつアメリカ人法の目的は、第2条に「明確かつ包括的に障害者差別を禁止し、他の少数者や他の人々と同様に障害者を差別から守り、障害者差別禁止についての強制力を持った基準を定める」と謳っており、全体は5つの章から構成されている。

　特に、第1章「雇用」について、従業員15人以上の事業体は採用・解雇・報酬・昇進・その他の雇用条件に関して障害者を差別してはならない、第2章「交通・運輸」について、バス・鉄道など事業体が運行する車両は車イス使用者を含む障害者が容易に利用できなければならない、第3章「公共的施設」について、不特定多数の人が利用する施設経営者はその設備・サービスにおいて障害者を差別してはならないなどと定めたことは、当時としては新たな視点として広く注目された。

　この障害をもつアメリカ人法は、その内容だけでなく、障害者自らが草の根運動を展開し、国の政策決定にその声を反映させていったという点で、わが国をはじめ世界各国に大きな影響を与えた。

(4)　イギリスの障害者福祉の歴史

　イギリスの障害者福祉に関する施策の歴史は長く、貧困者への救済・保護施策として1531年から始まった「救貧法」からみることができるが、ここでは、第二次世界大戦期ころからみていくことにする。

1)　障害者の雇用施策

　1944年に制定された「障害者（雇用）法」では、障害者の任意登録制度や事業主に対して登録障害者の割当雇用、雇用リハビリテーション等が定められ、一般雇用が困難な方には保護作業所が必要であるとされた。同法に基づき1945年には、保護雇用サービスを公的に提供するレンプロイ公社を設立し、保護工場（90か所）の整備とともに、9,600人の障害者を雇用した。障害者雇用の最初の包括的な制度として創設されたものの、1970年代には割当雇用制度は未登録障害者の増加等により、機能しないものとみなされていた。そのため、これに代わる制度創設について議論されてきたが、結果的には長期にわたり状況は変わらず、後述する「障害者差別禁止法」が1995年に制定されるまで雇用保障への転換がなされることはなかった。

2)　障害者の社会的保護に関する制度改革とコミュニティケア

　障害者の社会的保護については、1948年に制定された「国民扶助法」に基

づき、地方自治体が担うこととなったが、視覚障害者以外の障害者は1960年に義務化されるまで進んでこなかった。また、閉鎖的な施設や病院などでの生活を余儀なくされていた。1961年には保健省が、身体障害者や知的障害者にとってコミュニティケアは現実的なものではなく、願望にとどまっているとの認識を示した。また、視覚障害者や結核のアフターケアには十分に確立したサービスがあったが、難聴者や聴覚障害者、肢体不自由者へのサービスは十分ではなかった。

　1959年制定の「精神衛生法」は、精神病の医療を身体的な傷病の医療のあり方に近づけ、精神病者の治療やアフターケアなどの社会的ニーズを強調し、知的障害者のニーズと結びつけながら、入院強制の廃止と脱施設化による家庭でのコミュニティケアへの転換を可能な限り進めるべきだとする王立委員会の勧告を法制化したものであった。そして1970年制定の「教育（障害児）法」では、それまでの「教育法」（1944年）において教育不可能として保健省所管の「年少者訓練センター」に委ねてきた最重度知的障害者児についての管轄を地方教育当局に移管するなど改革を行った。

　また、1970年制定の「慢性疾患及び障害者法」では、これまで国が許認可等の権限を担ってきた多くの事項を地方当局への委任事項とし、サービス水準が低い地方当局を引き上げることをねらいとした。各自治体の社会サービス部に、その地域のニーズを把握すること、サービス情報の周知、サービス提供などを求めるとともに、同年制定の「地方自治体社会サービス法」において、各自治体は、その義務と機能を果たすうえで必要なスタッフをもつことを定めた。その後、1986年には慢性疾患及び障害者法を補完する「障害者（サービス、協議、及び代理）法」を制定し、自治体にアセスメントを行うことを義務づけた。後にこの法的義務については、1990年制定の「国民保健サービス及びコミュニティケア法」に委ねられることとなった。

　国民保健サービス及びコミュニティケア法では、サービス利用者の生活のコントロール、選択を基盤として、サービス提供者と購入者が分離されることが示された。なお、同法制定のきっかけは、公的ケアの分析から数々の無駄や運営上の問題が指摘され、より効率的なケアを実現するために地域ケアを一層促進すべきという1985年と1986年の「監査委員会報告」における提言である。これは、提供される各種サービスが必ずしも利用者のニーズと一致していないことや、明らかに不要なものがあるとの指摘であって、このような障害者の要望やサービス提供者の判断が、真に生活上の改善に結びつくこと（ニーズ）と一致しているとは限らないという事実は、第11章で述べられる「ケアマネジメント」の基盤となるものであった。

3）　障害者差別禁止法

イギリスにおける障害者に対する差別を禁止する法律の制定を求める動きは1980年代に入って活発になってきたが、特に1990年のアメリカの「障害をもつアメリカ人法」の成立によって大きな影響を受けた。

1995年に制定された「障害者差別禁止法」は、雇用、商品、サービス、交通、教育へのアクセス、土地建物の売買、賃貸についての差別禁止を謳ったものである。雇用に関しては、前述した割当雇用制度に代わるものとして、従業員の募集、採用および雇用の継続等に際し、雇用主が差別することを禁止する制度が導入された。

同法は幾度かの改正がなされた後、2010年制定の「平等法」に引き継がれる形で廃止された。平等法は、9つの保護特徴（障害、年齢、性別再指定、婚姻・民事パートナーシップ、妊娠・出産、人種、宗教・信条、性別、性的指向）を理由とした、労働、不動産取引、教育など包括的場面における差別、ハラスメント、報復的取り扱いを禁止する法律である。

2．日本の障害者福祉の歴史

(1)　古代から第二次世界大戦まで

1）　近代以前（古代から近世まで）

日本の慈善救済の始まりは、593年の聖徳太子（厩戸王）による救済施設である四箇院*3が創設されたころからである。当時伝来した仏教思想を反映した活動であり、障害者も保護を受けた。しかし一方で、仏教は「因果応報」という考えを説き、障害は前世の悪業による仏罰であると解釈され、障害者が差別されることもあった。

障害者に対して法的保護がなされたのは律令制の時代であり、障害の程度を軽い順に「残疾、廃疾、篤疾」に分けるなど、法律に障害者に関する条文があった。実際には、保護の目的より障害の状況に応じて課税を考える意味合いが強かった。

律令制が崩壊した「下克上」の中世社会は、力や才能がある者は時代を享受できる世の中である一方で、力のない者は生きがたく、障害者への配慮など期待できない世の中であった。鎌倉時代の狂言には、障害者が「笑いもの、なぶりもの」として登場している。

厳しい状況に置かれていた障害者のなかで、一部ではあるが例外的に視覚障害者の活躍する場がみられた。彼らは「当道座」という組織に属し、芸能

*3　四箇院
聖徳太子が593年に四天王寺に建立したと伝えられている。悲田院（貧窮者を保護し、体力回復後は四箇院の雑事に従事させた）、敬田院（悪い行いをした者の仏教的教化を目的とした）、施薬院（薬草を栽培して施薬した）、療病院（身寄りのない病人を保護した）という4つの救済施設をさす。

などの特定の仕事をもつようになり、保護される存在になっていった。鎌倉時代から室町時代にかけて流行した「平家物語」などの軍記物を語る琵琶法師となって各地をめぐる活躍もしていた。

　天下の平定がなされ、近世の封建制度が確立する江戸時代になると、身分や職業によって暮らしが制限された。農村において障害者も農作業に従事したが、それができない者は使い走りや木工細工などを業にした。働けない者は両親や兄弟が扶養することになっていたが、そうした保護が受けられない者も数多くいた。城下町では行商人をする者や、「火の用心」を呼びかけて夜番をする者もいたが、自らの障害を見せて人々からお金をもらい暮らしを立てるしかない者もいた。近世においても視覚障害者の活躍はみられ、鍼、灸、按摩などを確立させる者や琴や三味線のような芸能の活動をする者もいた。

２）　近代以降（明治時代から第二次世界大戦まで）

　明治維新による幕藩体制の崩壊を受けて、1868年に明治政府が発足した。1871（明治４）年の廃藩置県により、それまで行っていた各藩の窮民救助も廃止されることとなり、政府による救貧法として、1874（同７）年に「恤救規則」[5]が公布された。恤救規則は、前文と規則五か条の短いものであった。前文には、「済貧恤救は、人民相互の情誼によりて」とあり、住民相互の人情のかけあいを救済の前提に置くという、公的扶助の責任よりも私的な相互扶助を優先する規則となった。また、対象は「目下差し置き難き無告の窮民」という、つまり緊急を要し、どこにも頼る所のない人々に限定された。内容は「70歳以上」「13歳以下」「疾病者」「廃疾者」などの生活困窮者に一定の米代を支給するものであった。このうちの「廃疾者」が障害者を意味している。この規則は、少しでも働ける者は除外されるなど適用の制限も厳しかった。障害者の救済における主眼は、「障害」より「貧困」に置かれており、障害があるがゆえに働けず貧困に陥った者を救済の対象としていた。

　その後、恤救規則が効力をもち得なかったこともあり、いくつかの特別立法が立てられた。1906（明治39）年の「廃兵院法」（日露戦争による傷痍軍人で生活困窮者を収容し、扶養する目的で設置が定められる）などの軍人対策の一連の法のなかにも、当時の障害者対策をみることができる。その後も軍人対策は、第二次世界大戦が終わるまで優先されることになった。

　また、明治期は慈善家、篤志家の活躍もみられ、1897（明治30）年には石井亮一による日本で初めての知的障害児施設「滝乃川学園」が開設されている。石井は、1891（明治24）年の濃尾地震の際、多くの女子の被災孤児が身売りされていく状況を看過できず、彼女らを養育する「孤女学院」を創設し

ていたが、そこで知的障害のある子と出会ったことをきっかけに、学院を知的障害児施設に移行し、名称も「滝乃川学園」と変更することにした。移行前、石井は渡米して知的障害児教育の創始者であるE.セガンの功績に出会う。当時見捨てられていた知的障害児の治療や教育、社会的支援に尽力したことに感銘を受け、E.セガンの考え方に基づく教育を学園にも取り入れた。

　その他、1900（明治33）年に「精神病者監護法」が制定され、日本で最初の精神障害者に対する法律となった。戸主や父母を「監護義務者」とし、警察に届けて許可を得、治療や看護がされない「私宅監置」（座敷牢に閉じ込めること）を公的に認めた法律となった。その背景には、精神障害者が社会に害を及ぼさないことを意味する社会防衛思想がある。また、1907（同40）年には「癩予防ニ関スル件」が制定されている。これは、家族や親戚への差別を恐れ、家を出て放浪し、神社などで物乞いして生活するしかない境遇にあるハンセン病患者の隔離・収容を主眼に置いたものであった。

　大正期も、明治期に引き続き障害者の救済は、「働いて生活できるか否か」に基準が置かれていた。当時の救貧事業には、老衰、障害、病気などで困っている人々を養育院や養老院などの救貧施設に入所させる院内救助＊4と在宅で金品を給付する院外救助があった。

　また精神障害者に関して、当時精神病院長であった呉 秀三（くれしゅうぞう）は、1918（大正7）年に私宅監置について調査を行っているが、精神障害者約14万人とされるうち、医学的治療を受けている者は少数の富裕層で、多くは神社仏閣の祈祷などの民間療法を受けるか、私宅監置のままであるとされた。私宅監置の状況は悲惨を極め、呉はその報告書で、「わが国の精神障害者は、精神障害を患った不幸とこの国に生まれた不幸を重ねて負っている」と嘆いた。翌1919（同8）年に「精神病院法」が制定され、精神障害者の保護治療と公安上の必要から、道府県に精神病院（現：精神科病院）の設置を義務づけた。しかし予算が十分に組めなかったことなどから、公立精神病院の設置はほとんど進まなかった。

　1927（昭和2）年の金融恐慌、1929年の世界恐慌の影響を受けて日本資本主義は危機状態に陥り、57年存続した「恤救規則」に代わり、1929（同4）年に「救護法」6）が制定された（1932（同7）年施行）。救護法は33条からなっており、被救護者は、「65歳以上の老衰者」「13歳以下の幼者」「妊産婦」「不具廃疾、疾病、傷痍其ノ他精神又ハ身體ノ障碍ニ因リ勞務ヲ行フニ故障アル者」とすること（第1条）、救護の機関は救護を受ける者の居住する市町村とすること（第3条）、救護費用を、市町村、道府県、国庫の負担とすること（第18条、21条、25条）などが規定された。このように一応公的扶助の体

＊4　院内救助
生瀬克己『障害者問題入門』による戦前の記述に詳しい。生瀬は障害者の救済の中心は救貧であったことを述べ、院内救助には、自活できない障害者をあたかも犯罪予備軍的で危険な存在であるといった障害観でとらえ施設に隔離する意味合いがあったと述べている。

系をもっており、公的扶助を国の義務とした「救護法」の成立は、「恤救規則」が隣保相扶を基本とした国家責任をとらないものであったのに対して、画期的な出来事となった。しかし、その後の通達において、「障害者や病気の者の救助が濫救（支給のしすぎ）にならないよう注意すること」というような注意がなされるなど制限的性格も強く、前近代的な側面もみせた。

　また、「癩予防ニ関スル件」が、1931（昭和6）年に「らい予防法」に改正された。この法律には、懲戒・検束権が加わり当時の国家主義思想に基づいて、すべての患者を根こそぎ療養所へ強制収容・隔離して、新たな患者発生を絶滅しようとの政策が推進されることになった。

　昭和10年代に入ると、1937（昭和12）年に日中戦争が勃発し、さらに1941（同16）年の太平洋戦争へと突入していくことになった。太平洋戦争下、人間さえも人的資源として戦争の手段とされるなかで、障害者は「非国民」とよばれるなど彼らを取り巻く状況は苛酷なものであった。

(2)　第二次世界大戦後から今日まで

1）　戦後から国際障害者年
❶戦後復興期における身体障害者福祉法の成立

　1945（昭和20）年8月に終戦を迎えた日本は焼け野原となり、戦争によって多くの人命が失われた。貧困問題に関して、終戦の年の「生活困窮者緊急援護要項」、続いて翌1946（同21）年の旧「生活保護法」において対策がとられ、それまでの救護法は廃止された。この「生活保護法」には不備が多くみられたため、1950（同25）年に新「生活保護法」が制定されている。そして児童の問題に対処するため、1947（同22）年に「児童福祉法」が制定された。これは、すべての児童の生活が保障される権利を認めたもので、18歳未満の障害児に対する援護、保護、指導も一緒に考えられたことから、戦後の障害者対策に関する法律はここから始まったと理解することができる。

　1946（昭和21）年、糸賀一雄*5は、戦前からの仲間である池田太郎、田村一二とともに知的障害児施設「近江学園」を創設した。当時は戦災で両親を失い、生活が困難となった子どものための養護施設も兼ねていた。それを出発として、重度知的障害児のための「落穂寮」、窯業による職業的自立をめざす「信楽寮」の設立など、戦後の知的障害者福祉を切り開く実践を展開した。

　日本国憲法第25条の理念に基づき、すべての障害者の福祉施策が国家の責任においてとられることが期待され、1949（昭和24）年に「身体障害者福祉法」が制定された。しかしこの法律は、職業的「更生」を目的としており、その可能性の乏しい重度の障害者は対象から除外された。また、知的障害者、精神

＊5　糸賀一雄（いとがかずお）
1914（大正3）年に鳥取県に生まれる。京都帝国大学哲学科卒業。小学校の代用教員を経て、1940（昭和15）年、滋賀県県庁に勤務する。障害児の教育、福祉の開拓者としての道を歩む。重症心身障害児は何もできない存在ではなく、人間としての発達の道筋に立つ生産者であるという考えから「発達保障」の理念を提唱した。「この子らを世の光に」という言説が有名である。1968（同43）年没。

障害者、内部障害者も対象外とされた。しかし、障害者に対する施策が救貧
対策から分離した点から、その制定の意義は大きい。その後の度々の改正に
よって対象となる障害の範囲は広がり現在に至っている。終戦により軍人を
優先とする施策は廃止され、それまで優遇されていた傷痍軍人の生活も一転
して厳しくなっていった。

　また、1950(昭和25)年には「精神衛生法」が制定された。都道府県に精神
病院（現：精神科病院）の設置を義務づけ、私宅監置(座敷牢)は禁止された。
しかし措置入院と家族の同意入院を定めており、社会防衛の路線を払拭でき
るものではなかった。ハンセン病治療に関しても、すでに特効薬であるプロ
ミンの効果が日本の学会において発表されていたにもかかわらず、1953(同
28)年に「らい予防法」が改正されてもなお、隔離政策が継承された。

❷高度成長期における施設建設と知的障害者および重度の障害者（児）問題
**　への対応**

　戦後、日本は世界でも類をみないほどのスピードで経済の復興を遂げた。
しかしそれは、徹底的に経済を最優先して労働者に犠牲を強いてきた結果で
あり、高度経済成長の初期からさまざまな生活問題が表れてきた。

　またこのころ、特に生活に大きな打撃を受けながらも、法の谷間に置かれ
ていた障害者、高齢者、母子家庭に対する社会福祉制度が立法化された。1960
（昭和35）年に18歳以上の知的障害者のための「精神薄弱者福祉法」（1999
（平成11）年「知的障害者福祉法」へ改称）が制定され、1963（昭和38）年
に「老人福祉法」が、そして翌年1964（同39）年には「母子福祉法」（1981
（同56）年「母子及び寡婦福祉法」へ改称、2014（平成26）年「母子及び父
子並びに寡婦福祉法」へ改称）が成立した。こうして福祉六法体制が整うこ
とになった。

　また、1960（昭和35）年は精神薄弱者福祉法の制定と並んで障害者関係団
体の要求事項であった「身体障害者雇用促進法」も制定された。この年、結
核で重症患者の朝日茂氏が「現・生活保護法の保護基準は、憲法第25条の規
定する健康で文化的な最低限度の生活を保障するに足りない」と起こした訴
訟に対して、それを認める東京地裁判決が下された。この判決はその後、国
の控訴によってくつがえされることになるが、当時の生活保護受給者のなか
には障害者も多く、朝日氏の訴えは彼らをも勇気づけた。この訴訟は、その
後の全盲の母（母子家庭）による堀木訴訟や公害訴訟などの先駆けとなった。

　さらには、1973（昭和48）年のオイルショックのころまでの高度経済成長
期において、障害者分野では障害種別に応じた入所施設建設を中心とした施
策が展開されていった。1958（同33）年に国立の知的障害児施設「国立秩父

学園」が設置されたが、社会復帰の可能性の低い重度の心身障害児の入所は難しく、「親の会」などから重症心身障害児施設建設の要求が高まった。そのなかで、1961（同36）年に日本初の重症心身障害児施設「島田療育園」が創設され、1963（同38）年には、糸賀は重症心身障害児施設「びわこ学園」を設立している。作家の水上勉は、1963（同38）年6月の『中央公論』に、「拝啓池田内閣総理大臣殿」を発表し、身体障害のある子の親として体験してきたことや、彼の元に重度の障害児をもつ親の苦悩をつづった手紙が寄せられていること、重要な役割を担いながらも財政的に厳しい運営を余儀なくされている「島田療育園」の現状にふれ、税制の不合理と社会福祉施策の貧困を訴えた。このことはマスコミの反響を呼び、1967（同42）年の児童福祉法の改正によって重症心身障害児施設の法定化が実現することになった。さらに、この施設を18歳以上の重症心身障害者も利用できるように医療制度上の病院としても位置づけた。同時に重度の障害者への援護の必要性も顕在化し、重度身体障害者更生援護施設、重度身体障害者授産施設、身体障害者療護施設が創設された。

　1960年代は障害児の「親の会」が数多く結成され、特に1960年代前半、親たちの願いはこのような施設入所に集中していた。在宅施策の乏しいなか、必要な療育を施設に求めて、くじに当たる思いで待機する児童や涙ながらにその必要性を訴える親の姿が多くみられた。そのころ「親の会」や行政関係者などが海外のコロニー（大型の複合施設群）を視察し、親たちの求める障害児・者への一貫した療育を可能とする理想郷として理解され、日本においてもコロニー建設構想が描かれるようになる。1971（昭和46）年、心身障害者福祉協会国立コロニーのぞみの園が群馬県の高崎市に開所したのをはじめとし、巨大収容施設が各地に設置されることになった。

　しかし北欧では、すでに大型施設における弊害が叫ばれ、ノーマライゼーションの思想の形成とともに施設解体に向けての努力がなされていく時期でもあった。糸賀は、この時期のコロニー構想の問題にふれながら、「福祉の実現にはその根底にある福祉の思想をもっている。実践の過程でその思想は常に吟味される」[7]と述べ、思想を吟味せず、西欧のものまねをすることにならないようにと警告している。またこの時期は、高度経済成長による近代化、技術革新の陰に、水俣病、スモン病、サリドマイド、森永ヒ素ミルク中毒など、大企業の公害や薬害に苦しむ多くの犠牲者が出たことから、その補償に向けての訴訟や住民運動が長く続くことになった。

2）　国際障害者年（1981年）以降

❶低経済成長期における福祉見直しと在宅福祉（地域移行）への流れ

　1973（昭和48）年秋のオイルショックにより、日本は低経済成長時代に入り、1980年代には一転して「福祉抑制」「福祉見直し」が唱えられるようになった。「福祉見直し」は財政再建を優先したものであり、その内容は、福祉の有料化、民間活力の導入、補助金の削減等、受益者負担政策への転換を意味し、施設福祉から在宅福祉重視の流れを促すものとなった。

　世界の動きをみると、国連は、障害のある人々の問題解決に向けた国際的な行動を起こす試みとして、1981年を国際障害者年とし、「完全参加と平等」をテーマに掲げた。1979年に決議された「国際障害者年行動計画」で、各国に障害者対策に関する計画の策定を勧告しており、その後1982年に採択された「障害者に関する世界行動計画」においてガイドラインを示した。さらに1983年から1992年を「国連・障害者の十年」と定め、各国に計画の実行を促した。この流れを受け、日本も1982（昭和57）年に「障害者対策に関する長期計画」を策定し、教育・育成や保健・医療、雇用・就業等の総合的な推進を図ることになった。経済的な課題を抱えながらも、ノーマライゼーションや自立の理念の実現に向けた在宅施策強化と社会参加促進を掲げた。

　1980（昭和55）年、国際障害者年（1981年）を日本でも成功させようと、「国際障害者年日本推進協議会*6」が発足した。障害のある本人、家族、研究者等が障害の種別や立場を超えて団結し、全国から集まった障害者団体の数は100を超えた。発足後、障害者の生活権を守るため、所得保障を中心課題とする運動にも取り組み、1986（同61）年の国民年金法の改正が実現した。これによって、国民年金の加入者だけでなく、20歳前に障害を負った者にも年金が支給される障害基礎年金制度が創設された。

　1993（平成5）年12月には、国際障害者年からの取り組みの一つの結果として、障害者福祉の基本となる「心身障害者対策基本法」を改正し、「障害者基本法*7」と改称、施行した。これには、障害の範囲に精神障害者を加え、「身体障害、知的障害、精神障害」を対象にすると明記した。また同法は、国に対して「障害者基本計画」の策定や実施した障害者福祉施策の年次報告の作成を義務づけた。この障害者基本計画の策定については、日本は、「国連・障害者の十年」に続く「アジア太平洋障害者の十年」を受け、同年3月に策定していた「障害者対策に関する新長期計画－全員参加の社会づくりをめざして－」を位置づけた。以後、第2次障害者基本計画（2003（同15）～2012（同24）年度）、第3次障害者基本計画（2013（同25）～2017（同29）年度）、第4次障害者基本計画（2018（同30）～2022（令和4）年度）が策定さ

＊6　国際障害者年日本推進協議会
この会は1993（平成5）年「日本障害者協議会（JD）」と名称を改め、現在も調査研究や政策提言の作成と公表、大会・セミナー等の開催、国民に向けた啓発運動などを行っている。

＊7　障害者基本法
本法の成立にはアメリカの「障害をもつアメリカ人法」（ADA）の影響があったが、その後も国際的に障害者差別禁止法を制定する国が増加している状況がみられるなかで、2004（平成16）年に改正された。改正後の法の「基本的理念」には、障害を理由とする差別その他の権利利益の侵害行為をしてはならない旨の規定が加えられた。2011（同23）年の改正については、本章p.42、第7章p.101参照。

れている。年次報告の作成については、翌1994（同6）年から『障害者白書』を毎年刊行することとした。

　1984（昭和59）年、精神科の入院患者が職員の暴行を受けて死亡した宇都宮病院事件が起こり、他の病院でも人権侵害が多々みられたことから、国際批判を受けるところとなった。国連からも法改正の勧告を受け、1987（同62）年に「精神保健法」を制定した。人権の確保と社会復帰の促進を理念とした本法では、任意入院を原則とする制度などが規定された。その後、障害者基本法の成立により、精神障害者も福祉施策の対象となったことから、1995（平成7）年に「精神保健及び精神障害者福祉に関する法律」（精神保健福祉法／精神保健法から改称）を制定し、精神障害者保健福祉手帳制度も開始されることとなった。

　1990（平成2）年の福祉関係八法改正において、「身体障害者福祉法」や「知的障害者福祉法」に在宅福祉サービスが規定された。また、「高齢者、身体障害者等が円滑に利用できる特定建築物の建築の促進に関する法律」（ハートビル法／1994（同6）年制定）や「高齢者、身体障害者等の公共交通機関を利用した移動の円滑化の促進に関する法律」（交通バリアフリー法／2000（同12）年制定）[8]など、障害者の地域生活のための法的な整備もみられた。

＊8　ハートビル法と交通バリアフリー法
この2法は、2006（同18）年に「高齢者、障害者等の移動等の円滑化の促進に関する法律」（バリアフリー新法）として一本化した。第7章p.119参照。

　1996（平成8）年には、ハンセン病に関して規定した「らい予防法」が廃止となった。特効薬が開発され、もはや隔離政策を続ける必要がなくなってからも、多くの患者が長きにわたって自由を失い、差別を体験してきたことから、1998（同10）年、熊本において「らい予防法」違憲国家賠償請求の訴訟が提起された。2001（同13）年、熊本地方裁判所は、患者及び元患者に全面勝訴の判決を下している。

❷障害者福祉の改革時期

　増大、多様化する福祉需要により対応していくため、1997（平成9）年11月以降、中央社会福祉審議会において社会福祉基礎構造改革についての審議を重ね、2000（同12）年6月に「社会福祉の増進のための社会福祉事業法等の一部を改正する等の法律」が公布された。これによって、身体障害児・者および知的障害児・者に対する福祉サービスは、これまで行政の判断で決めていた「措置制度」ではなく、利用者が自らサービスを選択し、事業者との対等な関係を前提にして契約を結ぶ「利用契約制度」によって提供されることになった。契約に基づいて利用者が事業者に支払う利用料の一部分が補助（支援）されたことから、その制度は「支援費制度」とよばれた。

　改正によって、それまでの「社会福祉事業法」は「社会福祉法」へと改められた。同法には、社会福祉事業者に対し情報の提供の努力を課すこと、苦

情処理を行う運営適正化委員会を都道府県の社会福祉協議会に置くこと、地域福祉権利擁護事業*⁹の実施についてなど、利用者を保護するための策が規定された。

　支援費制度が2003（平成15）年4月から開始されてまもなく、ホームヘルプサービスなどの利用が急増し、財源の確保が問題となった。その他の課題も生じ、2006（同18）年4月から「支援費制度」に代わり、「障害者自立支援法」（現：「障害者の日常生活及び社会生活を総合的に支援する法律」（障害者総合支援法））が施行されることになった。これにより、今まで支援費制度の対象ではなかった精神障害者も含め、三障害共通の法律によりサービスを提供することになった。障害種別に分かれていた施設は廃止され、利用者の状況やニーズに応じて事業を選択する多機能型施設に再編された。また、身近な市町村が一元的にサービスを提供すること、サービス提供において地域格差が生じないために、支援の必要度を示す「障害程度区分」（現：障害支援区分）を導入し、支給決定の仕組みを明確にすること、就労支援の抜本的強化を図ることなどが示された。

　さらに、障害福祉サービスや公費負担医療制度の利用料について、サービスの利用量に応じて原則1割を支払う応益負担の仕組みが導入された。これには多くの障害者団体が反対をし、障害者自立支援法の廃止を求めて、2008（同20）年に全国の地方裁判所にて集団訴訟を起こした*¹⁰。原告は要望書⁸⁾のなかで、「利用契約制度をとる障害者自立支援法は、生きるために必要不可欠な支援を商品化し受益とみなし、障害を自己責任とする仕組みを導入させている」と批判し、「人権としての福祉はあくまで公的責任で実施されるという理念に立つ根本的な制度改革」を求めている。

　2010（平成22）年1月、国は障害者自立支援法と応益負担を廃止する意向を示し、原告と「基本合意文書」を結び和解が成立した。同年12月、「障がい者制度改革推進本部等における検討を踏まえて障害保健福祉施策を見直すまでの間において障害者等の地域生活を支援するための関係法律の整備に関する法律」⁹⁾が施行され、障害者自立支援法の一部が改正された。これによって、2012（同24）年4月1日から、利用者負担の仕組みは応能負担に変更されることになった。その他、障害者の範囲に発達障害者が加わること、「地域相談支援（地域移行支援・地域定着支援）」や「計画相談支援（サービス利用支援・継続サービス利用支援）」が自立支援給付として実施されることなどが決まった。

＊9　地域福祉権利擁護事業
この改正、施行前の1999（平成11）年10月に都道府県社会福祉協議会を実施主体とした国庫補助事業として開始された（2007（同19）年度より「日常生活自立支援事業」と改称）。なお、社会福祉法では「福祉サービス利用援助事業」として第二種社会福祉事業に規定された。第10章p.173参照。

＊10
「応益負担の導入は憲法第25条で保障された生存権を侵害するもの」と訴えたことから「障害者自立支援法違憲訴訟」とよばれた。第7章p.104、第8章p.146参照。

3） 障害者の権利に関する条約（障害者権利条約）の採択（2006年）以降

❶「障害者権利条約」締結と国内法の整備

　2006年12月、国連は「障害者権利条約」を採択し、障害者の人権保障に関する初めての国際条約が誕生した。このことは、障害者が普通の市民として当たり前の生活を送る権利を主張できる、という意味をもっている。

　2007（平成19）年9月、日本は条約に署名をし、これにしたがう意思を表明した。条約の締結に向けて、2009（同21）年12月、内閣府に「障がい者制度改革推進本部」を設置し、国内法の整備をはじめとする障害者にかかわる制度の集中的な改革を実施することになった。翌2010（同22）年1月より「障がい者制度改革推進会議」が開催され審議が始まった。この会議の構成員の半数以上は障害者であり、彼らの意見が反映されるように組織された。審議のなかで示された改革のスケジュールにしたがい、以下のような法律^{*11}の改正や成立が続いた。それぞれについて概観する。

*11
各法律については第7章p.101・p.104・p.112・p.114・p.118参照。

① 「障害者基本法の一部を改正する法律」（改正障害者基本法）の公布
　　（2011（平成23）年8月）

　障害者権利条約は、「障害のある人もない人も等しく人権が認められ、障害者が社会の一員として尊厳をもって生きること」を目的としているが、改正障害者基本法[10]でも、目的に「全ての国民が、障害の有無によつて分け隔てられることなく、相互に人格と個性を尊重し合いながら共生する社会を実現するため」という表現を用いて反映させている。また障害者権利条約では、目が見えないなどの機能障害だけではなく、個人と社会とのかかわりから生じる社会的な制約（制度や偏見など）も「障害」だとしているが、改正障害者基本法でもそのような制約を「社会的障壁」と表現し、「障害」のとらえ方について見直しを行っている。さらに障害者権利条約では、障害者が必要とする環境の整備（資料を点字にする、段差をなくす等）を「合理的配慮」とよび、それをしないことも「差別」だとしているが、改正障害者基本法でも第4条に「差別の禁止」を新設し、「合理的な配慮がされなくてはならない」と規定している。

　その他、手話を言語とすること、「司法の手続き」や「選挙」において障害に応じた配慮がなされるべきであること、障害者も構成員とする「障害者政策委員会」を設置し、障害者基本計画の実施状況を監視し、首相に勧告する仕組みを導入することも規定された。この委員会は、障害者権利条約が求める国内の監視機関としての役割も担い、国の第3次障害者基本計画（2013（同25）〜2017（同29）年度）の実施状況についても、2015（同27）年の中

間年に実施内容をまとめ、政府の報告書として国連の障害者権利委員会に提
出している（2016（同28）年）。

　②　「障害者虐待の防止、障害者の養護者に対する支援等に関する法律」（障
　　　害者虐待防止法）の成立（2011（平成23）年6月）

　本法は、虐待の種類や通報の義務などについて規定している。障害者権利
条約の第16条には「搾取、暴力及び虐待からの自由」の規定があり、また
「障がい者制度改革推進会議」の審議のなかでも「虐待のない社会づくり」[11]
が課題としてあげられており、それらを具体化したものである。

　③　「障害者総合支援法」の成立（2012（平成24）年6月）

　2012（平成24）年6月成立の「地域社会における共生の実現に向けて新た
な障害保健福祉施策を講ずるための関係法律の整備に関する法律」[12]によっ
て、障害者自立支援法は「障害者総合支援法」と名称を改めた。廃止にはな
らなかったが、次の改正が行われた。障害程度区分を障害支援区分とするこ
と、障害者の範囲に難病を加えること、重度訪問介護の対象を拡大し、重度
の肢体不自由者に加えて、重度の知的障害者や重度の精神障害者も対象とす
ること、共同生活介護（ケアホーム）を共同生活援助（グループホーム）に
一元化することなどがあげられた。

　障害者総合支援法の附則では、2013（平成25）年の施行後3年を目途に見
直すことになっていた。社会保障審議会における検討の結果、2016（同28）
年3月には「障害者の日常生活及び社会生活を総合的に支援するための法律
及び児童福祉法の一部を改正する法律案」が国会に提出され、一部を除き、
2018（同30）年に施行されることになった。これによって、「障害者の望む地
域生活の支援」のための「就労定着支援」や「自立生活援助」、障害児のため
の「障害児福祉計画」の創設、重度の障害児に対し居宅訪問によって発達支
援を提供するサービスの新設などが決定した。

　④　「障害を理由とする差別の解消の推進に関する法律」（障害者差別解消
　　　法）の成立および「障害者の雇用の促進等に関する法律」（障害者雇用促
　　　進法）の改正（2013（平成25）年6月）

　障害者基本法第4条「差別の禁止」を具体化するものとして立法、改正が
なされ、2016（同28）年4月から施行された。「障害者差別解消法」は、教育、
医療など障害者の社会参加にかかわるあらゆる分野を対象としているが、雇
用に関しては「障害者雇用促進法」を改正し、その規定に委ねている。障害
者差別禁止法は、障害を理由とする差別を解消する措置として「不当な差別
的取扱いの禁止」と「合理的配慮の提供」の2つをあげて説明している。

以上の法整備等により、日本の障害者の制度が一定の水準に達したとみなされ、2014（平成26）年1月、日本は障害者権利条約を批准するに至った。これらの法は、条約の規定の実現のため、現在も検討が加えられている。

❷「障害者権利条約」の意義

　障害者権利条約は、各国政府のみならず、日本を含む世界の障害者団体や当事者の意見を反映して作成された。「私たちのことは、私たち抜きに決めないで（Nothing about us without us!)」を合言葉に障害者自身が参加したことに特徴がある。

　これまでの歴史を振り返っても、障害者の人権を守る考えはさまざまな形で唱えられてきた。バンク-ミケルセンが携わった「1959年法」に始まるノーマライゼーションの思想は、障害者の障害を受容し、彼らの生活条件をノーマルにすることを重視していた。この運動は、施設改革という大きな変化をもたらしたが、それは知的障害者の自己認識と自己決定という意識変革を伴う形で浸透していった[13]。「障害者である前に、まず人間である」という意味を込めた「ピープル・ファースト」運動（1974年）の展開によっても、知的障害者の自己権利擁護組織が世界の各地につくられた*12。同じく1970年代に生まれたIL運動は、「必要な介助、援助を受けても、自分が決定し、選択した生き方を貫いているのならば自立といえる。障害者の生活が困難になる環境をつくりだしている社会は改善されるべきである」という新しい自立の概念を打ち立てた。また、世界保健機関（WHO）の「国際生活機能分類」（ICF）や「社会モデル」の考え方など、これらの考えや運動、宣言、提言などの結晶としての障害者権利条約の成立があり、障害当事者の人権擁護という大河となって動き始めたともいえる。

　障害者権利条約のキーワードともいえる「合理的配慮」は、障害に伴うさまざまな不平等や不利益について、これらを解消するための改善や変更を、社会の側から行わなければならない、という考え方であるが、それは「障害を当人や家族だけの問題にしてはいけないということ」である[14]。

　このことは、障害に伴う問題を当事者の責任にする「医学モデル」から、環境を変えていくことを重視する「社会モデル」へという障害観の転換を意味している。条約は障害者に特別な権利を付与するものではなく、障害のある人もない人も同じように暮らせる社会をつくることをめざすものである[15]。それは、障害を理由に人間の尊厳が傷つけられたり、価値がないと判断されることのない、多様な人間が受容される社会である。締約国の取組状況を審査する障害者権利委員会では、このような人間理解の重要性を強調し、「社会モデル」をさらに発展させた「人権モデル」という言葉を用いて条約の実行

を求めている。

　わが国では、2020（令和 2）年の東京オリンピック・パラリンピック競技大会*13を契機として、障害のある人の活躍の機会を増やし、共生社会の実現をめざすという目標が掲げられた[16]。これにより、「ユニバーサルデザイン2020行動計画」が2017（平成29）年に示された。この中で障害のある人への偏見や差別の解消のため、学校、企業、地域などにおける「心のバリアフリー」の推進をはかることとされ、ポイントとして「障害のある人への社会的障壁を取り除くのは社会の責務であるという『障害の社会モデル』を理解すること」が掲げられた。また、東京大会に向けた重点的なバリアフリー化や全国各地におけるユニバーサルデザインの街づくりを進めていくことになった。

　佐藤久夫は、70年の障害者福祉の歴史を振り返り、近年「ITの進歩、バリアフリーの進展、欠格条項見直し、障害者差別解消法などの環境変化とともに、自立と社会参加、平等な市民、どこで誰と暮らすか選択する権利などの理念が知られるようになり、あきらめず、尊厳をもって意欲的に社会参加する障害者が増えてきた」と述べている[17]。障害のある人の社会参加が増えれば、その場における社会的障壁がより具体的に認識されるだろう。その解消のための取り組みが拡大していくことも、条約がめざす社会の実現のために必要なことだろう。

*13
新型コロナウイルス感染拡大の影響により、開催は2021（令和 3）年に延期される予定である。

本章のまとめ●障害者福祉の歴史を学ぶ視点●

　本章では、第二次世界大戦以降に生成した人権思想が、障害者福祉の形成にどのような影響を与えていったのかについて、欧米と日本の歴史の流れを通して概観した。思想は人権擁護運動への原動力であり、人権擁護を具体化していくためには政策を立てて制度化し、それを実践していくことが必要である。障害者の人権擁護の歴史は、まさに制度と実践とのやりとりのなかで進化していったといっても過言ではない。

　また、冒頭の学びのポイントでふれたように、国際的な動きと連動しながら概観すると、たとえば「障害をもつアメリカ人法」制定が日本の「障害者基本法」に影響を及ぼしているといったことなどが理解できるであろう。しかし、ADA署名式典におけるブッシュ大統領の演説で述べられたように、障害をもつアメリカ人法制定には、アメリカ合衆国の民族および文化的な背景があり、2世紀にわたる歴史を通して獲得した権利であるということを忘れてはならない。このような視点は、日本が諸外国の制度や実践を参考にする

際に留意しておく必要があろう。

表2−1　障害者福祉のあゆみ

世界の動向		日本の動向	
		1946年	・「日本国憲法」公布 ・「(旧) 生活保護法」制定
		1947年	・「児童福祉法」制定
1948年	・「世界人権宣言」採択（国連）	1949年	・「身体障害者福祉法」制定
		1950年	・「(新) 生活保護法」制定
		1951年	・「社会福祉事業法」制定
1959年	・「児童権利宣言」採択（国連）	1960年	・「精神薄弱者福祉法」制定 ・「身体障害者雇用促進法」制定
		1970年	・「心身障害者対策基本法」制定
1971年	・「知的障害者の権利宣言」採択（国連）		
1973年	・「リハビリテーション法」制定（米国）		
1975年	・「障害者の権利宣言」採択（国連）		
1979年	・「国際障害者年行動計画」策定（国連）	1979年	・養護学校義務化
1980年	・「国際障害分類」発行（WHO）		
1981年	・国際障害者年（国連）、テーマ：完全参加と平等	1981年	・国際障害者年
1982年	・「障害者に関する世界行動計画」策定（国連）	1982年	・「障害者対策に関する長期計画」策定
1983年 （〜1992年）	・国連・障害者の十年（国連）	1986年	・「障害者基礎年金制度」創設
		1987年	・「障害者雇用促進法」制定
1989年	・「児童の権利に関する条約」採択（国連）		
1990年	・「障害をもつアメリカ人法（ADA）」制定（米国）		
1993年 （〜2002年）	・アジア太平洋障害者の十年（国連）	1993年	・「障害者対策に関する新長期計画」策定 ・「障害者基本法」制定
		1994年	・「ハートビル法」制定
1995年	・「障害者差別禁止法（DDA）」制定（英国）	1995年	・「21世紀福祉ビジョン」発表 ・「障害者プラン」策定 ・「精神保健及び精神障害者福祉に関する法律」制定
		1999年	・「知的障害者福祉法」に改正
		2000年	・「社会福祉法」制定
2001年	・WHO総会「国際生活機能分類」採択（国連）		
2003年 （〜2012年）	・第二次アジア太平洋障害者の十年（国連）	2003年	・支援費制度の実施
		2004年	・「障害者基本法」改正 ・「発達障害者支援法」制定
2006年	・「障害者権利条約」採択（国連）	2006年	・「障害者自立支援法」施行
		2011年	・「障害者基本法」改正
2013年 （〜2022年）	・第三次アジア太平洋障害者の十年	2013年	・「障害者総合支援法」施行 ・「障害者差別解消法」制定
		2014年	・「障害者権利条約」批准

作成：伊藤秀樹

【考えてみよう】
①　第二次世界大戦後から今日に至るまで、障害者の人権を擁護するためにさまざまな国際条約が採択されてきたが、国際条約がもつ有効性と限界について考えてみよう。
②　世界人権宣言、その後のノーマライゼーションの思想が欧米各国の障害者福祉に与えた影響について考えてみよう。
③　日本の障害者の歴史のなかで、その生が否定され、軽視された過去がある。それに対して障害者や彼らとともに歩んだ実践者が示してきたものとは何だろうか。
④　障害者権利条約のめざす「障害のある人とない人が普通に暮らせる社会にすること」がどうして大切なのだろうか。考えてみよう。

【さらに学びを深めるための参考文献】
1）「障害者差別禁止法制定」作業チーム編『当事者がつくる障害者差別禁止法－保護から権利へ－』現代書館　2002年
2）松井亮輔・川島聡編『概説　障害者権利条約』法律文化社　2010年
3）糸賀一雄『福祉の思想』NHK出版　1968年
4）菊地澄子・長谷川潮・荒木知子編『やさしさと出会う本－「障害」をテーマとする絵本・児童文学のブックガイド』ぶどう社　1990年
5）日本障害フォーラム（JDF）『みんなちがってみんな一緒！障害者権利条約（改訂版）』日本障害フォーラム（JDF）　2014年

【引用文献】
1）外務省ホームページ：障害者の権利に関する条約（日本政府公定訳）
http://www.mofa.go.jp/mofaj/fg/hr_ha/page22_000899.html
2）三ツ木任一編『障害者福祉論』放送大学教育振興会　1997年　p.28
3）上田敏「ADLからQOLへ－リハビリテーションにおける目標の転換－」『総合リハビリテーション』第12巻4号　1984年　p.263
4）全国社会福祉協議会編『ADA障害をもつアメリカ国民法－完訳解説－』全国社会福祉協議会　1992年　pp.90－96
5）「恤救規則」太政官達　第百六十二号　1874年
6）「救護法」太政官達　法律第三十九号　1929年
7）糸賀一雄『福祉の思想』NHKブックス　1968年　p.64
8）厚生労働省ホームページ：障害者自立支援法違憲訴訟に係る基本合意について
http://www.mhlw.go.jp/stf/seisakunitsuite/bunya/hukushi_kaigo/shougaishahukushi/goui/index.html
9）厚生労働省ホームページ：障がい者制度改革推進本部等における検討を踏まえて障害保健福祉施策を見直すまでの間において障害者等の地域生活を支援するための関係法律の整備に関する法律について
http://www.mhlw.go.jp/stf/seisakunitsuite/bunya/hukushi_kaigo/shougaishahukushi/jiritsukaiseihou/index.html
10）内閣府ホームページ：障害者基本法の改正について（平成23年8月）

　　　http://www8.cao.go.jp/shougai/suishin/kihonhou/kaisei2.html

11）内閣府ホームページ：障害者制度改革の推進のための基本的な方向について（平成
　　　22年6月29日閣議決定）

　　　http://www8.cao.go.jp/shougai/suishin/pdf/kihon.pdf

12）厚生労働省ホームページ：障害者総合支援法が公布されました

　　　http://www.mhlw.go.jp/stf/seisakunitsuite/bunya/hukushi_kaigo/shougaishahuku
　　　shi/sougoushien/

13）柴田洋弥・尾添和子『知的障害をもつ人の自己決定を支える－スウェーデン・ノーマ
　　　リゼーションのあゆみ－』大揚社　1992年

14）日本障害フォーラム（JDF）『みんな違ってみんな一緒！　障害者権利条約（改訂版）』
　　　日本障害フォーラム（JDF）　2014年　p.23

15）日本障害フォーラム（JDF）　同上書　p.10

16）首相官邸ホームページ：2020年東京オリンピック競技大会・東京パラリンピック競技
　　　大会の準備及び運営に関する施策の推進を図るための基本方針

　　　https://www.kantei.go.jp/jp/topics/2015/2020olym_paralym/20151127olym_kihonho
　　　shin.pdf

17）佐藤久夫「障害者の「70年」－その到達点と課題－」『社会福祉研究』第137号　2020
　　　年　p.30

【参考文献】

・相澤譲治編『三訂　新・ともに学ぶ障害者福祉－ハンディをもつ人の自立支援に向けて
　－』みらい　2006年

・障害者政策研究会・竹前栄治編『障害者政策の国際比較』明石書店　2002年

・内閣府編『平成18年版障害者白書』社会福祉法人東京コロニー　2006年

・丸山一郎『障害者施策の発展』中央法規出版　1998年

・花村春樹訳、著『「ノーマリゼーションの父」N.E.バンク-ミケルセン－その生涯と思
　想－（増補改訂版)』ミネルヴァ書房　1998年

・山下麻衣編『歴史のなかの障害者』法政大学出版局　2014年

・糸賀一雄『福祉の思想』NHKブックス　1968年

・石渡和実『Q＆A　障害者問題の基礎知識』明石書店　1997年

・大野智也『障害者はいま』岩波新書　1988年

・呉秀三・樫田五郎『精神医学古典叢書　精神病者私宅監置ノ実況及ビ其統計的観察』創
　造出版　2000年

・生瀬克己『障害者問題入門』解放出版社　1991年

・佐藤久夫・小澤温『障害者福祉の世界』有斐閣　2000年

・内閣府編『令和2年版障害者白書』2020年

・JD日本障害者協議会：テレジア・テグイー「障害の人権モデル」（佐藤久夫仮訳）

　　http://www.jdnet.gr.jp/report/17_02/170215.html

第**3**章 | 障害者福祉の基本理念

● 障害者福祉の基本理念とソーシャルワーク実践

> 　障害者福祉領域の実践は、理念の変遷の影響とともに大きく変化を遂げてきた。それは、障害当事者を保護し、更生させる受動的存在とするとらえ方から、当事者のもつ力を生かし、生活を主体的・能動的に営み、社会的役割をもった存在とするとらえ方への変化といえよう。
> 　理念とは、ソーシャルワーク実践の価値である。ソーシャルワーク実践の価値は、専門家としての価値観、態度を生む。そして、サービス利用者とソーシャルワーカーの直接的なかかわりはもちろんのこと、施設・機関の運営の方針、制度・政策・計画づくりにも反映される。現代社会において、実際の支援関係のなかで、どのように障害当事者をとらえるのか、どのような社会や個々人の生活の構築をめざすのかの基底に理念はある。
> 　本章では、障害者福祉に関連する基本的な理念がどのような歴史的変遷を経てきているのか、理念がソーシャルワーカーの具体的な実践活動の拠り所となることの理解を中心に取り上げる。

1. 障害者福祉の基本理念の歴史的変遷

　本節では、次節で取り上げるノーマライゼーション、リハビリテーション、自立生活の理念、ソーシャル・インクルージョンの歴史的変遷について概観していく。

⑴　当たり前の生活を求めて

　ノーマライゼーションは、今日の世界中の障害者福祉に最も影響を与えた理念といっても過言ではない。ノーマライゼーションは、障害当事者のみならず、障害をもたない人も含めた社会福祉の重要な理念である。

　この理念の発生は、1950年代のデンマークの知的に障害のある子どもの親の会から始まる。大規模施設により社会から隔離され、保護される生活を強いられてきた知的障害のあるわが子に対し、親の会は、障害のない子どもと同等の生活条件、家庭生活を可能な限り保障したいという運動を始めた。こ

*1
第2章p.24参照。

のノーマライゼーションの理念は、国際連合を中心とする各権利宣言に反映され、2006年の「障害者の権利に関する条約」（障害者権利条約）の採択へ向けた今日の取り組みに影響を与え続けた*1。

ノーマライゼーションの理念が、国際的に用いられたのは、1971年の第26回国連総会で採択された「知的障害者の権利宣言」である。ここでは、「施設における処遇が必要とされる場合は、できるだけ通常の生活に近い環境においてこれを行なうべきである」とされ、施設に限らず、知的障害者が可能な限り通常の生活に近い環境に置かれ、多くの活動分野において受け入れられ、そのための権利の保護のため共通の基礎と指針となるよう各国および国際行動に結びつくことを要請した。

その後、1975年の第30回国連総会で「障害者の権利宣言」が採択され、「障害の原因、特質及び程度にかかわらず、同年齢の市民と同等の基本的権利を有する。このことは、まず第一に、可能な限り通常のかつ十分満たされた相当の生活を送ることができる権利を意味する」とされ、市民権および政治的権利、医療、教育、労働、家庭生活、社会的活動、余暇等においても他の人々と同等の権利を有し、施設に入所する必要がある場合であっても、似通ったものにすべきであることを要請した。

翌1976年の第31回国連総会では「完全参加と平等」をスローガンとし、1981年を国際障害者年とすることが、そして、1979年の第34回国連総会では「国際障害者年行動計画」が採択された。

*2 エド・ロバーツ
(Edward V.Roberts)
1939年にアメリカに生まれる。13歳のときにポリオに感染し、全身性障害を負った。その後、カリフォルニア大学バークレー校に入学したが、大学附属の病院での入院生活が条件となり、障害をもっていても地域に暮らし、大学に通う当たり前の学生生活を獲得するための運動として自立生活運動を始めた。アメリカの自立生活運動の父とよばれる。大学卒業後、バークレー自立生活センターを設立し、後にカリフォルニア州のリハビリテーション局長を務め、世界障害研究所(World Institute on Disability：WID)の所長となった。1995年没。

一方、障害当事者自らが当たり前の生活を求める運動が、自立生活運動（Independent Living Movement）として始まった。この運動は、1960年代後半にアメリカのカリフォルニア州バークレーの大学に通う障害をもつ学生エド・ロバーツ*2を中心とし、障害をもっていても地域で生活し、大学に通いたいという訴えによるものである。長時間かけて身辺を独力で行うよりも、介助を利用することにより短時間で済ませ、残りの時間を社会参加や自分自身の時間のために使うほうが自立しているという考えは、1970年代に、障害当事者が主体となり、サービス提供を実施する自立生活センターの運営へと発展し、1980年代以降、日本の障害当事者運動にも大きな影響を及ぼした。

(2) 障害当事者自らが社会参加し、権利行使の主体へ

国際障害者年の前年の1980年、カナダのウィニペグで開催された国際リハビリテーション協会（Rehabilitation International：RI）の第14回世界会議で、障害者自身による国際連帯組織づくりが始まった。それが1981年に結成された国際的な障害者自身による当事者組織である障害者インターナショナル

（Disabled Peoples' International : DPI）[*3] である。DPIの結成は、リハビリテーションが専門家中心に議論され、推進されることに対する「我ら自身の声」をあげることを通した障害当事者からの異議申し立てであったともいえる。DPIの組織化とその運動は、専門家主導によるパターナリズム[*4] の保護的・指導的なかかわりを拒否し、障害当事者主体により、自己選択と決定の責任を負う権利も主張しながら、必要に応じて専門家とパートナーシップをもちつつ自分で選び取った生活とその社会環境づくりに参画し、権利を獲得するものであるといえよう。

国際障害者年の翌1982年には「障害者に関する世界行動計画」、1983年から1992年までには「国連・障害者の十年」が推進される。1993年12月の第48回国連総会で採択された「障害者の機会均等化に関する標準規則」では、「平等な参加への前提条件」として意識向上、医療、リハビリテーション、支援サービスが、「平等な参加への目標分野」としてアクセシビリティ、教育、就労、所得保障と社会保障、家庭生活と人間としての尊厳、文化、レクリエーションとスポーツ、宗教などが「実施方策」とともに取り上げられた。さらに、1993年から2002年までは「アジア太平洋障害者の十年」として、障害者に対する権利と社会保障が推進されることとなった。

国連における各種の権利宣言や標準規則は、各国の障害者施策の指針となるものではあったが、法的拘束力を有するものではなかった。このため、2001年12月の第56回国連総会において採択されたメキシコ提案の「障害者の権利及び尊厳を保護・促進するための包括的・総合的な国際条約」の作成を交渉する「障害者権利条約に関する国連総会アドホック委員会」の設置が2002年7月に決定された。この決議に基づき、国連本部で障害者権利条約に関する国連総会アドホック委員会会合が開催され、わが国も外務省、内閣府等の関係省庁が出席し、条約交渉に積極的に参加した。そして2006年8月には一定の合意が得られ、第8回委員会会合で条約案全文を採択し、2006年12月13日の第61回国連総会本会議で「障害者権利条約」が採択され、2008年5月3日に発効した。

障害者権利条約は、障害を「医学モデル」に基づく個人的なものとしてとらえるのではなく、「社会モデル」に基づき、機能障害をもつ人と社会との障壁との相互作用、社会参加を妨げるものとして障害の範囲を広くとらえている。第1条では「この条約は、障害のあるすべての人による全ての人権の及び基本的自由の完全かつ平等な享有を促進し、保護し及び確保すること、並びに障害のある人の固有の尊厳の尊重を促進することを目的とする」[*5] とした。また、手話を「言語」であると定義し、「合理的配慮」を行わないことは

＊3　障害者インターナショナル(Disabled Peoples' International : DPI)
世界保健機関（WHO）、国際労働機関（ILO）などの国際組織に対し影響力をもつ障害当事者自身による国際組織で、世界本部はカナダのウィニペグにある。1986（昭和61）年にはDPI日本会議が発足した。

＊4　パターナリズム
第5章p.78参照。

＊5
「障害者権利条約」の日本政府公定訳は外務省ホームページ等にも掲載されているが、本文においては、川島・長瀬仮訳を参照した。（長瀬修・東俊裕・川島聡編『障害者の権利条約と日本－概要と展望－』生活書院　2008年）

差別であるとしたこと等に大きな特徴がある。

障害者権利条約の重要な理念の一つに「インクルージョン」（inclusion）がある。第3条「一般原則（c）」において「Full and effective participation and inclusion in society」と表記されているように、「社会への完全かつ効果的な参加及びインクルージョン」[*5]は、本条約の中核となる原則に位置づけられている。政府公訳では、インクルージョンは「包容」と訳されているが、障害のある人が社会に包み込まれ、受け容れられるのではなく、「社会モデル」の考えに立てば、社会の側がすべてを受け容れ、社会の側が変わることを意味するものである。同様のことは、第19条「自立した生活（生活の自律）及び地域社会へのインクルージョン」で明記される「障害のある人の完全なインクルージョン及び参加」からも指摘できる[*5]。ソーシャル・インクルージョンは、障害のある人の側に権利の主体があることをさし示す、今後、最も重要な理念といえる。

日本においては、2007（平成19）年9月28日に署名、国内法整備を経た後、2014（同26）年1月20日に批准書を寄託し、2月19日に効力発生となった。

国連における障害者権利条約の採択、国内における批准に向けた法整備においては、障害者自身の参画によるものが大きい。この背景には、当事者運動のモットーでもある「私たちのことを、私たちを抜きに決めないで（Noting about us without us）」[*6]という当事者主体、権利行使の主体としての宣言があるといえよう。

2．現代における障害者福祉の基本理念

(1) ノーマライゼーション（Normalization）

デンマークで生まれたノーマライゼーションの理念を、知的に障害のある子どもの親の会の国に対する要望書として作成し、当時の社会省に提出したのがN．E．バンク－ミケルセン[*7]である。彼は、世界で初めて福祉政策のなかに「その国で障害のない人が普通に生活している通常の状態と、障害がある人の生活状態とを可能な限り同じにすること」[1)]という理念をノーマライゼーションという一言に反映させた。具体的には、住居、教育、仕事、余暇など、生活の質（quality of life：QOL）[*8]に影響する条件に関し、障害当事者の権利を保障することであった。

その後、スウェーデンのB．ニィリエ[*9]が生活のパターンや生活の条件に結びつくよう整理を行い、具体的な支援の柱として次の8つの視点を提示した[2)]。

＊6
ジェームズ I. チャールストン（岡部史信監訳）『私たちぬきで私たちのことは何も決めるな－障害をもつ人に対する抑圧とエンパワメント－』（明石書店2003年）。

＊7　N．E．バンク－ミケルセン(Neils Erik Bank-Mikkelsen)
1919年にデンマークに生まれる。コペンハーゲン大学で法学を学ぶ。ナチスに対する反対運動で逮捕され、投獄。釈放後、社会省に勤務。知的障害者の地域生活への移行に積極的に取り組み、ノーマライゼーションの理念を提唱、普及、政策に反映させた。「ノーマライゼーションの父」とよばれる。1990年没。

＊8　生活の質（QOL）
生命・生活・人生の質ともいわれる。その構造は、生物レベル、個人レベル、社会レベルでの客観的QOLと実存レベルの主観的QOLからなるともいわれ、その両者を高めることがリハビリテーションの究極の目標とされる。

＊9　B．ニィリエ(Bengt Nirje)
1924年にスウェーデンに生まれる。比較文学を学んだ後、文化ジャーナリストの仕事に従事。その後、スウェーデン赤十字社、国連にて勤務し、地域移行プログラムの開発に携わる。オンブズマンやスウェーデン知的障害者協会の責任者を歴任、カナダのオンタリオ州政府に勤務後、スウェーデンのケアサービス責任者等を務める。ノーマライゼーションの理論家と制度化、具体的目標の提示に貢献した。2006年没。

①　起床、着替え、食事、就寝の時間とパターンを含む 1 日のリズム
　　（The rhythm of the day）

②　平日とは違う週末の区別だけでなく、異なる場所での家庭生活、仕事、
　　余暇活動を楽しむ大切さを含む 1 週間のリズム
　　（The rhythm of the week）

③　休暇を含む 1 年のリズム（The rhythm of the year）

④　児童期、青年期、成人期、高齢期に通常予想されることがらの経験を
　　含むライフサイクルの段階を通した発達
　　（Progression through of the stages of the life cycle）

⑤　自己決定（Self-determination）

⑥　結婚する権利を含む異性との関係の発達
　　（The development of heterosexual relationships）

⑦　作業所で請け負う仕事の支払いと公平な賃金を平等に入手することを
　　含む経済的水準（Economic standards）

⑧　「通常の市民が社会において利用できることをモデルにした学校、作業
　　所、グループホーム、入所施設の物理的設備」へのニーズを含む環境的
　　水準（Environmental standards）

　このB.ニィリエの 8 つの視点は、異性に限らず、自分が暮らしたい人と暮らしたい場所で、安心・安定して暮らせる経済的な保障を受けながら、自らの暮らし方を決め、多様な経験をしながら、毎日を、1 週間を、1 年を、人生を過ごすことを他の一般市民と同様に障害当事者にも保障することをめざす重要な視点であり、具体的な実践を展開する際の重要な検討事項といえよう。これら北欧型のノーマライゼーションは、法のもとにおける平等、サービス利用者の生活の質やライフステージに関する基本的権利を強調した。
　さらに、この理念は北米に渡り、W.ヴォルフェンスベルガー[*10]がノーマライゼーションを「社会的役割の実現（Social Role Valorization：SRV）」として、障害当事者が地域生活を営むなかで役割をもって生活することを意識的に行う試みを実施した。北米型理論のW.ヴォルフェンスベルガーは、施設の設置場所や個々人の外姿や行動を変えることを主張したために、適応理論であると批判されてきた経緯がある。しかしながら、W.ヴォルフェンスベルガーは脱施設化と機会の平等を主張し、当事者が社会のなかで生活し、人々と関係を取り結ぶなかで社会的に価値ある役割を創造し、支持されることが、当事者自身の社会的イメージや他者の目に映ずる価値を高め、その人のもつ力の向上を強めることが重要であると強調した。当事者自身の価値を低めて

*10　W.ヴォルフェンスベルガー（Wolf Wolfensberger）
1934年にドイツに生まれる。アメリカ移住後、心理学と特殊教育学を学ぶ。アメリカ、カナダの北米でノーマライゼーションの理念を刷新することをめざし、Social Role Valorization概念を提唱した。ノーマライゼーションの理念の実現のためのサービスシステムのプログラム分析であるPASSINGの開発、研修にも携わり、具体的な実践の展開を行った。2011年没。

いるのは、障害をもたない人たちの意識の側に問題があるのではないかという立場は、支援する側の価値観を問い、自己覚知をしながら関係を結ぶことを私たちに求めているといえよう。

(2) リハビリテーション (Rehabilitation)

リハビリテーションという言葉を聞くと、身体面を重視した機能回復訓練をイメージしがちかもしれない。しかし、本来、リハビリテーションという語は、「権利の回復」「全人間的復権」を意味する。

リハビリテーションについて、WHO（1981年）は「リハビリテーションとは、能力障害あるいは社会的不利を起こす諸条件の悪影響を減少させ、障害者の社会統合を実現することをめざすあらゆる措置を含むものである。リハビリテーションは障害者を訓練してその環境に適応させるだけでなく、障害者の直接的環境および社会全体に介入して彼らの社会統合を容易にすることをも目的とする。障害者自身、その家族、そして彼らの住む地域社会はリハビリテーションに関係する諸種サービスの評価と実施に関与しなければならない」と定義した[3]。

「全人間的復権」を可能にするトータル・リハビリテーションは、①障害発生時に必要となる医学的リハビリテーション、②児童期、青年期においては医学的リハビリテーションと同時並行して学校教育を、成人期、高齢期には生涯学習の取り組みも含め、必要に応じた教育的リハビリテーション、③職業をもつ成人期や就業をめざす青年期等では、医学的リハビリテーションのみで職場復帰、就職が困難な場合、職業的リハビリテーションを活用し、④これらをトータルして障害者自身が社会参加を実現するための社会生活力[*11]を高め、同時に社会的環境を変えていく社会的リハビリテーションにより可能となる。このような実践が総合的、継続的に身近な生活の場で提供され、地域社会の資源を開発、活用しながら進められることは、ハビリテーション[*12]においても重要である。

リハビリテーションが４つの領域を含むトータル・リハビリテーションとして成り立つとき、その目標は、日常生活動作（ADL）[*13]の自立から、生命・生活・人生の質（QOL）に転換するともいえよう。近年、要介護認定や障害支援区分認定においてADLのみならず、手段的日常生活動作（IADL）[*14]も評価されている。ADLの向上が図られることは重要ではあるが、個別支援計画を立てる際、ADL、IADL双方の状態を把握するとともに、サービス利用者が望む暮らしのあり方に本人の意思を反映させ、本人の満足感、自己肯定感、自尊心を評価軸にすえたQOLの向上をめざすことが重要となる。

*11 社会生活力 (Social Functioning Ability：SFA)
1986年の国際リハビリテーション (Rehabilitation International：RI) の定義によれば、「社会生活力とは、さまざまな社会的な状況のなかで自分のニーズを満たし、一人ひとりに可能な最も豊かな社会参加を実現する権利を行使する力を意味する」とある。社会リハビリテーションのキーワードとして用いられ、その力を高めるためのプログラム等が開発されている。

*12 ハビリテーション (habilitation)
リハビリテーションが再び権利を取り戻すという一度失ったものを回復することを意味するため、中途障害をもつ人の力を高めるのに対し、先天的に障害をもつ人に対し、その人のもつ力を高め、自己実現を図るアプローチをいう。

*13 日常生活動作 (Activities of Daily Living：ADL)
日々の基本的な生活動作のうち、食事、衣類の着脱、整容、排せつ、入浴、移動、歩行等の身体動作をいう。

*14 手段的日常生活動作 (Instrumental Activities of Daily Living：IADL)
日々の基本的な生活動作のうち、調理、家事、洗濯、服薬管理、金銭管理、電話、買い物、外出等の社会生活を営むうえでの必要な動作をいう。

⑶　自立生活（Independent Living：IL）の理念

　IL理念の提唱は、重度障害者にとってこれまでの「自立」とは全く異なる地域生活を実現するものとなった。それまでの「自立」といえば、ADLなどの身辺が自立し、IADLなどの日常生活に必要となるさまざまな管理事項を独力ですることができ、経済的にも自立していることを意味した。しかし、この自立観では、重度障害者にとっての自立は困難なものとなってしまう。日常生活に必要な支援を受けながら、自らの選択と決定により生活を創り上げていく生活こそ、自立した生活であるとするこの理念は、従来の自立観を覆すものであった。

　わが国では、1980年代になって「国際障害者年」の動きとともにIL理念は急速に広まり、障害当事者主体の自立生活センターが全国各地で設立された。現在、全国自立生活センター協議会に加盟している正会員となる団体は、2017（平成29）年1月28日現在、127団体にのぼる。加盟は、下記の5点を満たしていることで可能となる。

① 意思決定機関の責任および実施機関の責任者が障害者であること
② 意思決定機関の構成員の過半数が障害者であること
③ 権利擁護と情報提供を基本サービスとし、かつ以下の4サービスのうち、2つ以上を不特定多数に提供していること
　－1　介助サービス
　－2　ピア・カウンセリング
　－3　自立生活プログラム
　－4　住宅サービス（住宅情報の提供）
④ 会費の納入が可能なこと
⑤ 障害種別を問わずサービスを提供していること

　障害当事者が自らの内面に迫り、力に気づき、実際の行動に結びつける際に有効となる手段として、当事者組織による各種プログラムの活用がある。

　たとえば、ピア・カウンセリングにより自己をみつけ、信頼、自己肯定感を高めることもある。ピア・カウンセリングは、当事者自身のことを最もよく理解しているのは当事者であるという立場から、ピア・カウンセラーという障害当事者による相談者が自立生活を実現するためのサポートを行うことをいう。なお、ピア・カウンセラーになるための講座も開講されている。全国自立生活センター協議会によれば、ピア・カウンセリングはIL運動のなかでスタートし、当事者同士が互いに平等な立場で話を聞き合い、相互の支援により、地域での自立生活を実現する手助けをするもので、精神的サポート

と自立のための情報提供の二側面があるとされる。

精神的サポートでは、自己信頼の回復、セルフ・アドボカシー、意識確立、施設や親からの独立、性やセクシュアリティについての悩み、その他の対人関係、自立生活全般に必要な精神的サポートを行い、ありのままの自己を互いに尊重し合うことが行われる。

自立のための情報提供では、住宅選び・改造等、所得保障、仕事・職業、介助に関すること、余暇・旅行・レジャー、その他、自立生活に関する情報提供および相談が行われる。

ピア・カウンセリングでの障害当事者の果たす役割は、単なるアドバイザーというよりはむしろ、同じ立場から信頼関係をもとに、具体的で実現可能なサポートを実施するロールモデルともいえよう。

さらに、各自立生活センターが実施する自立生活体験室や自立生活プログラムも、具体的で実現可能なサポートを体験的に支援、提供するものである。障害当事者は長く施設や親元での生活をしているため、介助者への指示、時間の管理、生活の段取りをし、実行するということがなく過ごしている場合がある。自立生活体験室では、1泊2日程度で施設や親元から離れて生活することが可能だということを体験することもできれば、1週間程度の自立生活の疑似体験をし、自らの生活を組み立てるにはどのようなニーズが自分にあり、何ができて、何ができないのか、自立生活のための手順はどうしなければならず、どのような資源を用意し、使いこなす必要があるのかを実際の体験から整理し、把握し、失敗もしながら学ぶことができる。また、自立生活プログラムでは、個人、グループ等で数回または十数回での講座形式のもの、合宿形式や自立体験室の利用も含めて実施されることもある。介助者との接し方、制度の使いこなし方、指示を出して家事全般を切り盛りする方法、金銭管理や危機管理、体調の管理、外出体験等、自立生活に必要な生活技能がプログラムとして提供される。

この自立生活プログラムは、障害当事者によるプログラム立案と障害をもたない介助者やボランティア、支援者との共働によって行われる。施設を中心に職員等がプログラムを作成し体験的に生活技能を学び、地域生活につなぐものとして社会生活プログラム等が機能している。これらのプログラムでの経験の積み重ねは、エンパワメントのプロセスともいえよう。

直接的な支援において、当事者中心が重要であることはいうまでもないが、政策決定の過程や、各地方公共団体の支援システム構築、計画づくりに対する障害当事者の参画はこれまで以上に実行力のあるものになりつつある。

⑷　ソーシャル・インクルージョン（Social Inclusion）

　ソーシャル・インクルージョンについては、国際ソーシャルワーカー連盟
（International Federation of Social Workers：IFSW）[*15]が2000年7月の総
会において採択した「ソーシャルワークの定義」の価値の部分について以下
のように説明している[*16]。そのなかでは、社会的に抑圧され、孤立化、無力
化させられている人々につながりをもたせ、多様性を認め合う社会を構築す
ることに価値を置いている。

　　ソーシャルワークは、人道主義と民主主義の理想から生まれ育ってきたので
　あって、その職業上の価値は、すべての人間が平等であること、価値ある存在で
　あること、そして、尊厳を有していることを認めて、これを尊重することに基盤
　を置いている。ソーシャルワーク実践は、1世紀余り前のその起源以来、人間の
　ニーズを充足し、人間の潜在能力を開発することに焦点を置いてきた。人権と社
　会正義は、ソーシャルワークの活動に対し、これを動機づけ、正当化する根拠を
　与える。ソーシャルワーク専門職は、不利益を被っている人びとと連帯して、貧
　困を軽減することに努め、また、傷つきやすく抑圧されている人びとを解放して
　社会的包含（ソーシャル・インクルージョン）を促進するよう努力する。ソー
　シャルワークの諸価値は、この専門職の、各国別並びに国際的な倫理綱領として
　具体的に表現されている。

　わが国でも、2000（平成12）年12月に厚生労働省「社会的な援護を要する
人々に対する社会福祉のあり方に関する検討会」から提出された報告書では、
社会的排除、摩擦や社会的孤立の強い立場に置かれている人は、制度から漏
れやすく、福祉的な支援が緊急に必要であるにもかかわらず、その抱える問
題はみえにくく、問題の把握をより一層難しくしているため、複眼的な取り
組みが必要であるとし、「社会の構成員として包み支え合う（ソーシャル・イ
ンクルージョン）」ために、つながりを構築、創出する新たな「公」を創造し、
共通の課題をもつ人の場やきっかけ、仲間づくりの支援、問題の発見把握の
重視、問題把握から解決までのプロセスの重視に向けたサービス提供者に対
する提言、セーフティーネットの確立等についてふれている。

　IFSWは、2014年7月に「ソーシャルワーク専門職のグローバル定義」を
採択している。本定義の注釈「（1）中核となる任務」において、「ソーシャ
ルワーク専門職の中核となる任務には、社会変革・社会開発・社会的結束の
促進、および人々のエンパワメントと解放がある」と述べている。さらに、
そのためには不利な立場の人々と連帯し、貧困の軽減、抑圧された人々を解

*15　国際ソーシャル
ワーカー連盟（IFSW）
1956年に設立。本部は
ジュネーブ。世界各国
110余が加盟している
ソーシャルワーカーの
国際組織。日本では加
盟に際し、日本ソー
シャルワーカー協会、
日本社会福祉士会、日
本医療社会福祉協会、
日本精神保健福祉士協
会の4団体からなる社
会福祉専門職団体協議
会を構成し調整団体と
している。専門的価値・
基準・倫理・人権・社
会的認知・訓練・労働
条件に関して専門的職
業としてソーシャル
ワークを促進し、国際
的な組織・機関と協力・
連携して、専門職とし
て提示すること等を活
動の目的とする。

*16
以下の日本語訳はIFSW
日本国調整団体が2001
（平成13）年1月26日
に決定した定訳である。

放し、社会的包摂と社会的結束を促進するために専門職は努力するとされた。

　このように、社会的排除に対し、現代社会において不利な状況に立たされがちな人々を隔離して保護するのでもなく、分離するのでもなく、包摂する仕組みやつながりを構築することが求められている。

本章のまとめ●理念は道しるべであり、原動力●

　障害者福祉にかかわる理念は、掲げ、唱えているだけでは現実のものとはならない。理念を実際に結びつけるためには、状況を理解し、方法や技術を使って試行錯誤を繰り返さなければならない。行き当たりばったりの実践ではなく、私たちの実践がどの方向へ向かうべきなのかをさし示す道しるべとして理念はある。そして、めざすものが少しずつ現実となるのを実感することで、道しるべとしての理念は実践の手段となり、同時に私たちにとっての取り組みの後ろ盾となり原動力となる。

　いずれの理念も、そのありようを当たり前のものとして実現したいという人同士がともに活動し、交互に影響し合いながら個人を成長させ、社会を変革させてきた豊かな営みがある。私たちは常に関係のなかにある価値を問い直しながら、支援関係やシステムが真の平等のうえに成り立つように、当事者に学び、現実に取り組まなければならない。

【考えてみよう】
① B.ニィリエのノーマライゼーションの8つの視点を用いて、ボランティアでの場面や実習先での生活場面について考察を加えてみよう。
② 障害者福祉の理念を念頭に、障害当事者と専門家との関係について考えてみよう。
③ 現代社会において、社会的排除、摩擦や社会的孤立に関連し、どのような課題が存在するのか考えてみよう。また、そのような状況に置かれている人々とつながりを構築するためには、どのような実践があるのか考えてみよう。

【さらに学びを深めるための参考文献】
1）全国自立生活センター協議会『自立生活運動と障害文化－当事者からの福祉論－』現代書館　2001年
2）中西正司・上野千鶴子『当事者主権』岩波新書　2003年
3）藤井克徳『私たち抜きに私たちのことを決めないで－障害者権利条約の軌跡と本質－』やどかり出版　2014年

【引用文献】
1）花村春樹訳・著『「ノーマリゼーションの父」N．E．バンク-ミケルセン－その生涯と思想－』ミネルヴァ書房　1995年　p.190
2）Nirje, B., *The normalization principle,* in R. J. Flynn and K. E. Nitsch（eds）*Normalization, Social Integration and Community Services,* Baltimore : University Park Press, 1980, p.40.
3）上田敏『目でみるリハビリテーション医学（第2版）』東京大学出版会　1994年　p.2

【参考文献】
・中園康夫『ノーマリゼーション原理の研究』海声社　1996年
・厚生労働省「社会的な援護を要する人々に対する社会福祉のあり方に関する検討会」報告書　2000年12月8日
・鄭鐘和編『セルフマネジドケア・ハンドブック（第2版)』ヒューマンケア協会　2001年
・谷口明広『障害をもつ人たちの自立生活とケアマネジメント－IL概念とエンパワメントの視点から－』ミネルヴァ書房　2005年
・全国自立生活センター協議会ホームページ　http://www.j-il.jp/
・日本障害者リハビリテーション協会(JSRPD)ホームページ　http://www.jsrpd.jp/
・日本ソーシャルワーカー協会ホームページ　http://www.jasw.jp/
・長瀬修・東俊裕・川島聡編『障害者の権利条約と日本－概要と展望－』生活書院　2008年

障害の概念、そのとらえ方

● 障害の概念理解と障害者ソーシャルワーク実践

　ソーシャルワーカーの障害に対する見方・考え方、つまり、障害（者・児）観は、障害福祉実践の場における当事者の「育ち」「自立」「自己実現」「社会参加」といった生活、福祉、保育、教育などの支援（実践）に影響する。したがって、正しい障害観を構築し、当事者の利益に基づく客観性を保持することがソーシャルワーカーをはじめとした支援者に求められる共通基盤である。当事者の社会的排除をはじめとした不利益、他の市民と対等な利益の共有を妨げるような状況を改善していくためには、社会福祉関係者が率先垂範してこれらの課題に取り組んでいくことが重要となる。

　本章では、国際的な障害の概念を基盤に、障害者への支援に携わるソーシャルワーカーとして求められる障害観、障害の定義について学んでいく。

1. 障害の概念と定義 – 障害のとらえ方 –

(1)　「障害者」を同じ市民としてとらえることへの道標

　障害のとらえ方および社会のあり方について「国際障害者年行動計画」（1980年1月30日、国際連合総会決議）[1] は示唆的である。本計画第63項では、「障害という問題をある個人とその環境との関係としてとらえることがずっとより建設的な解決の方法であるということは、最近ますます明確になりつつある」と述べ、障害は環境との関係によるもの、という見方を約40年前の時点で「近年では当たり前」と指摘している。

　また、社会は「一般的な物理的環境、社会保健事業、教育、労働の機会、それからまたスポーツを含む文化的・社会的生活全体が障害者にとって利用しやすいように整える義務を負っている」とその責任を述べたうえで、それらの取り組みは「社会全体にとっても利益となるもの」であると言及している。さらには、「社会がその構成員のいくらかの人々を閉め出すような場合、それは弱くもろい社会なのである」と謳いあげるとともに、障害者は「特別な集団ではなく、その通常の人間的なニーズを充たすのに特別の困難を持つ

普通の市民である」として、ユニバーサルな視点と対等性をも明確に提言している。本計画は、1981年に開催された国際障害者年に向けた行動指針を示すものであるにもかかわらず、わが国の障害者（児）を取り巻く現状から鑑みてもこの言説は色あせてはいない。

⑵ 「国際障害分類（ICIDH）」からみた障害の概念

1980年に世界保健機関（WHO）は「国際障害分類（International Classification of Impairments, Disabilities and Handicaps：ICIDH）」を提示した。これによって、障害を個人やその家族だけの問題ではなく、当事者を取り巻く物理的、制度的、文化・情報、心理的（意識）など周囲の"環境との関係性"という観点による障害の構造モデルが概念化され、これまでの個人的主観や歴史的・社会的背景、文化的・宗教的要素などによって異なる障害のとらえ方から、共通概念としての客観的とらえ方へと前進していく。

ICIDHは、「疾患・変調（Disease or Disorder）」から「機能・形態障害（Impairment）」に向き、次いで「能力障害（Disability）」および「社会的不利（Handicap）」へと向かう構造となっている（図4−1）。障害を一元的な見方や考え方ではなく、構造化した3つのレベルからのとらえ方を理論的に整理した。

まず、一次的側面の障害を「機能・形態障害」として、身体的機能や形態および脳の機能的側面にみる「心理的、生理的又は解剖的な構造又は機能の何らかの喪失又は異常」と定義している。つまり、生物学的・医学的観点でとらえる障害を意味し、脳の機能障害による知的発達の遅れ（知的障害）・交通事故による脊椎損傷・脳性まひによる手足手指などの機能面での状態を示す「機能障害」、また手足の欠損などの形態という側面における状態を示す「形態障害」をさしている。このとらえ方は、生物学的レベルでの、主に医学的判定に用いられる概念でもある。一般的に見た目や特徴的理解のしやすさから、障害をこの次元でとらえてしまうことが多い。

次に、二次的側面の障害である「能力障害」は、個人の能力的な程度・範囲、主観などとの関連で考える生活上のしづらさである。たとえば、足の機能・

図4−1　国際障害分類（ICIDH；WHO，1980）

出典：厚生労働大臣官房統計情報部編『WHO国際障害分類試案（仮訳）』厚生統計協会　1984年

形態障害のために歩くことや走るといった移動する能力が、機能・形態障害を有する以前と比べ能力的に「しんどい・しづらい・支障をきたす・時間を要する」などの個人的レベルにおける状態・状況を意味する。つまり、機能・形態障害を起因に何かを行ううえでの能力上（個人的に差異がある）の支障をさす。WHOは、能力障害を「人間として正常と見なされる方法や範囲で活動していく能力の（機能障害に起因する）何らかの制限や欠如」と定義している。人間が生活を送るという観点から考えた場合、この概念は当事者にとってキーワードとなる。個々の当事者が、補装具や日常生活用具、環境調整などの活用次第で、日常生活上のしづらさ・支障（能力障害・能力低下）は変調（変容）し、社会参加を左右するという点をふまえる必要がある。

　最後に、三次的側面の障害として「社会的不利」を置いている。たとえば、能力障害を車椅子で補い、その当事者が社会参加をしようとするときに物理的・心理的な種々の不利益を被ることがある。そのような周囲の環境のなかに存在する障壁（バリア：物理的・制度的・文化的・意識）により被る不利益は、当事者の努力とは別の要素でもあり、自己解決も困難で当事者の責任とは言い難い場合が多い。このように当事者が能力を補う工夫や努力をしたにもかかわらず社会参加しようとしたときに、外的要因（環境の側）から被る不利益という現象を「機能障害や能力低下の結果として、その個人に生じた不利益であり、その個人にとって（年齢、性別、社会文化的因子からみて）正常な役割を果たすことが制限されたり、妨げられたりすること」と定義し、社会的レベルの障害として位置づけた。

　ICIDHの提起は障害の克服や解決・介護等を個人やその家族の第一義的責任として自己・自助努力を強制してきた障害観から大きくパラダイム転換していく契機となった。

(3)　「国際障害分類（ICIDH）」から「国際生活機能分類（ICF）」へ

　環境との関係性による社会的不利をも障害ととらえるICIDHの新たな視点は、生活のしづらさの要因が個人のみにあるのではないとし、解決すべき課題は周囲の環境（社会の側）にもあることを認識させた。この考え方は、障害者（児）がありのままでも不利益を被ることのない社会生活の実現をめざした、バリアフリーやユニバーサルデザインの理念に反映してきたといえる。

　また、国連「障害者に関する世界行動計画」（1982年）においても「障害者と彼らを取り巻く環境との関係であり、市民が利用できる社会の種々のシステムに関し、障害者の利用を妨げる文化的、物理的あるいは社会的障壁に障害者が遭遇したときに生じる。このように、不利とは、他の人々と同等のレ

ベルで社会生活に参加する機会が喪失、または制約されることである」と指摘している。このような不利益を克服し、障害者（児）が同じ市民として社会生活を送ることができるように社会を変えていこうとする潮流は、ノーマライゼーション以降の諸理念と矛盾するものではない。

しかし、一方でICIDHは、環境の位置づけの不明確さ、生活上の諸現象との複雑な相互作用を考慮せずに障害を一方向的に因果関係論的な概念図で表現していること、さらには社会参加の責任を安易に環境や社会へすべて責任転嫁してしまう「社会的不利」の妥当性とあいまいさなどの指摘や批判があった。そのため、2001年5月22日の第54回WHO総会において、約20年を経てICIDHは「国際生活機能分類（International Classification of Functioning, Disability and Health：ICF）」へと改定されるに至った。

(4) 「国際生活機能分類（ICF）」からみた障害の概念

1) 「国際生活機能分類（ICF)」の特徴と概念

ICF（図4−2）では、ICIDHにある「障害」という否定的表現を排除した中立的表現とするために、「機能・形態障害」を「心身機能・身体構造（body functions and structures)」へ、「能力障害」を「活動（activities)」へ、「社会的不利」を「参加（participation)」へと改めた。

また、概念・定義を再検討し、先の3つの次元（レベル）を含めて「生活機能」ととらえ、人生・生活（その人の生きること、その状況・状態）すべてを包含する用語とした。つまり、「生命レベル・生活レベル・人生レベル」の3つのレベルで人が生きていることを総合的にとらえようとした[2]点に特

図4−2　国際生活機能分類（ICF；WHO，2001)

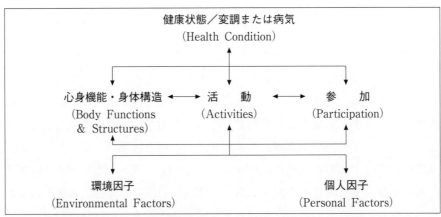

出典：障害者福祉研究会編『ICF国際生活機能分類−国際障害分類改定版−』中央法規出版　2002年　p.17
　　　を一部改編

64

徴がある。

　各概念の意味として、「心身機能・身体構造」は人間の身体（手足、体幹、内臓など）の動きや機能・構造をさす。

　「活動」は、生活を送るうえで何らかの目的や目標に基づきなされる生活行為や関連する生活動作といった具体的行動・行為をさしている。たとえば、日常生活動作として生きるための基本的な動作である食事摂取、洗顔、排せつ、歩行、入浴、衣服の着脱、掃除・買い物などの家事行為、移動のための行為、仕事のための行為、遊び、余暇活動・旅行・スポーツ・テレビ鑑賞・音楽鑑賞など、社会生活を送るうえで必要とされる行為を包括的にとらえている。

　「参加」は、職場での役割、家庭での役割、子ども同士の役割、プライベートな場面への参加やさまざまな社会活動への参加など、当事者の人生におけるさまざまな状況下での役割や位置づけを含めた広い概念でとらえている。

　さらに「背景因子」として、その人と外的関係性を示す「環境因子」に加え、個人の人生や生活の特別な背景を意味する「個人因子」という概念を追加した。人々の社会生活には、それらすべての諸因子が相互に関連し影響し合うという点も明確化した。

　このように、ICFの登場により人の生活機能と障害は、健康状態（病気、変調、傷害、ケガなど）と「3つの概念」および「背景因子」とのダイナミックな相互作用によるもの（相互作用モデル）という考え方に深化させた（図4-2・表4-1）。

2）「国際生活機能分類（ICF）」の意義

　人は社会・環境とかかわりをもちながら生活している。その際に、支障や制限・制約を感じる（生じる）状態・状況が出てくることがある。ICFは、その状態・状況を「機能障害」「活動制限」「参加制約」と定義し、障害はこの状況をさし、決して当事者そのものが障害（障害者）ではないことを明確化した。つまり、当事者が日常生活や社会参加（環境にアクセス）をしようとしたときに生じる困難や活動制限、参加制約に陥った状況や状態にあることが障害であると考え、社会生活上の困難や問題・制限・制約を感じた状況・状態・現象を重視し、生活全体を通して当事者のできることを評価し活用していくという肯定的側面に着目した。

　さらに、生活機能という観点に基づいて「人が生きることの全体像」[3]としての共通言語としてそれらの概念を位置づけ、障害の有無に関係なく、個人（当事者）の人生・生活の全体性をとらえていくことが要件となる。これ

により、保健・医療、福祉、教育、就労などの場における障害の総合的評価およびサービス計画・評価などの臨床的手段の提供、障害分野の諸問題としてのニーズの把握・サービス構築、法制度上の問題、生活上の問題などに関する標準的枠組みの提供が可能となった。

このように、環境（物理的・制度的・心理的など）とのかかわりによって生じる社会的不利益などの現象こそが障害であるという視点の構築は、過去

表4－1　「国際生活機能分類（ICF）」定義一覧

用　語	定　義
健康状態	健康状態とは、病気（急性あるいは慢性の疾患）、変調、傷害、ケガ（外傷）の包括的用語である。妊娠、加齢、ストレス、先天性異常、遺伝的素質のような状況も含んでいる。
生活機能	生活機能とは、心身機能・身体構造、活動と参加の包括用語であり、個人とその人の背景因子（環境因子と個人因子）との相互作用のうちの肯定的な側面を表すものである。
心身機能・身体構造	心身機能とは、身体系の生理的機能である。 身体構造とは、器官・肢体とその構成部分などの、身体の解剖学的部分である。 身体とは、人体機構のすべてをさし、脳とその機能である心も含まれる。したがって、精神的機能は心身機能に含まれる。 機能障害とは、著しい変異や喪失などといった、心身機能または身体構造上の問題である。ある健康状態の一部であったり、その一つの表れであったりする。必ずしも病気が存在しているとか、その人を病人とみなすべきだということを示すものではない。
活　動	活動とは、課題や行為の個人による遂行のことである。それは、生活機能の個人的な観点を表す。 活動制限とは、個人が活動を行うときに生じる難しさのことである。活動を行う際に期待される方法や程度と比較しての差異であり、それは質的・量的な面、または軽度から重度までわたる。
参　加	参加とは、生活・人生場面へのかかわりのことである。 参加制約とは、個人が何らかの生活・人生場面にかかわるときに経験する難しさのことである。参加制約が存在するかどうかは、ある人の参加状態と、その文化や社会において障害のない人に期待される参加状態を比較することによって決定される。
背景因子	背景因子とは、個人の生活・人生に関する背景全体を構成する因子を表す。それは、「環境因子」と「個人因子」の2つの構成要素からなり、その人の健康状況や健康関連状況に影響を及ぼす。 環境因子とは、人々が生活し、人生を送っている物的・社会的環境、人々の社会的態度による環境を構成する因子である。この因子は、その人の社会の一員として実行状況、課題や行為の遂行能力、心身機能・構造に対して、肯定的・否定的影響を及ぼす。（機能への外部からの影響） 環境因子には、個人的（家庭・職場・学校などの場面を含む個人にとって身近な環境。人が直接接触するような物的・物質的環境や家族・知人・仲間・他者との直接的接触を含む）および社会的（コミュニティや社会における公式または非公式な社会構造、サービス、制度であり、個人に影響を与えるもの。就労環境、地域活動、政府機関、コミュニケーション、交通サービス、非公式社会ネットワーク、法律、規定、公式・非公式な規則、人々の態度、イデオロギーなどに関連する組織を含む）なレベルに焦点を当てる。環境因子は、心身機能、身体構造、活動、参加といった構成要素と相互作用する。 個人因子とは、個人の人生や生活の特別な背景であり、健康状態や健康状況以外のその人の特徴からなる。性別・年齢・人種・健康状態・体力・ライフスタイル・習慣・生育歴・困難への対処方法・社会的背景・教育歴・職業・過去および現在の経験（出来事）・全体的な行動様式・性格・個人の心理的資質・その他の特質などが含まれる。（機能への内面からの影響）
阻害因子 （barriers）	阻害因子とは、ある人の環境において、それが存在しないこと、あるいは存在することにより、生活機能が制限され、障害を生み出すような因子をいう。 これらには、利用不可能な物的環境、適切な福祉用具がないこと、一般の人々が障害に対してもつ否定的態度、また、人が生活・人生のあらゆる分野に関与することを促進することを目的としたサービス・社会制度・政策が存在しないか、かえってそれを妨げるものになっていることが含まれる。

出典：障害者福祉研究会編『ICF国際生活機能分類－国際障害分類改定版－』中央法規出版　2002年　pp.204－206をもとに筆者作成

の障害観の転換を図るうえで重要な役割を担ったといえる。同じような身体的状態であっても国や文化・社会的状況、つまり、その周囲の環境によって生活のしづらさや生活・人生レベルは異なる。障害を把握するとき、個人や家族への努力も求めるが、それだけに責任転嫁するのではなく、「個人とそれを取り巻く環境とのかかわりのなかで生じる問題」としてみつめ直し、環境改善や調整によっては障害の程度（生活のしづらさや生活・人生レベル）も左右されるという障害観の確立が重要である。

2．わが国にみる障害（者・児）の定義

次に、WHOが提示している国際的な障害の概念とそのとらえ方をふまえ、わが国における障害の定義について概観する。

(1)　障害者福祉法制における障害（者・児）の定義

わが国の障害福祉領域における上位法としての位置づけに障害者基本法がある。障害者の定義は、上位法である本法でその範囲や種別を明記している。

> **障害者基本法第2条第1項**
> 　障害者　身体障害、知的障害、精神障害（発達障害を含む。）その他の心身の機能の障害（以下「障害」と総称する。）がある者であつて、障害及び社会的障壁により継続的に日常生活又は社会生活に相当な制限を受ける状態にあるものをいう。

障害者基本法では、社会的障壁との関係性を明記しているものの、心身の機能や形態にみられる状態（Impairment）から障害の有無を判断し、身体・知的・精神・発達障害の大きく4つに類型化している。この定義に基づき、障害種ごとに法律が分化する法体系をとっている。

(2)　対象別福祉法制における障害（者・児）の定義

❶身体障害者の定義

> **身体障害者福祉法第4条**
> 　「身体障害者」とは、別表に掲げる身体上の障害がある18歳以上のものであつて、都道府県知事から身体障害者手帳の交付を受けたものをいう。

定義にある「別表」とは「身体障害者福祉法別表」をさし、身体上の障害について、視覚障害、聴覚または平衡機能障害、音声・言語機能またはそしゃく機能障害、肢体不自由、心臓機能障害、じん臓機能障害、呼吸器機能障害、

ぼうこうまたは直腸機能障害、小腸機能障害、ヒト免疫不全ウイルスによる免疫機能障害、肝臓機能障害に分類している。該当者には「身体障害者手帳*¹」が交付される。なお、障害の程度は「身体障害者障害程度等級表」（身体障害者福祉法施行規則別表第5号）に基づき、1級から7級の等級の範囲で区分される。ただし、7級の障害は、単独では手帳の交付対象とはならない。

*1　身体障害者手帳
第7章p.108参照。

❷知的障害者の定義

知的障害については、わが国では明確な知的障害の判定方法および判定基準が確立されていないこと、幅広い援護措置の網をかぶせることが望ましいとの理由から定義の範囲を「社会通念」によって判断するということが基本的見解となっている。したがって、知的障害者福祉法には知的障害者の定義を規定していない。

なお、厚生労働省「知的障害児（者）基礎調査」では、知的障害を「知的機能の障害が発達期（おおむね18歳まで）にあらわれ、日常生活に支障が生じているため、何らかの特別の援助を必要とする状態にあるもの」と定義したうえで実態調査等把握に努めている。また、厚生労働省の定義は、米国知的・発達障害協会の定義を参考にしている（表4-2）。

*2　適応行動（適応スキル）
コミュニケーション、身辺処理、家庭生活、社会的スキル、社会資源の活用、自律性、健康、安全、学業、余暇活動、労働等をさす。

*3　療育手帳
第7章p.109参照。

実際の知的障害の判定では、①知的機能が有意に低い（IQ70～75以下）、②適応行動（適応スキル）*²が知能の制約と関連した制約が2つ以上ある、③発達期(18歳以前)に現れることなどを総合的に判断して行われる。ただし、知的障害の程度を判定する基準が明確ではないため、認定基準、療育手帳*³の名称、知的障害の程度に関する表記等に都道府県ごとの違いがある。

表4-2　AAIDD 米国知的・発達障害協会による知的障害の定義

> 　知的障害は、知的機能と適応行動（概念的、社会的及び実用的な適応スキルによって表される）の双方の明らかな制約によって特徴づけられる能力障害である。この能力障害は18歳までに生じる。この定義を適用するには以下の5つを前提とする。
> 　1．今ある機能の制約は、その人と同年齢の仲間や文化に典型的な地域社会の状況の中で考慮されなければならない。
> 　2．アセスメントが妥当であるためには、コミュニケーション、感覚、運動および行動要因の差はもちろんのこと、文化的、言語的な多様性を考慮しなければならない。
> 　3．個人の中には、制約と強さが共存していることが多い。
> 　4．制約を記述する重要な目的は、必要とされる支援のプロフィールを作り出すことである。
> 　5．長期にわたる適切な個別支援によって、知的障害がある人の生活機能は全般的に改善するであろう。

※　傍点は、筆者による注。
出典：AAIDD 米国知的・発達障害協会編『知的障害－定義、分類および支援体系－（第11版）』日本発達障害福祉連盟　2012年

❸精神障害者の定義

> **精神保健及び精神障害者福祉に関する法律第5条**
> 「精神障害者」とは、統合失調症、精神作用物質による急性中毒又はその依存症、知的障害、精神病質、その他の精神疾患を有する者をいう。

　精神障害について、知的障害を定義に含んでいるのは、精神科医療の関係上への配慮のためである。手帳は「精神障害者保健福祉手帳*4」といい、障害の程度に応じて1級から3級に分類している。

❹発達障害者（児）の定義

> **発達障害者支援法第2条第1・2項**
> 「発達障害」とは、自閉症*5、アスペルガー症候群*6その他の広汎性発達障害、学習障害*7、注意欠陥多動性障害*8その他これに類する脳機能の障害であってその症状が通常低年齢において発現するものとして政令で定めるものをいう。
> 「発達障害者」とは、発達障害がある者であって発達障害及び社会的障壁により日常生活又は社会生活に制限を受けるものをいい、「発達障害児」とは、発達障害者のうち18歳未満のものをいう。

　発達障害の定義にある「政令で定めるもの」とは、言語の障害、協調運動の障害、その他の心理的発達の障害、行動および情緒の障害等をさしている。また、発達障害は知的障害を伴わない状態にある者を法的対象としていることは、知的障害者福祉法が別途存在していることから理解できるであろう。当該障害には、定まった手帳はないため、手帳を取得する場合は、療育手帳または精神障害者福祉手帳を選択し、判定を受ける場合が多い。

　なお、アメリカ精神医学会（American Psychiatric Association：APA）では、自閉症、アスペルガー症候群の他、カナー型自閉症等は、各々の症状に違いがあるとされ、またこれに伴い診断基準も異なることから、独立した障害としてとらえられてきたが、2013年に発表した『精神疾患の診断・統計マニュアル（第5版）：DSM-5*9』において、「自閉症スペクトラム障害／自閉スペクトラム症」の診断名へと統合した（図4-3）。これは、①年齢、環境などによる場合、②生活への支障が異なる、③支援方法が共通であることが多い、④脳科学の側面から差異が認めにくい、等々の観点（理由）をふまえ、自閉症の特性や多様性と、重なり合う部分の多さや連続性がみられることから、これらを異なる障害としてみるのではなく、連続体（スペクトラム）としての自閉症（傾向）とみることで、その境界線を設けないほうが建設的であろうとの考えが採用されたものである。

　自閉症の法規定については今後の改正を待つところである。「自閉症スペクトラム障害／自閉スペクトラム症」についての社会的認知が徐々に高まりつ

*4　精神障害者保健福祉手帳
第7章p.110参照。

*5　自閉症（Autism）
先天性の脳機能障害であり、次の3つの特性を有する。①社会性の不自由（対人関係・想像に基づく行動が苦手）、②コミュニケーションの不自由（言葉の発達に遅れ）、③行動（様式）や興味関心の偏りが発達段階でみられる。また、感覚（五感）過敏などその反応にも特性が見受けられる。

*6　アスペルガー症候群（Asperger Syndrome：AS）
自閉症の特性と似ており、高機能自閉症ともよばれることもある。自閉症との違いは、言葉の発達、知的発達に遅れがみられない等があげられる。

*7　学習障害（Learning Disability：LD）
知的障害とは異なり、全般的な知的発達に遅れはないが、読む、書く、聞く、話す、数的処理等に関する能力のうち、特定のものの習得と使用に困難を示す。

*8　注意欠陥多動性障害(Attention Deficit Hyperactivity Disorder：ADHD)
①不注意、②多動性、③衝動性の3つの特性を有するため、しつけの問題や、問題児としてとらえられることがある。このような周囲からの無理解により生活のしづらさが増加することもある。

*9　DSM-5
Diagnostic and Statistical Manual of Mental Disorders, 5 th ed.

図4−3　DSM-5における自閉スペクトラム症／自閉症スペクトラム障害

DSM-Ⅳ-TR		DSM-5
広汎性発達障害 ・自閉性障害 ・レット障害 ・小児期崩壊性障害 ・アスペルガー障害 ・特定不能の広汎性 　発達障害（非定型 　自閉症を含む）		自閉スペクトラム症／自閉症スペクトラム障害 ・社会的（語用論的）コミュニケーション症／社会的（語用論 　的）コミュニケーション障害 　※行動、興味、活動の限定された（反復的な）様式が存在し 　ない場合。 ・特定不能のコミュニケーション症／特定不能のコミュニケー 　ション障害 　※特定の診断を下すのに十分な情報がない状況において使用。

つあるものの、障害福祉サービスの利用方法については、これまでと同様に利用することができる。

❺障害児の定義

> 児童福祉法第4条第1・2項
> 　児童とは、満18歳に満たない者をいう。
> 　障害児とは、身体に障害のある児童、知的障害のある児童、精神に障害のある児童（発達障害者支援法第2条第2項に規定する発達障害児を含む。）又は治療方法が確立していない疾病その他の特殊の疾病であつて障害者の日常生活及び社会生活を総合的に支援するための法律第4条第1項の政令で定めるものによる障害の程度が同項の厚生労働大臣が定める程度である児童*10をいう。

*10
難病のある人については、2013（平成25）年4月1日の改正児童福祉法の施行、および障害者総合支援法の施行により、「障害児」「障害者」の定義に加わり、これらの法に基づく障害福祉サービス、相談支援等の対象となった。障害者総合支援法制定時は当面の措置として、難病患者等居宅生活支援事業の対象疾病と同様の範囲（130疾病）として考え、疾病の要件や対象疾病の検討を行うとされた。2019（令和元）年7月1日現在の同法の対象疾病は361疾病となっているが、指定難病（医療費助成の対象）と要件が異なっていることに注意が必要である。

*11
本法における障害者の定義は「各法に規定する者」とあるようにサービス対象としての定義である。第7章p.105参照。

　わが国では、18歳以上か未満かで社会福祉サービスの制度体系を分けている。障害「者・児」と表記されているように年齢をもってして対象を区分し法律を分離している。つまり、「者」は各障害者四法で、「児」は子どもの生命・発達・療育等の保障の観点から児童福祉法で規定している。

　最後に、わが国の障害（者・児）の定義は各種別・年齢によって根拠法が分かれているため、児童福祉法に「障害児」として定義している。ただし実際の障害福祉サービス等を活用する際には、「児童福祉法」および「障害者の日常生活及び社会生活を総合的に支援するための法律」（障害者総合支援法）*11によって運用していくという二重構造になっている点に留意しなければならない。

本章のまとめ●障害のある人の全体性をとらえた支援のために●

　わが国の各障害者四法上の定義は社会的障壁との関連を示しているものの、ICFで示している「環境との関係性」という観点よりは、ICIDHの生物学的・医学的レベルとしての「機能・形態障害」でとらえている。そのため、「障害

者か否か」は、法律上の定義、判定基準に該当するかどうかという制限列挙方式で判断している。判定に該当した者には「手帳」を交付し、障害福祉サービスの利用が可能となる。しかし、この判定基準に満たない場合には、生活上福祉サービスを必要としていたとしても、原則的に障害福祉サービスの対象外となる。したがって、手帳の有無と生活上の支援の必要性との整合がつかないこともある。

　ICFは、生活上の制限や制約・問題の要因はどこか、何が引き金となっているのかについて、その人の生活機能全体から把握することの大切さを教えてくれている。生活上の課題や問題の「原因」となる障害を治療し改善することに力点を置く「医学モデル」の観点では、支援のあり方が社会関係から切り離されたものになりかねないし、社会参加への可能性を狭めてしまう不安がある。たとえば、子どもの障害を否定的に認識し「治療」の対象としてとらえてしまうことで、それは克服すべきものとして対応してしまう。保育や教育の現場に転じてみると「組織的・集団的な保育・教育」についていけない「手のかかる・困った・乱す」子どもというラベリングに陥る。このような支援にかかわる専門職者の障害観が、時に当事者と家族への重圧となるケースがある。

　社会福祉（特に障害領域）という利用者を支援していく専門職として大切なことは、いったん私たちがマイナスをみたところにプラスを見出し、病気をみたところに健康を見出し、失敗と感じたところに達成を見出すことを心がけるという「加点評価」の視点であろう。この視点の確立がなされなければ、障害は常にマイナスであり、障害のある当事者は社会から排除すべき者、問題の多い者として烙印を付されてしまう。当事者が自分らしく人生に対して能動的にかかわっていくことができるかという「生きることの全体像」を見据えた支援を障害者（児）にかかわる専門職には担ってほしい。障害者を治療して正常にする、いわゆる「健常者」に近づけるという意味ではなく、その人がありのままで、そのもてる能力を生かした生活のあり方をともに探求することであり、その後の人生への基盤となるきっかけを考えていくことにある。

　人の顔や性格、身長、体重、肌の色などが違うのと同様に、身体的・知的な状態もまた人それぞれ固有である。それらを理解したうえでの生きることの全体的様相（生きていくことの全体像）をとらえることができる広角的視野と判断能力をソーシャルワーカーには求めたい。また、個人や家族の解決可能な課題はそこに委ねつつも、生活上の課題や問題の要因・結果を当事者の障害やその家族のみに転嫁せずに、障害を環境との関係性により生じる生

活のしづらさという「社会モデル」の視点からの支援を探ってほしい。

【考えてみよう】
① わが国の障害のとらえ方は、ICIDHにある三次元のうち、どの次元でとらえ
ているのか検討してみよう。
② 障害のある人の障害福祉サービスへのアクセスは、「制度優先」か「ニーズ
優先」であるべきか話し合ってみよう。
③ 障害を正しく認識していくために、ソーシャルワーカーの立場としての私た
ちがすべきことは何か、または何ができるか、話し合ってみよう。

【さらに学びを深めるための参考文献】
1）障害者福祉研究会編『ICF国際生活機能分類－国際障害分類改定版－』中央
法規出版　2002年
2）上田敏『国際生活機能分類ICFの理解と活用－人が「生きること」「生きるこ
との困難（障害）」をどうとらえるか－』きょうされん　2005年
3）『障害者権利条約で社会を変えたい－Nothing about us, without us！－』
福祉新聞社　2008年

【引用文献】
1）『ジュリスト増刊総合特集　障害者の人権と生活保障』No.24　有斐閣　1981年
pp.383－388
2）上田敏『国際生活機能分類ICFの理解と活用－人が「生きること」「生きることの困
難（障害）」をどうとらえるか－』きょうされん　2005年　p.16
3）上田敏　同上書　p.28

【参考文献】
・上田敏『リハビリテーションを考える－障害者の全人間的復権－』青木書店　1983年
・狭間香代子『社会福祉の援助観－ストレングス視点・社会構成主義・エンパワメント－』
筒井書房　2001年
・障害者福祉研究会編『ICF国際生活機能分類－国際障害分類改定版－』中央法規出版
2002年
・上田敏『国際生活機能分類ICFの理解と活用－人が「生きること」「生きることの困難
（障害）」をどうとらえるか－』きょうされん　2005年
・厚生労働省大臣官房統計情報部編『生活機能分類の活用に向けて－ICF（国際生活機能
分類）：活動と参加の基準（暫定案）－』厚生統計協会　2007年
・AAIDD　米国知的・発達障害協会編『知的障害－定義、分類および支援体系－（第11
版）』日本発達障害福祉連盟　2012年
・アメリカ精神医学会編、高橋三郎・大野裕・染矢俊幸訳『DSM-Ⅳ-TR　精神疾患の診
断・統計マニュアル』医学書院　2004年
・アメリカ精神医学会編、日本精神神経学会監修、高橋三郎・大野裕監訳『DSM-5　精
神疾患の診断・統計マニュアル』医学書院　2014年

第5章 障害者福祉実践における今日的視点

● エンパワメント志向のソーシャルワーク実践

「障害者の権利に関する条約」（障害者権利条約）の批准、「障害を理由とする差別の解消の推進に関する法律」（障害者差別解消法）の施行等、わが国ではインクルーシブな社会の構築をめざした取り組みが進展している。障害者福祉における相談支援事業においても、障害者本人中心の相談支援をいかに実践するかが、改めて課題となっている。障害者差別解消法では「合理的配慮」の提供に際して、本人からの意思表示を前提としており、相談支援においても障害者本人の意思決定支援の重要性が論じられている。

本章では、障害者が自分らしい生活を営み、自己実現できる支援のあり方を考える。特に、今日のソーシャルワーク実践での基本的枠組みであるエコロジカル視点とストレングス視点に基づいて、障害者のエンパワメントをめざした実践の基礎を学ぶ。

学習のポイントは3つある。第一に、障害者の生活上の困難とその解決を本人と取り巻く環境との交互作用的視点から理解すること、第二に、機能障害から発生する「できないこと」ではなく、潜在化した多様な能力を意味するストレングスに焦点化した視点をもつこと、第三は、障害者の個人的、集団的パワーを引き出す支援をめざすことである。

1. ソーシャルワーク実践の基本的視点

ソーシャルワーク実践には多様なアプローチがあるが、実際の支援活動において、利用者のニーズやその社会的環境に応じて、具体的にどのようにサービス提供すればよいかというとき、その方向性を指示するものが基本的視点である。それは、ソーシャルワーク実践の共通基盤であり、支援方法の根拠理由を示すものでもある。今日では、特にエコロジカル視点とストレングス視点が実践活動の基盤として広く位置づけられている。

ソーシャルワークは、人が生活上の困難や問題を解決できるように、個人や集団、地域などに働きかけていく実践である。その働きかけは、人とその人を取り巻く社会環境の双方を視野に入れてなされる。つまり、支援の焦点は人と社会との関係性に置かれているのである。

人と社会との関係性の理解は学際的課題であり、諸科学において数多くの理論が提起されてきている。ソーシャルワーク実践においても、両者の関係性を理論的に理解し、実践に応用するために、さまざまな理論的枠組みを導入して、実践の基礎としてきた。近年では、エコロジカル視点が人と社会との関係性を理解する基本的枠組みとして応用されている。

　エコロジカル視点は、エコシステム視点とほぼ同義的に用いられ、システム論と生態学（エコロジー）の考え方をあわせもっている。その特徴は「環境が人に影響し、人が環境に影響する相互の循環的作用」という見方にある。私たちの生活経験からみても、人と環境とは分離できるあり方ではなく、常に互いに作用し合い、影響し合って、複雑な様相であり続ける。何か困難や問題が生じたときに、私たちはその理由や原因を考えようとするが、ほとんどの場合、単純に理解できるものではない。その複雑な関係を包括的に理解する視点を提供するのがエコロジカル視点である。

　一方、ストレングス視点は病理的視点の批判を出発点としている。病理的視点は、問題の発生原因を探り出し、それが何らかの欠陥、病理にあるという見方であり、支援はそれを取り除き、治療することとされた。病理的視点に立つ障害者福祉実践では、障害者の機能障害にとらわれた支援からなかなか脱することができないであろう。ストレングス視点は否定的側面ではなく、可能性や強さなどの肯定的側面に焦点化した支援の枠組みを強調している。

2．エコロジカル視点

(1)　システム思考－人と環境の一元的理解－

　システムの考え方は、人と環境との関係を一元的にとらえ、全体に含まれる部分（要素）の関係として把握する視点を提供している。人は日々、多くの人々と話したり、物をやりとりしたりして生活をしている。同時に、人はいろいろな集団にも属している。家族の一員であり、学校に通ったり、会社に勤めたりしている。また、家族は地域に居住し、近隣の人々と付き合う。システム思考は、このような集団である家族、近隣、地域、学校、社会、国家、国際社会などをシステムとして置き換え、それらの関係を概念化した。たとえば、ある家族は地域社会の一員であるとともに、一人ひとりの家族メンバーから構成されている。このように、システムとは、一つのシステムがより大きなシステムの部分（要素）であり、同時により小さなシステムからも構成されるという見方である。

　障害者の生活問題を解決するために、ソーシャルワーカーは多様な支援方法を考える。そのときに、ソーシャルワーカーは障害者個人だけを焦点化するのではない。障害者を取り巻くさまざまな人々とそのかかわりを含めて、生活の全体を理解する。ソーシャルワーカーは直接かかわる障害者や家族などのシステムだけでなく、間接的なかかわりである地域社会、行政などの組織体、社会全体などのシステムとのかかわりも視野に入れなければならない。その全体的な見方を示すのがシステム思考である。

　この考え方は、障害者が直接にかかわるシステムとの関係に働きかけるだけでなく、障害者が属するシステム全体に働きかけて変化させる方法を可能にする。システムは相対的であり、どのシステムを焦点化するかによって、支援方法も異なってくる。障害者個人を焦点システムとするか、地域社会を焦点システムとするかは、問題のとらえ方と支援の目的によって異なってくる。また、生活問題の原因を人、社会環境のいずれかに帰属させるのではなく、システム全体の相互関係の不調和から把握する視点を提供するとともに、その解決に際しても、どのシステム間の相互作用に働きかけるか、どのシステムを変化させるのが適切かという考え方をもソーシャルワーカーに示すのである。

⑵　エコロジカル思考－交互作用と適応－

　システム思考の抽象性を補うのが生態学に基づくエコロジカル思考である。生態学は生物科学に属し、地球上のすべての有機体とその環境との相互連関についての科学である。また、エコロジカル思考は、ソーシャルワーク実践の基礎である価値をシステム思考に付加した枠組みを提供している。

　エコロジカル思考は、システム間の関係である人と環境との関係を交互作用として表す。交互作用とは、人々が連続的にその環境を形成し、同時に繰り返し環境によって形づくられるような過程をいう。人は環境に対して、自らのニーズを充足するためにさまざまな要求をするとともに、環境からの要求にも応える。環境も人に対して要求するとともに、人からの要求に応える。つまり、人は環境からの要求に一方的に応えて、自らを変化させるのではなく、相互に要求と応答を繰り返し、自己の変容を図っているのである。

　さらに、交互作用は常に状況のなかで理解される。たとえば、障害者個人とその母親との相互作用は、その状況内での障害者の他の相互作用（たとえば、母親以外の家族メンバー、友人などとの相互作用など）と同様に母親の他の相互作用（たとえば、夫、夫の両親などとの相互作用など）の影響を受けた相互作用であり、それを単一的相互作用と区別して交互作用という。

交互作用は障害者を取り巻くネットワークであり、それを図式化したのがエコマップである。これは障害者と、そのかかわりのある人々、組織などを網状の関係図として描き、その関係の性質を線の形を変えることで、視覚的にわかりやすく表現し、どの交互作用が現在の生活問題の発生に影響しているか、どの交互作用の変化が問題を解決へ導くかといったことを障害者とのやりとりを通して、明らかにしていくツールである。

交互作用の均衡している状態が適応である。適応とは、第一に、人が環境の要求に応じて、また環境をうまく利用するために自己を変化させること、第二に、環境が人のニーズに応答的であるように環境を変化させること、その結果として、第三に、人と環境との交互作用が変化することを意味する。人と環境は、相互に働きかけて均衡のとれた適応をもたらそうとしているのである。

エコロジカル視点では、均衡のとれた適応をもたらすために、人のニーズや対処法と環境の応答性の交互作用に焦点化して問題解決を図る。対処法とは、人が環境に働きかける能力のことであり、コンピテンスや自己評価などをいう。コンピテンスとは、環境との効果的な相互作用活動によって、個人に内在化した「できる」という経験の蓄積した感覚である。子どもは自分の周りの物をさわったり、いじったりする探索行動を通して、環境に作用して変化させることで「できる」という感覚を学習していく。そのコンピテンス感覚がさらに新しい経験へ向かわせ、環境に働きかける力の源になる。

また、環境は人に要求するだけでなく、人のニーズに応答しなければならない。環境のもつ応答性とは、情報、物、サービス、資源、サポートなどをニーズに応じて適切に提供できることをいう。応答的な環境が、コンピテンスを発達させることができる。ソーシャルワーカーには、障害者のコンピテンスを育て、環境を応答的に変化させる支援が求められる。

3．ストレングス視点

(1)　ストレングス視点とは何か

ソーシャルワーク実践において、いわゆる「医学モデル」に属するソーシャルワークの方法は、専門職としての立場から利用者の困難の原因を探し、それを診断・治療するという傾向の強いものであった。このとらえ方を「病理的視点」として批判し、新たな視点として提唱されたのが、ストレングス視点である。

ストレングスの日本語訳としては、「強さ」「勇気」「長所」「抵抗力」などがある。具体的には「上手なこと」「好きなこと」「よく知っていること」「できるということ」「もっていること」などで表現されることのすべてである。ソーシャルワーカーは、障害者のストレングスを導き出すために、「あなたが得意なこと、上手だと思うことは何ですか」や「好きなことで、そのことについて、よく知っていることは何ですか」などの質問をしながら、障害者が、気づいていないストレングスを一緒に探していくのである。

このように、ストレングス視点とは、人は心理的、身体的、情緒的、社会的、精神的などのあらゆる側面にわたる、まだ活用されていない能力をもつという見方、援助観である。ソーシャルワーカーが障害者の弱点、欠点、できないことをみるのではなく、保持している潜在的能力、可能性に焦点化することを強調している。

ストレングスに焦点を当てることは、ソーシャルワークが積み重ねてきた価値に基づいた実践を導く。個人の尊厳を尊重することは、障害者とソーシャルワーカーとの協働的関係、対等な関係に基づく。障害当事者こそが自分の問題を解決する方法を最もよく知っているという見方は、利用者の語りに真剣に耳を傾け、そこからストレングスをともに見出していく実践を導くのである。ソーシャルワーク実践とは、障害者とソーシャルワーカーがともに、人と環境の双方にあるストレングスを活用して、適合的な交互作用を創り出していく活動である。ストレングス視点は、ソーシャルワークの価値に基づき、人と環境にある潜在的な可能性を信頼するとともに、人は発達し、変化していく存在であり、社会的存在であるという人間観に基づいている。

(2)　ストレングス視点の基本的原理

ストレングス視点の基本的な考え方の第一は、個人、集団、家族、コミュニティなどのすべてのシステムはストレングスをもつという見方である。障害者のストレングスを引き出すためには、ソーシャルワーカーは、当事者のストーリー、語り、説明、また、その語りのなかに表出されるその人自身による経験の解釈に関心をもたなければならない。関心をもつことが、障害者は何かを知っている、経験から学習している、希望をもっている、主体的に何かができるという見方を導き出す。

第二は、障害や病気があるということは苦しみであるが、それらはまた、挑戦の源泉となり得るという見方である。これは、個人、集団、コミュニティには逆境を跳ね返す力、または自然な回復力があるというとらえ方であり、それらをいかに引き出すかがソーシャルワーカーに求められる能力である。

第三は、成長と変化の能力の上限はわからないと仮定して、個人、集団、コミュニティの願望を真剣に受け取ることである。病理的視点は、専門的知識に基づいた合理的な診断、アセスメントを行い、場合によっては、それは障害者の潜在的な可能性に枠をはめる。ストレングス視点に立つソーシャルワーカーは、障害者の希望、ビジョン、価値を引き出し、それらを実感できるような経験を重視するのである。

　第四は、ソーシャルワーカーが障害者に最も役立つのは、障害者との協働によるというものである。ソーシャルワーカーが専門的権威者としてではなく、協働者としてかかわっていくことが、支援において障害者のもつ知恵や知識を抑圧して、診断的カテゴリーの狭い枠のなかに障害者を閉じ込めることを回避させる。この姿勢が、パターナリズム*¹などを排除するのである。

　第五は、すべての環境は資源に充ちているという見方である。通常の社会サービスの枠外にある潜在的な資源を見出し、活用する必要がある。

　このように、ソーシャルワーカーが障害者の潜在的な力を信頼することは、障害者自身が自らの力を信頼できるように方向づけることを可能にする。ストレングス視点は、エンパワメントと密接な関連がある。ストレングス視点はエンパワメントのための燃料であるという言葉があるように、ストレングス視点は障害者のエンパワメントにとって不可欠である。

4．エンパワメント志向の実践

⑴　エンパワメントとは何か

　エンパワメントは辞書的には「パワーを与える」という意味だが、ここでは「人と環境からパワーを引き出すこと、生成すること」をいう。パワーを保持する状態とは、情報に容易にアクセスできる、多くの情報のなかから行動を選択できる、自分で選択して行動できるなどの多くの選択肢をもち、それらにアクセスできる能力をもつことである。反対に、パワーを保持しない状態とは、情報や資源にアクセスできない状態であり、それは疎外感、自己非難などの心理状態を発生しやすい。

　障害者は機能障害による「できない」という側面のために、日常生活のさまざまな場面・場で不便を強いられる。さらに、社会参加、就労、社会活動などにおいても、その参加活動を多くの場面で妨げられている。また、そのような生活上の不自由さや社会的役割を獲得できないために、自分自身が問題の原因であるような自己概念をもち、低い自己評価をする。社会から「何々

*1　パターナリズム
父権的温情主義と訳されることが多い。子どもや障害者など、支援を必要とする人々に対して、彼らのニーズ充足を保証するが、一方で自由と責任を制限するような保護的な考え方と方法をいう。

ができない」人というラベルを貼り付けられ、それを自己に内在化している場合も多い。

　エンパワメントは、このような弱い立場に置かれ、通常の社会的役割の獲得を阻害され、そのために低い自己概念を形成せざるを得ない多くの障害者が、パワーを保有して、環境との交互作用の均衡を図り、また、自分自身と環境のストレングスを引き出して、活用できるようになることである。

　エンパワメント志向の実践とは、エコロジカル視点とストレングス視点に基づき、障害者の現在置かれている状況を時間的空間的な文脈のなかで考え、障害者のもつストレングスと環境にあるさまざまな資源を引き出して、障害者の抱える生活困難を挑戦の対象としてとらえて、問題の解決を図る支援活動である。

(2)　エンパワメント志向の実践で必要な技法

　エンパワメント志向の障害者福祉実践の過程で用いられる主要技法を以下の5つにまとめる。

　第一は、障害者による問題のとらえ方を受け入れることである。それが、障害者の能力を信頼していることのソーシャルワーカーの表明となる。この技法が協働的な支援関係を導くのである。

　第二は、障害者が現にもっているストレングスを確認し、増強していくことである。この技法を効果的にするには、障害者がすでに抑圧的状況に立ち向かっている例を見出し、それがストレングスであることをソーシャルワーカーが認め、障害者に伝えることが必要である。

　第三は、障害者の状況についてのパワーの分析に障害者が参加することである。これはエンパワメントのための重要な技法であり、障害者が置かれている抑圧的状況についての分析や対話を通して、自らの状況を客観的に把握できるように働きかけるものである。

　第四は、障害者が特定の技能を発達させていけるように支援することである。障害者がさまざまな社会生活上の技能を獲得できるように、支援する技法である。

　第五は、利用者のために具体的な資源を活用し、弁護していくことである。エンパワメントのための十分な資源が欠如しているときには、ソーシャルワーカーは利用者のために資源や情報を収集し、必要な場合には代弁者としての機能が求められる。

　障害者福祉実践においては、一人ひとりの障害者とその環境がもつストレングスを見出し、引き出し、創り出すことで、障害者自身がパワーを生み出

せるように、支持的な支援を行うことが大切である。

(3) 障害者本人中心のソーシャルワーク

わが国のソーシャルワークにおいて「クライエントの自己決定の尊重」は重要な実践価値として位置づけられている。しかし、自己決定や意思決定の難しいと思われる重度の障害のある人に対しては、単なる自己決定の尊重では十分な支援とはいえない。

国際連合の障害者権利条約の第12条では、障害者の意思決定支援について述べており、特に本人に代わる「代行決定」の濫用の防止を規定している。この動向を受けて、わが国のソーシャルワーク分野でも障害者の意思決定支援のあり方が議論されている。

北野誠一は「障害者本人中心の相談支援」を強調して、障害者本人の意思決定、意思表明を尊重した支援について論じている。今までの支援のなかには、本人の意思表明が難しいために、周囲にいる人々が本人を支援の場には加えずに、支援計画を立てるようなことがあった。このような状況を変えていくには本人を取り巻く人々やかかわっている人々が、本人の思いや希望を確認しながら、本人のニーズに沿った支援を行うことが必要とされる。

本人自身が自らの言葉で意思を表明できる場合には、その思いをできる限り尊重した支援をしなければならない。しかし、意思表明自体が難しい場合や意思決定そのものが難しい場合などには、ソーシャルワーカーにはいかに本人の意思を読み取ることができるかが重要である。アセスメントやプランニングなどのソーシャルワーク過程においては、本人の参加と本人を中心とした支援のできる場を設定することがソーシャルワーカーには求められる。

本章のまとめ●ソーシャルワークの専門性と支援の視点●

ソーシャルワークの専門性は、価値・知識・技術から構成される。本章で取り上げたエコロジカル視点とストレングス視点は、今日のソーシャルワークでの専門性形成の共通基盤として位置づけられる。また、エンパワメント志向の実践は、障害者が主体的に生活を形成し、継続するための不可欠なアプローチである。

このような視座からの支援の根底には、「本人中心の支援」という価値がある。本人の意思決定や意思表明を尊重した支援をすることを忘れてはいけない。

【考えてみよう】
①　自分自身の生活のなかで、何か困ったことが生じたとき、誰に相談し、誰に頼るか、支援してくれる人がいるかどうかを考えてみよう。
②　友人や家族と互いのストレングスについて話し合い、今まで気づかなかった長所や強さを発見しよう。
③　ソーシャルワークの事例集を読んで、障害者支援の具体的な方法を事例から考えてみよう。

【さらに学びを深めるための参考文献】
1）川村隆彦『ソーシャルワーカーの力量を高める理論・アプローチ』中央法規出版　2011年
2）松岡克尚・横須賀俊司編『障害者ソーシャルワークへのアプローチ－その構築と実践におけるジレンマ－』明石書店　2011年
3）渋谷哲・山下浩紀編『新版　ソーシャルワーク実践事例集－社会福祉士をめざす人・相談援助に携わる人のために－』明石書店　2016年

【引用・参考文献】
・朝比奈ミカ・北野誠一・玉木幸則編『障害者本人中心の相談支援とサービス等利用計画ハンドブック』ミネルヴァ書房　2013年
・東美奈子・大久保薫・島村聡『障がい者ケアマネジメントの基本－差がつく相談支援専門員の仕事33のルール－』中央法規出版　2015年
・小澤温監修、埼玉県相談支援専門員協会編『相談支援専門員のためのストレングスモデルに基づく障害者ケアマネジメントマニュアル－サービス等利用計画の質を高める－』中央法規出版　2015年

第6章 障害者の生活とニーズ

● 障害者の生活上のニーズとソーシャルワーク実践

　障害者（児）が同じ市民としての生活上のニーズを充足することが、社会関係のなかで困難になっている現状がある。特別な存在としてとらえるのではなく、「同じ人間である」という根源的な視点に立ち返り、障害者（児）のニーズをとらえること、個人の生活を理解し、その生活実態を知ることは、障害者ソーシャルワークにおいて重要な視点である。そこで、本章では以下の点について取り上げ検討を行う。

　第一に、人間とはどのようなニーズをもって生活しているのかといった人間理解から、人間が生きていくためのニーズを具体的にとらえる。第二に、障害者（児）の生活状況について、実態調査をもとに理解する。第三に、障害者（児）のニーズとその支援に焦点化し、生活者としてのニーズをふまえた支援に関する視点を述べる。

1．人間の理解

⑴　人間の基本的ニーズ

　人間の基本的ニーズ[*1]（basic human needs）とは、人間が生きていくために必要不可欠な欲求である。また、「wants（ウォンツ）」とは、ニーズからさらに具体的なものを求める欲求のことをいう。本節において、人間の理解として基本的ニーズをとらえることは、同じ人間としての視点から障害者（児）のニーズを考察するためである。さらに、人間という本質から、個人と社会生活の関係を理解することにもつながる。

　では、人間はどのような欲求をもって生きているのだろうか。A. H. マズローは、人間が生きるためにもつ基本的な欲求について、低次から高次の欲求充足へと動機づけられる階層説を唱えている。具体的には、①生理的欲求（空気、水、食べ物など生きていくうえで欠かせない欲求）、②安全欲求（安全で安心な暮らしがしたい、生命が脅かされないことへの欲求）、③社会的欲求（集団に属したり、仲間を求めたりする欲求）、④尊厳、評価の欲求（他者

*1
ニーズ（needs）は、欲求や要求と訳される。「ニーズ（needs）」と「ニード（need）」は、複数形か単数形かの違いである。社会福祉が追求する現実の「生活」を考えると、「人間は一人では生活することはできない。個人と社会の関係において多数の要素が含まれている。生活するうえで人間は多種の欲求や要求をもつ」ことから、本章では複数形で「ニーズ」としている。

から認められたいという欲求）、⑤自己実現欲求（自分の能力を発揮し、創造的な活動をしたいという欲求）とし、各々の欲求が満たされることで自己実現という成長欲求へとつながるとしている。

また、人間の基本的ニーズは、次のように大きく生理的ニーズと心理的ニーズの2つに整理することもできる[1]。

1） 生理的ニーズ

生理的ニーズとは、自らの意図的な意思とは無関係に、身体が自然に求めるものであり、生命の維持に直結する。「食べる」「寝る」「排せつをする」「呼吸をする」「性欲」などである。

2） 心理的ニーズ
❶愛情のニーズ

愛されたいというニーズである。

人間は生まれてから、その成長過程において保護者から多くの愛情を受ける。愛すること、愛されることで心を満たしながら自立していく。

❷独立のニーズ

自分の力を信じて、自分でやってみたいというニーズである。自己決定をしたい、自己責任を果たし一人の人間として評価されたいなどのいわゆる社会的自立や自律（自分を律すること）をめざす。これらの願いは、人間の成長に不可欠なものである。人間は、個人のペースやリズムをもちながら、自分らしくありたいと願い、主体的に生きようとする存在である。

❸所属のニーズ

一般に人間は、生まれると家族というグループに所属し、成長する。その後、社会に存在するさまざまなグループに所属し生活していくが、たとえば学校や会社に所属することで、そのなかの個人ともかかわりをもつことになり、秩序やルールを遵守するという義務や責任を負う。人間は、一人で生きるのではなく、社会における関係性を保ちながら生活する社会的存在であり、所属するグループの一員であることを実感したいというニーズをもつ。

❹成就完成のニーズ

人間は、目標をもち達成に向けて努力する主体的な存在である。「目標⇒努力⇒達成」という過程から、人間は、達成感や生きがいといったニーズをもって自分らしく生きることができるということが導き出せる。

❺社会的承認のニーズ

社会や他人に認められたいというニーズである。自分は社会に役立ち、貢

献していると実感できること（社会的有用感）により、生きる力につながるのである。

(2)　基本的ニーズと支援の視点[2]

1)　生理的ニーズと支援の視点

生理的ニーズは、人間が生きるために不可欠である。多くの人間が日常生活のなかで普通に充足しているものかもしれない。しかし、その「普通に充足できる」ことが、障害者（児）には身体的・心理的な個別の状況から独力では困難な場合がある。生理的ニーズを充足できないということは、生命維持にも支障を及ぼすこともある。「普通、当たり前」の意味をとらえ直すとともに、この点に向き合う支援の専門性を熟考し、自覚する必要がある。

2)　心理的ニーズと支援の視点

心理的ニーズは、個人の生活や人生に密接にかかわり影響を与える。

❶愛情のニーズ

子どもの育ちのなかで、保護者からの無償の愛を受けて育つ子どももいれば、愛情を受けられない子どももいる。また、障害ゆえに周囲からの理解を得られず、愛されたいというニーズが満たされない場合がある。家庭、学校、地域などの環境で、障害者（児）が安心して自立・成長できるように愛情のニーズが充足されることは重要である。そのため、当事者とその家族も支えるという視点は欠かせない。

❷独立のニーズ

社会や人間関係のなかに存在する障壁（バリア）をいかにして除去できるかについて、当事者とともに考え、その人らしい社会生活の実現をめざす。

たとえば、一人の人間として「施設を出て、地域社会で自分らしく自立生活を送りたい」というような独立（自立）へのニーズを充足させるためには、「自分でやってみたい」「挑戦してみたい」という個人の主体性を尊重し、意欲的に生きることができるように支援する当事者主体の視点を忘れてはならない。

❸所属のニーズ

本人の気持ちを聴き取りながら、社会的な存在としての実現を支援する。その際、人と人との関係性を構築することと、人と社会資源の間に介入して調整を図り、個々に応じた環境づくりが求められる。

❹成就完成のニーズと社会的承認のニーズ

障害者が自由な意志をもち、就労などの社会参加を通して「社会に貢献し

ている」「自分の力を発揮して生きている」と実感できるように支援したい。支援とは、一方通行ではなく、互いの認め合い・支え合いの関係性のうえに成り立つものである。

2. 障害者の生活とニーズの理解

(1) 社会福祉分野におけるニーズ

　人間は、社会的に生活し多様な関係性のなかで生きている。そして、前述した基本的なニーズを充足しながら生活している。しかし、さまざまな理由でそのニーズの充足が困難になることがある。このような状況に直面すると、自力で何とか解決しようと努力する。しかし、自力での対応では困難なことも往々にしてある。このような場合に備えるのが社会福祉である。

　社会福祉の分野では、「needs（ニーズ）」を把握することが支援において最も重要な位置を占め、支援の成否にかかわるものといえる。三浦文夫によると、ニーズとは「ある種の状態が、一定の目標なり、基準からみて乖離の状態にあり、そしてその状態の回復・改善等を行う必要があると社会的に認められたもの」[3] としている。つまり、福祉的ニーズがあるということは、生活を送るなかで何かが欠けているために、望ましい状態が実現できていない、または困難な状況下にあるということがいえる。個人の福祉的ニーズは、現在の様子や状況からだけでは把握できない。そのため、個人の生活の背景（生活状況、関係性）をとらえ、個人の生活歴（過去から現在までの時間のなかでの経験や未来への展望）を把握することが重要となる。

(2) 個人の生活とニーズ

1) 社会と個人の生活

　障害者の生活を理解し、ニーズを充足させていくためには、個人の生活を理解しなければならない。多様な社会関係、環境から質的にさまざまなニーズが生じる。生活の概念について、岡村重夫は「生活者たる個人と生活環境としての社会制度との相互関連の体系」ととらえている[4]。つまり、個人の生活は、個人とその環境、社会制度との相互作用によって成立するものだととらえることができる。

2) 生活ニーズ

　社会には多数の個人が生活し、個人の生活や生き方もますます多様化・複

雑化している。したがって、社会生活は常に多様性や個別性のなかに成り立つものであり、そのなかで発生する充足すべきニーズは個々により多様かつ複雑である。

　古川孝順は、「生理的ニーズと心理的ニーズ」と「社会的ニーズ」（職業、収入、社会的地位、社会参加など）を「一般ニーズ」とし、それらが充足されることにより、人間は生活を維持することができるといい、そこから生活ニーズとは、一般ニーズのうちで直接的に生命や生活の維持にかかわり、さらに社会関係や社会制度とかかわりをもつものであると定義している[5]。

　個人の生活や人生に注目すれば、個人はそれぞれ個別の生活体験をもつ。さらに、その時々の生活状況によっても生活ニーズは変化するのである。このことから個別性と多様なニーズが生まれるといえる。ソーシャルワーカーは個人の生活のアセスメントを通して、個人のニーズを把握し、現実的な支援へと結びつけていく。そのため、個人の生き方・価値観に着目することの重要性を意識し、ニーズの充足へ向けたプロセスを当事者とともに歩むことが重要である。そして、個人の生活は続くものであることを認識して支援にあたらなければならない。

(3) 障害者のニーズ

　国際障害者年行動計画[*2]は、障害者を「普通のニーズをもつ普通の市民」と明記している。障害者は「特別な人間」ではなく、「特別な集団」でもない。社会で生活していくうえで、人間にとって必要な「普通のニーズ」を満たそうとするときに、「特別な困難」をもつと述べている。この特別な困難とは、障害者の個別的な事情もあるが、社会関係のなかで生じるものもある。障害者が社会生活を営むうえで、社会的不利な状況に置かれることによって生じる充足されないものが「障害者のニーズ」として表出されるのである。

　ニーズには、本人が自覚しているものもあれば自覚していないものもある。本人が自覚しているニーズを「顕在的ニーズ」といい、本人が自覚していないニーズを「潜在的ニーズ」という。ソーシャルワーカーは、本人が自覚していない潜在的ニーズやソーシャルワーカー自身に向けて表出していないニーズについても汲み取ることが求められるのである[*3]。

　岡村重夫は、社会生活を営むうえで基本的な要求について、①経済的安定の要求、②職業的安定の要求、③保健・医療に対する要求、④家族的安定の要求、⑤教育の機会に対する要求、⑥社会的共同への要求、⑦文化・娯楽への要求と7つに整理している。人間はこのような生活者としてのニーズを充

* 2
国際連合総会で決議された「国際障害者年行動計画」(1979年) には、「障害者は、その社会の他の異なったニーズをもつ特別な集団と考えられるべきではなく、その通常の人間的なニーズを満たすのに特別の困難をもつ普通の市民と考えられるべき」とある。

* 3
ソーシャルワーカーは、対人支援にあたり、対象者側が感じるニーズ（フェルトニーズ）と専門職者側が判断するニーズ（ノーマティブニーズ）をすりあわせることで、対象者が本当に必要とする支援であり、専門職者が取り組むべき支援となるリアルニーズを導き出すとされる。

足するために、働き経済的安定を得、家庭内での役割を果たしながら家庭の安定を得ているのである。

　これらの要求（ニーズ）は、社会生活を営むうえで避けられないものとしてとらえられるが、人間はニーズを満たすために社会資源を活用し、社会関係を結びながら生活しているのである。また、時代や社会情勢のなかで個人の生活のあり方も変化するがそれに応じてニーズも変化する。ニーズを考えようとするとき、その時々の時代的背景を生きる生活者としての視点を抜きにはできないのであり、社会関係を無視した支援は成り立たないであろう。

1）　障害者の生活とニーズ

　厚生労働省の調査[*4]から、障害者の暮らしの実態をふまえた障害当事者のニーズを整理する。前述したように、身体障害者（児）、知的障害者（児）、精神障害者の多くが在宅で過ごしており、また同居者である家族の支援を受けている生活状況がある。

❶「今後の暮らしの希望」と「生活のしづらさ」について

　今後の暮らしの希望として、「今までと同じように暮らしたい」とする人が最も多い（身体障害者：78.2％、知的障害者：69.3％、精神障害者：60.4％）。しかし、障害者自身が感じている「生活のしづらさ」については、「大きくなっている」とする人が最も多い（身体障害者：39.1％、知的障害者：21.6％、精神障害者：29.2％）。一方、「変化していない」と感じている人も一定数おり（身体障害者：22.6％、知的障害者：20.8％、精神障害者：11.4％）、障害者自身の年齢、個別性や主観的な要素も含まることがうかがえる。

❷「日常生活動作等の状況」と「福祉サービスの利用状況」について

　日常生活を送るうえで介助を必要とする諸動作について4つの領域別にみると、いずれの障害者とも「IADL[*5]」「身の回りの管理」が多い。特に知的障害者は5割強にのぼり、「ADL」も3割を超えている（図6-1）。

　福祉サービスの利用状況をみると、知的障害者は約5割が「利用している」が、「利用していない」も3割強みられる。一方、身体障害者と精神障害者では、「利用している」が2～3割にとどまり、「利用していない」が4～6割となっている（図6-2）。

❸「日中の過ごし方」について

　日中の過ごし方をみると、いずれの障害者とも「家庭内で過ごしている」が多く、特に身体障害者と精神障害者は5割を超えている（表6-1）。就労の場に加え、多様な活動の場や居場所づくりの必要性があるととらえることができる。

＊4
厚生労働省『平成28年生活のしづらさなどに関する調査』2018年。在宅の障害者（児）等の生活実態とニーズを把握することを目的に5年ごとに実施している。なお、同調査での精神障害者（精神障害者保健福祉手帳所持者）数は84.1万人と推計し、統計分析されていることに留意すること。

＊5　IADL
第3章p.54参照。ここでのIADLについては、図6-1の「注」を参照。

図6−1　4つの領域別にみる日常生活動作等の状況（複数回答）

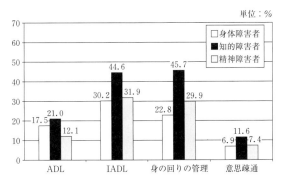

単位：％

注：ADLは「食事」「排せつ」「入浴」「移動（家のなか）」「衣類の着脱」、IADLは「食事の支度や後片付け」「掃除、整理整頓」「洗濯」「買い物」、身の回りの管理は、「お金の管理」「薬の管理」、意思疎通は「自分の意思を伝える」「相手の意思を理解する」の各項目の構成比の平均値をもとに、各領域の値として算出している。

出典：厚生労働省「平成28年生活のしづらさなどに関する調査結果」2018年　p.25をもとに筆者作成

図6−2　障害者自立支援制度に基づく福祉サービスの利用状況

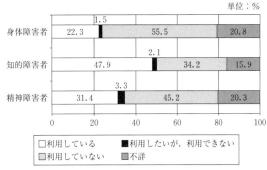

単位：％

出典：図6−1に同じ　pp.35−36をもとに筆者作成

表6−1　日中の過ごし方の状況

単位：件数（％）

	正社員	正社員以外	自営業	障害者通所サービス	介護保険の通所サービス	病院等のデイケア	リハビリテーション	学校に通っている	保育園・幼稚園・認定こども園
身体障害者	322(6.7)	329(6.8)	215(4.5)	186(3.9)	396(8.2)	111(2.3)	290(6.0)	49(1.0)	5(0.1)
知的障害者	59(5.4)	92(8.5)	13(1.2)	302(27.8)	21(1.9)	7(0.6)	33(3.0)	137(12.6)	19(1.7)
精神障害者	62(6.4)	106(10.9)	24(2.5)	153(15.7)	27(2.8)	40(4.1)	22(2.3)	13(1.3)	− −

	放課後児童クラブ（学童保育）	障害児通所施設	社会活動	家事・育児・介護	家庭内で過ごしている	その他	不詳	総数
身体障害者	2(0.1)	20(0.4)	112(2.3)	247(5.1)	1,767(36.7)	246(5.1)	512(10.6)	4,809(100.0)
知的障害者	6(0.6)	84(7.7)	3(0.3)	15(1.4)	186(17.1)	31(2.9)	79(7.3)	1,087(100.0)
精神障害者	1(0.1)	4(0.4)	11(1.1)	49(5.0)	324(33.2)	51(5.2)	88(9.0)	975(100.0)

出典：図6−1に同じ　pp.44−45をもとに筆者作成

2）　障害者のニーズの充足へ向けた支援のあり方

　ニーズの充足へ向け、ソーシャルワーカーがふまえる点は次の通りである。

　第一に、障害者の内面を理解することである。障害者の心を理解しようとする姿勢が大切である。当事者の話す内容について審判することなく、ありのままの姿として受けとめることである。

　第二に、障害者の生活全体を理解する姿勢である。生活全体をみることで潜在化されたニーズの把握に近づく。個人の生活や人生の背景のなかに、ニーズは多様に変化しながら存在しているため、生活の背景や時間的経過から生

活をとらえる。

　第三に、生活実態を把握し、生活ニーズをアセスメントすることである。収入、健康状態、家族関係、ADL、社会参加など、個人と社会環境との接点、関係性に注目しながらアセスメントを行う。最後に、地域での個々の自立した生活をめざした現実的な支援につなぐことである。

　また、生活ニーズを把握し充足するプロセスにおいては、マクロ、メゾ、ミクロの視点でとらえることが重要となる。フォーマルとインフォーマルな社会資源と連携しながら、障害当事者が自立した豊かな社会生活を送ることをめざすのである。

3．障害者の生活と実態の理解

(1)　障害者の全体的状況

1）　障害者の在宅者数（表6－2）

　わが国の障害者数をみると、身体障害者（児）数は約436万人（うち在宅者は約429万人（98.3%））、知的障害者（児）数は約108万人（うち在宅者は約

表6－2　障害者数（推計）

単位：万人

		総　数			在宅者			施設入所者		
			男性	女性		男性	女性		男性	女性
身体障害者(児)	総　計	436.0	－	－	428.7	222.0	205.2	7.3	－	－
	18歳未満	7.1	－	－	6.8	3.2	3.4	0.3	－	－
	18歳以上	419.4	－	－	412.5	215.8	196.3	6.9	－	－
知的障害者(児)	総　計	108.2	－	－	96.2	58.7	36.8	12.0	－	－
	18歳未満	22.1	－	－	21.4	14.0	7.3	0.7	－	－
	18歳以上	84.2	－	－	72.9	44.1	28.8	11.3	－	－

		総　数			外来患者			入院患者		
			男性	女性		男性	女性		男性	女性
精神障害者	総　計	419.3	172.2	247.1	389.1	158.5	230.7	30.2	13.7	16.4
	20歳未満	27.6	17.8	10.4	27.2	17.7	10.2	0.3	0.1	0.2
	20歳以上	391.6	155.1	236.8	361.8	220.6	220.6	29.8	13.6	16.2

注1：精神障害者の数は、ICD-10の「V精神及び行動の障害」から知的障害（精神遅滞）を除いた数に、てんかんとアルツハイマーの数を加えた患者数に対応している。
注2：身体障害児・者の施設入所者数には、高齢者関係施設入所者は含まれていない。
注3：四捨五入で人数を出していることや年齢不詳者の人数は割愛しているため、合計が一致しない場合がある。
資料：「身体障害者」在宅者：厚生労働省「生活のしづらさなどに関する調査」（2016年）、施設入所者：厚生労働省「社会福祉施設等調査」（2015年）等より厚生労働省社会・援護局障害保健福祉部で作成
　　　「知的障害者」在宅者：厚生労働省「生活のしづらさなどに関する調査」（2016年）、施設入所者：厚生労働省「社会福祉施設等調査」（2017年）より厚生労働省社会・援護局障害保健福祉部で作成
　　　「精神障害者」厚生労働省「患者調査」（2017年）より厚生労働省社会・援護局障害保健福祉部で作成
出典：内閣府編『令和元年版障害者白書』p.233を一部改変

96万人（88.9％））、精神障害者数は約419万人（うち外来患者は約389万人

（92.8％））*6となっており、在宅で生活している者の多いことがわかる。こ

れを人口千人あたりの人数でみると、「身体障害者は34人、知的障害者は9人、

精神障害者は33人となる。複数の障害を併せ持つ者もいるため、単純な合計

にはならないものの、国民のおよそ7.6％」が何らかの障害を有していること

になる6)。

*6
身体障害者（児）と知的障害者（児）数は、厚生労働省「平成28年生活のしづらさなどに関する調査」（2018年）による。同調査では、回答者が所持する障害者手帳から、身体障害、知的障害、精神障害の3つに区分し、また、手帳所持者数から推計して統計分析がなされている。ただし、精神障害者数については、厚生労働省「患者調査」を元データにしていることを念頭に置く必要がある。

２）　在宅の障害者数の推移（図6-3、図6-4、図6-5）

　在宅で暮らす障害者（児）数は増加傾向にある。それぞれ年齢別の推移で

みると、身体障害者は、18歳未満は極めて少なく、18〜64歳もやや減少して

推移しているのに対し、65歳以上は7割ほどを占めており高齢化が進展して

いる。知的障害者は、18〜64歳が6割ほどと最も多く、18歳未満が3割近く

となっている。精神障害者は25〜64歳が5割ほどで、65歳以上が4割近くで

推移している。

図6-3　年齢階層別障害者数の推移（在宅の身体障害者（児））

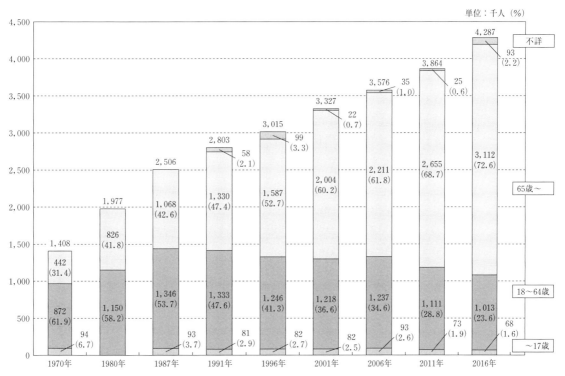

注　：1980年は身体障害児（0〜17歳）に係る調査を行っていない。
資料：厚生労働省「身体障害児・者実態調査」（〜2006年）、厚生労働省「生活のしづらさなどに関する調査」（2011・2016年）
出典：表6-2に同じ　p.235

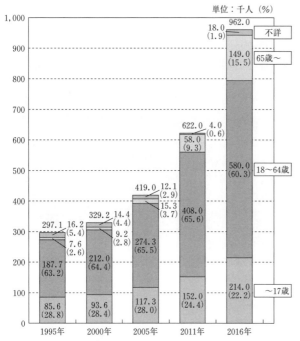

図6－4　年齢階層別障害者数の推移
　　　　（在宅の知的障害者（児））

単位：千人（%）

資料：厚生労働省「知的障害児(者)実態調査」（～2005年）、厚生労働省
　　　「生活のしづらさなどに関する調査」（2011・2016年）
出典：表6－2に同じ　p.235

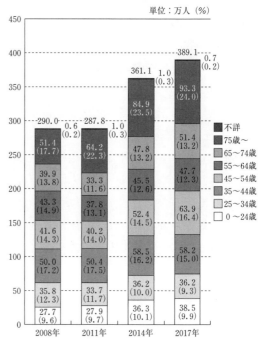

図6－5　年齢階層別障害者数の推移
　　　　（外来の精神障害者（児））

単位：万人（%）

注1：2011年の調査では宮城県の一部と福島県を除いている。
注2：四捨五入で人数を出しているため、合計が一致しない
　　　場合がある。

資料：厚生労働省「患者調査」（2017年）より厚生労働省社
　　　会・援護局障害保健福祉部で作成
出典：表6－2に同じ　p.236

3）　在宅の障害者の障害種類別にみる特徴

　厚生労働省「平成28年生活のしづらさに関する調査」から身体障害者（児）の障害類型をみると、「肢体不自由」が4割を占め最も多いが、近年では「内部障害」が約3割を超え推移している。知的障害の程度をみると、「重度」で4割近く、「その他」で6割近くとなっている。精神障害の障害等級をみると、「2級」の手帳所持者が半数を超え最も多い。

⑵　生活状況（在宅者の同居者の状況）（図6－6、図6－7）

　同調査から65歳未満の同居者の状況をみると、身体障害者と知的障害者は「同居者有」が8割前後にのぼり、精神障害者は7割台となっている。また、身体障害者と精神障害者の1～2割の人は「一人暮らし」をしている。同居者がいる人では、身体障害者は「配偶者」あるいは「親」がいずれも約5割を占めている。精神障害者は「配偶者」が3割強みられるが、「親」と同居し

図6-6　同居者の有無

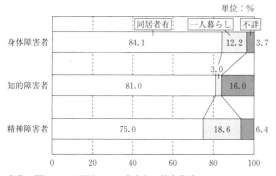

出典：図6-1に同じ　p.19をもとに筆者作成

図6-7　同居者の状況（複数回答）

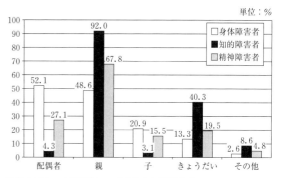

出典：図6-1に同じ　p.19をもとに筆者作成

ている人が半数にのぼる。知的障害者のほとんどは「同居者有」だが、その9割ほどが「親」と生活しており、「配偶者」のいる割合はわずかである。

(3)　就労状況

　厚生労働省の調査[*7]から障害者の就労状況をみると、従業員規模5人以上の事業所に雇用される障害者数は85万1,000人と推計され、その内訳は、身体障害者が42万3,000人、知的障害者が18万9,000人、精神障害者が20万人、発達障害者が3万9,000人となっている。前回の平成25年度調査と実施方法が異なるため、調査結果をそのまま比較できないが、精神障害者の雇用者数が大幅に増大（前回4万8,000人）したことは特徴的である。産業別では、身体障害者と知的障害者は「卸売業、小売業」で最も多く雇用され、次いで「製造業」「サービス業」の順となっている。精神障害者は、「製造業」と「卸売業、小売業」で雇用されている者が多い。

　同調査には、対象となった事業者に雇用される障害者への個別調査もある。職場における改善が必要な事項や要望として多くなった項目は、身体障害者と精神障害者は「能力に応じた評価、昇進・昇格」「調子の悪いときに休みをとりやすくする」、知的障害者では「今の仕事をずっと続けたい」となっている。また、将来に対する不安として、身体障害者と精神障害者は「老後の生活が維持できるか」「仕事を続けられるかどうか」、知的障害者では「親がいなくなったら生活を助けてくれる人がいなくなる」の項目をあげた人が多い。

＊7
厚生労働省『平成30年度障害者雇用実態調査』2018年。民営事業所における障害者の雇用実態の把握と、今後の雇用施策検討・立案等を目的に5年ごとに実施している。

本章のまとめ●人間の普遍的価値を理解する●

　人間は、その置かれた環境との間に調和を保ちながら生活を営んでいる。自らを環境に適応させながら、時に環境を操作し生活をしている。障害者（児）が生活ニーズをもっているとき、当事者自身と環境との間の調和が保てなくなっているととらえることができる。そのため、ソーシャルワーカーには、本人と環境の双方に働きかける力やその視点が求められる。その前提として、人間の普遍的価値について理解する必要がある。尊厳、社会性、変化の可能性などといった価値を認知し、障害当事者と向き合うのである。そして、その実践においては「専門的な知識と技術」という専門職としての要件をも備えておかねばならない。

　ソーシャルワーカーには、障害当事者とともに歩む姿勢を基本に、個々の生活状況に応じた柔軟な対応力が求められる。障害者（児）も含め、多様な人間がともに共存する社会のなかで、個人の生活を支える専門職として、その専門性を探求する姿勢をもち続けていくことが望まれる。

【考えてみよう】
① 障害者に共通するニーズについて確認し、その充足のためにどのような支援が提案できるのか、具体的に考えてみよう。
② 障害者にとって社会的な不利な状況や障壁とはどのようなものだろうか。具体的に話し合ってみよう。
③ 国際障害者年行動計画では、障害者を「普通のニーズをもつ普通の市民」と明記しているが、なぜ「普通の」ということを強調する必要があったのだろうか。社会の障害をとらえる視点について話し合ってみよう。

【さらに学びを深めるための参考文献】
1）岡村重夫『社会福祉原論』全国社会福祉協議会　1983年
2）三浦文夫『社会福祉政策研究－福祉政策と福祉改革－（増補改訂）』全国社会福祉協議会　1995年
3）杉本敏夫・住友雄資編『新しいソーシャルワーク－社会福祉援助技術入門－（改訂）』中央法規出版　2006年

【引用文献】
1）相澤譲治・橋本好市・直島正樹編『障害者への支援と障害者自立支援制度－障害者ソーシャルワークと障害者総合支援法－』みらい　2013年　pp.82-83
2）相澤譲治・橋本好市・直島正樹編　同上書　pp.83-85
3）三浦文夫『社会福祉政策研究－福祉政策と福祉改革－（増補改訂）』全国社会福祉協

　　議会　1995年　pp.60－61
4）岡村重夫『社会福祉原論』全国社会福祉協議会　1983年　p.83
5）古川孝順『社会福祉原論』誠信書房　2003年　p.127
6）内閣府編『令和元年版障害者白書』2019年　p.231

【参考文献】
・A.H.マズロー（上田吉一訳）『完全なる人間－魂のめざすもの－（第2版）』誠信書房
　1998年
・武川正吾『福祉社会－包摂の社会政策－（新版）』有斐閣　2011年
・厚生労働省「平成28年生活のしづらさなどに関する調査（全国在宅障害児・者等実態調
　査）」2018年
・内閣府編『令和元年版障害者白書』2019年

第 7 章

障害者福祉の法体系と実施機関

● 障害者福祉の法とソーシャルワーク実践

> 　障害者福祉にかかわる制度とサービスは、障害種別の法律、福祉、保健・医療、雇用・就労、教育、所得保障に関する法律など、領域が幅広く多岐にわたっている。障害者の抱える問題やニーズはさまざまであり、ソーシャルワーカーは一人ひとりにあわせた支援やサービス、守るべき権利等を考えていかなければならない。そのために、本章では障害者福祉に関する法体系と実施機関、その役割について正しい知識を得ることをねらいとする。
>
> 　また、わが国の障害者福祉に関する法制度は、主に戦後からその時々の時代背景によって創設され発展し続けてきた。また、海外における障害者の権利獲得の動向や「障害者の権利に関する条約」（障害者権利条約）等の影響を強く受けている。そのため、法制度等の成り立ちも含めて、それら法の目的や理念が生まれた経緯、サービスがつくられた意図を理解し、さらに現在の社会状況と照らし合わせながら留意すべき課題について気づいてもらいたい。

1．障害者福祉の法体系

　わが国の障害者福祉は、第二次世界大戦後の傷痍軍人、戦災孤児、浮浪児等への救貧対策の一部としてスタートしている。そして、1949（昭和24）年に障害者福祉関連の最初の法律として制定された「身体障害者福祉法」によって、これまでの救貧対策から障害者への福祉対策として分離されることになった。また、知的障害者に関しては1947（同22）年制定の「児童福祉法」のなかで知的障害のある児童への対策として始まった。その後、18歳以上の知的障害者施策として1960（同35）年に「精神薄弱者福祉法」（現：知的障害者福祉法）が制定された。これらの法律に基づき身体障害と知的障害に応じた入所施設等が数多く建設され、障害者福祉施策と保護・収容を兼ね合わせた施設設置が推進されることになった。

　1970（昭和45）年には、すべての障害者を対象とする初めての総合的な法律として「心身障害者対策基本法」（現：障害者基本法）が制定され、障害者

対策に関する国と地方公共団体の責務や、個人の尊厳とふさわしい処遇が保障される権利など、基本的事項を定めた。

　国際社会では、北欧で登場したノーマライゼーションに影響を受け、「知的障害者の権利宣言」(1971年)、「障害者の権利宣言」(1975年) が国際連合で採択された。さらに国連は「完全参加と平等」をスローガンとした「国際障害者年」(1981年) を決議し、翌1982年採択の「障害者に関する世界行動計画」において、各国での障害者施策の取り組みに関する行動を具体化するよう要請した。1983年からの10年を「国連障害者の十年」、1993年からの10年を「アジア太平洋障害者の十年」として、アジア太平洋地域における障害者の完全参加と平等への実現に向けた取り組みを各国共同で展開することとなり、2013年からは「第3次アジア太平洋障害者の十年」(2022年まで) へと引き継がれている (図7－1)。

　わが国もこれにあわせて、「障害者対策に関する長期計画」(1982 (昭和57) 年)、「障害者対策に関する新長期計画」(1993 (平成5) 年) を策定した。同年に心身障害者対策基本法を改正した「障害者基本法」が成立すると、新長期計画の後継計画として同法に基づく「障害者基本計画」が位置づけられることとなった。2018 (同30) 年度からは、「第4次障害者基本計画」(2022 (令和4) 年度まで) へと引き継がれている (図7－1)。

　このように、わが国の障害者福祉は障害者基本法を上位法として障害者の定義や基本理念等を定め、障害者施策の方向性を示している。また、2006年に国連で採択された障害者権利条約への批准に向けた改正等を重ね、国際社会における影響を受けながら発展してきた。障害者福祉分野の法律における最高法規である障害者基本法に基づき、障害種別の法律、障害福祉サービスに関する法律、虐待や差別解消などの障害者を取り巻く課題に関する法律、そして保健・医療、雇用・就労、教育、所得保障と、社会福祉関係の法律以外にもさまざまな法律が位置づけられている (図7－2)。

　これらの障害者施策に関する法制度上の責任をもつ省庁の中核を担うのは厚生労働省である。障害者一人ひとりのライフステージや日々の生活場面で生じる課題解決を考えるときに、一つの領域だけではなく、横断的に法律が絡み合い障害者の生活に密接にかかわっているのである。そして、障害者福祉の法律はその時代の要請に応じて、新規制定・改正がなされてきている。

図7－1　障害者施策の動向

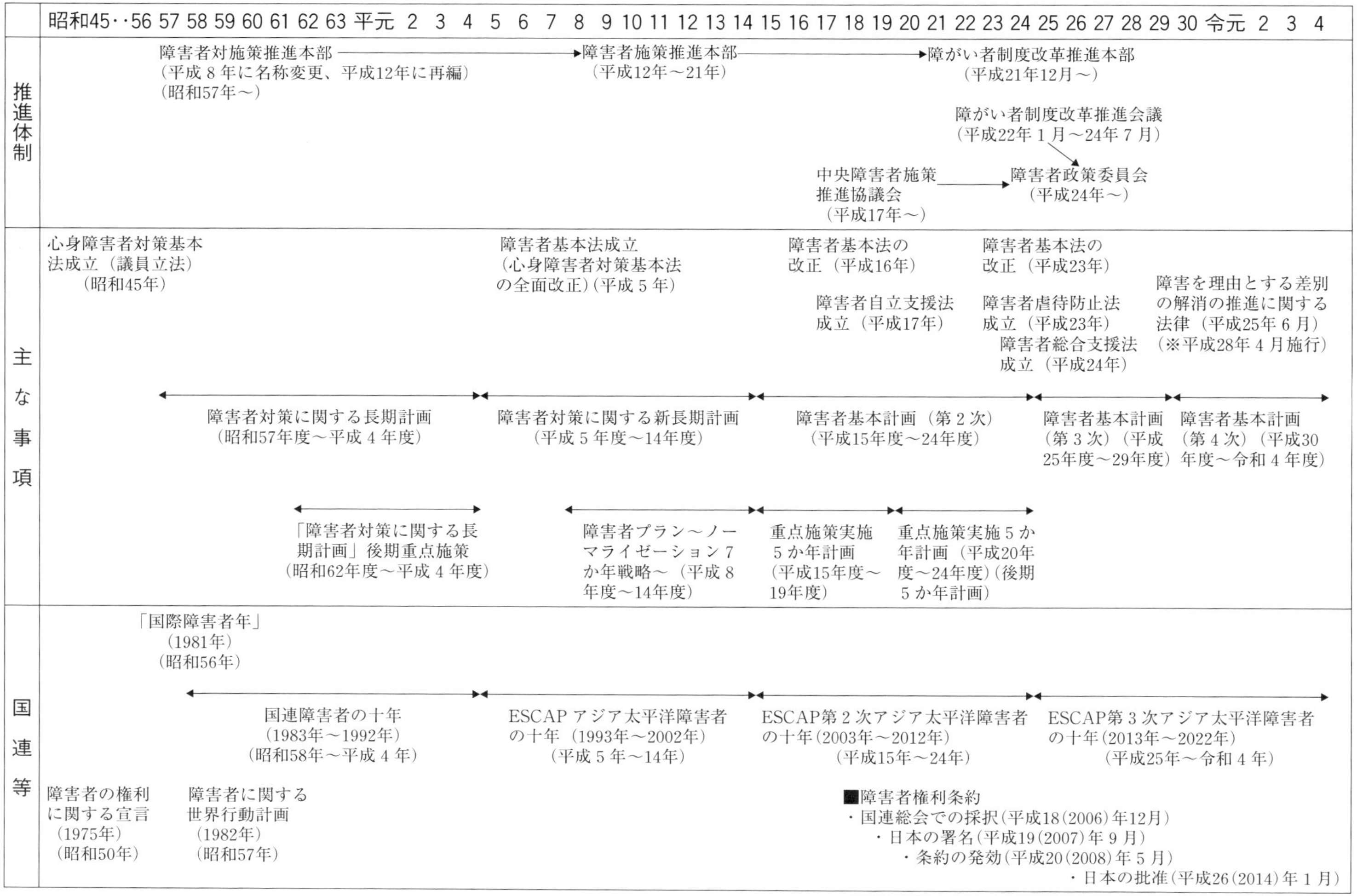

年表（昭和45・・56 57 58 59 60 61 62 63 平元 2 3 4 5 6 7 8 9 10 11 12 13 14 15 16 17 18 19 20 21 22 23 24 25 26 27 28 29 30 令元 2 3 4）

推進体制

- 障害者対策推進本部（平成8年に名称変更、平成12年に再編）（昭和57年～）
- 障害者施策推進本部（平成12年～21年）
- 障がい者制度改革推進本部（平成21年12月～）
- 障がい者制度改革推進会議（平成22年1月～24年7月）→ 障害者政策委員会（平成24年～）
- 中央障害者施策推進協議会（平成17年～）

主な事項

- 心身障害者対策基本法成立（議員立法）（昭和45年）
- 障害者基本法成立（心身障害者対策基本法の全面改正）（平成5年）
- 障害者基本法の改正（平成16年）
- 障害者自立支援法成立（平成17年）
- 障害者基本法の改正（平成23年）
- 障害者虐待防止法成立（平成23年）
- 障害者総合支援法成立（平成24年）
- 障害を理由とする差別の解消の推進に関する法律（平成25年6月）（※平成28年4月施行）

- 障害者対策に関する長期計画（昭和57年度～平成4年度）
- 障害者対策に関する新長期計画（平成5年度～14年度）
- 障害者基本計画（第2次）（平成15年度～24年度）
- 障害者基本計画（第3次）（平成25年度～29年度）
- 障害者基本計画（第4次）（平成30年度～令和4年度）

- 「障害者対策」後期重点施策（昭和62年度～平成4年度）
- 障害者プラン～ノーマライゼーション7か年戦略～（平成8年度～14年度）
- 重点施策実施5か年計画（平成15年度～19年度）
- 重点施策実施5か年計画（平成20年度～24年度）（後期5か年計画）

国連等

- 障害者の権利に関する宣言（1975年）（昭和50年）
- 障害者に関する世界行動計画（1982年）（昭和57年）
- 「国際障害者年」（1981年）（昭和56年）
- 国連障害者の十年（1983年～1992年）（昭和58年～平成4年）
- ESCAP アジア太平洋障害者の十年（1993年～2002年）（平成5年～14年）
- ESCAP第2次アジア太平洋障害者の十年（2003年～2012年）（平成15年～24年）
- ESCAP第3次アジア太平洋障害者の十年（2013年～2022年）（平成25年～令和4年）
- ■障害者権利条約
  ・国連総会での採択（平成18(2006)年12月）
  ・日本の署名（平成19(2007)年9月）
  ・条約の発効（平成20(2008)年5月）
  ・日本の批准（平成26(2014)年1月）

資料：内閣府

出典：内閣府編『平成27年版障害者白書』勝美印刷　p.24を一部改変

図7－2　障害者施策に関する主な法律の体系

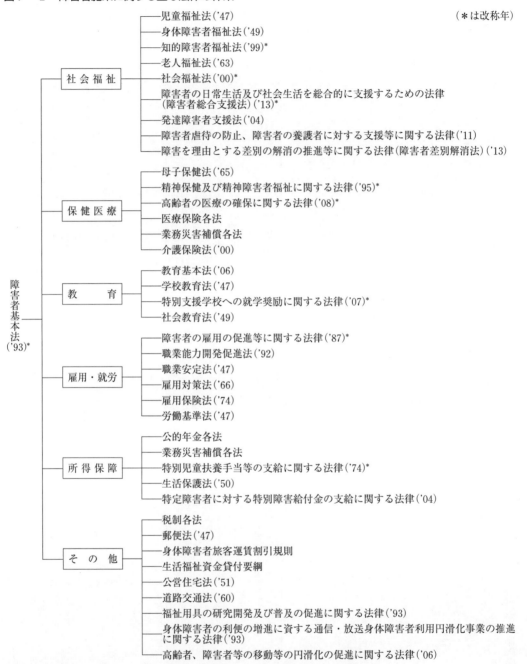

（＊は改称年）

障害者基本法（'93)＊

社会福祉
- 児童福祉法（'47)
- 身体障害者福祉法（'49)
- 知的障害者福祉法（'99)＊
- 老人福祉法（'63)
- 社会福祉法（'00)＊
- 障害者の日常生活及び社会生活を総合的に支援するための法律（障害者総合支援法)（'13)＊
- 発達障害者支援法（'04)
- 障害者虐待の防止、障害者の養護者に対する支援等に関する法律（'11)
- 障害を理由とする差別の解消の推進等に関する法律（障害者差別解消法)（'13)

保健医療
- 母子保健法（'65)
- 精神保健及び精神障害者福祉に関する法律（'95)＊
- 高齢者の医療の確保に関する法律（'08)＊
- 医療保険各法
- 業務災害補償各法
- 介護保険法（'00)

教育
- 教育基本法（'06)
- 学校教育法（'47)
- 特別支援学校への就学奨励に関する法律（'07)＊
- 社会教育法（'49)

雇用・就労
- 障害者の雇用の促進等に関する法律（'87)＊
- 職業能力開発促進法（'92)
- 職業安定法（'47)
- 雇用対策法（'66)
- 雇用保険法（'74)
- 労働基準法（'47)

所得保障
- 公的年金各法
- 業務災害補償各法
- 特別児童扶養手当等の支給に関する法律（'74)＊
- 生活保護法（'50)
- 特定障害者に対する特別障害給付金の支給に関する法律（'04)

その他
- 税制各法
- 郵便法（'47)
- 身体障害者旅客運賃割引規則
- 生活福祉資金貸付要綱
- 公営住宅法（'51)
- 道路交通法（'60)
- 福祉用具の研究開発及び普及の促進に関する法律（'93)
- 身体障害者の利便の増進に資する通信・放送身体障害者利用円滑化事業の推進に関する法律（'93)
- 高齢者、障害者等の移動等の円滑化の促進に関する法律（'06)

出典：社会福祉の動向編集委員会編『社会福祉の動向　2017』中央法規出版　2017年　p.185

２．障害者福祉の法

⑴　障害者基本法

1）　法の沿革

「心身障害者対策基本法」（1970（昭和45）年制定）の改正により、1993（平成５）年に成立した「障害者基本法」では、これまでの障害者対策だけでなく、障害者に対する基本的な考え方を示すことを強調した。その目的・基本理念においては、国際障害者年の「完全参加と平等」の内容が取り入れられ、障害者の自立と社会、経済、文化その他のあらゆる分野の活動への参加について規定した。障害者の当時の定義は「身体障害、精神薄弱（知的障害）、精神障害があるため長期にわたり日常生活または社会生活に相当な制限を受けているもの」と規定し、精神障害が明記された[*1]。

その後、本法は２度にわたる改正が行われている。１回目は2004（平成16）年の改正であり、「障害をもつアメリカ人法」（ADA法／1990年制定）の成立以降、障害者差別を禁止する法律が世界各国で成立していることを受け、基本理念のなかに「差別禁止」を明記した。この他にも、障害者の日を障害者週間（12月３〜９日）に改め、障害者計画の策定を都道府県および市町村の義務にするなどの変更が加えられた。そして２回目にあたる2011（同23）年に改正されたものが現行法である。障害者権利条約の批准に向け、本法だけでなく国内関係法律の整備が行われたタイミングでもあった。この条約にしたがい、合理的配慮の考え方や差別に関する規定、あらゆる人々を包括していくというインクルージョンの考え方も取り入れられた。

*1
1993（平成５）年の改正では、この他に国に障害者基本計画の策定義務や、中央心身障害者対策協議会を中央障害者施策推進協議会へと改称した。また、障害者の理解、啓発のために障害者の日（12月９日）が設定された。

2）　法の概要

障害者基本法は、総則・各則の全36条からなる。

❶法の目的

第１条（目的）において「全ての国民が、障害の有無にかかわらず、等しく基本的人権を享有するかけがえのない個人として尊重されるものであるとの理念にのつとり、全ての国民が、障害の有無によつて分け隔てられることなく、相互に人格と個性を尊重し合いながら共生する社会を実現する」と述べている。障害者は保護の対象ではなく「権利の主体」であることが示されている。また基本原則を定め、国・地方公共団体等の責務を明らかにし、障害者の自立と社会参加の支援など、施策の基本事項を定めること等により、

それらの施策を総合的かつ計画的に推進することを目的としている。

❷障害者の定義

第2条（定義）において、「障害者」を「身体障害、知的障害、精神障害（発達障害*2を含む。）その他の心身の機能の障害（以下「障害」と総称する。）がある者であつて、障害及び社会的障壁*3により継続的に日常生活又は社会生活に相当な制限を受ける状態にあるもの」としている（第1項第1号）。

「社会的障壁」として障害者の生活に制限をもたらすものには、たとえば、手足が動かないなどの機能的な障害による困難だけでなく、障害者の周りにあるさまざまな環境のなかにもその原因になるものがあるという社会モデルの視点が取り入れられている。これは、障害者権利条約の核となる概念であり、差別の禁止やインクルージョンなどすべてに関連する重要な項目である。

❸基本原則

「基本原則」とは第3～5条の内容であり、国や都道府県の施策はこの原則にのっとることとしている。第3条では、「全ての障害者が、障害者でない者と等しく、基本的人権を享有する個人としてその尊厳が重んぜられ、その尊厳にふさわしい生活を保障される権利を有することを前提」に、共生社会を実現するにあたり前とすべきことを規定している。地域社会において、「全て障害者は、社会を構成する一員として社会、経済、文化その他あらゆる分野の活動に参加する機会が確保されること」「全て障害者は、可能な限り、どこで誰と生活するかについての選択の機会が確保され、地域社会において他の人々と共生することを妨げられないこと」「全て障害者は、可能な限り、言語（手話を含む。）その他の意思疎通のための手段についての選択の機会が確保されるとともに、情報の取得又は利用のための手段についての選択の機会の拡大が図られること」に取り組むとしている。

第4条（差別の禁止）では、「何人も、障害者に対して、障害を理由として、差別することその他の権利利益を侵害する行為をしてはならない」と明記している（第1項）。改正前は各条文に分散して差別禁止や防止について記載していたが、一つの条文となったことでより強調されることになった。そして、第2条で定義された社会的障壁を取り除くために、その過重な負担を伴わない場合には、障害者権利条約に明記している「合理的配慮」を行わなければならないと規定した。

第5条（国際的協調）では、第1条に規定する共生社会の実現は、国際的協調のもとに図られなければならないとしている。

このように2011（平成23）年の改正では、障害者権利条約に基づく新たな内容が取り入れられたが、第3条には「可能な限り」という履行されない選

*2
2011（平成23）年の改正により、障害の範囲に「発達障害」が明記された。

*3　社会的障壁
「障害がある者にとつて日常生活又は社会生活を営む上で障壁となるような社会における事物、制度、慣行、観念その他一切のものをいう」と定義される（同条同項第2号）。

択肢となり得る限定的な文言があることや、差別、合理的配慮の定義が不確定といった点が指摘されている。

❹各則の内容

個別の施策について規定しているのが各則である。以下、重要な2011（平成23）年の改正内容や新設項目[*4]についてあげる。

①　医療、介護等（第14条関係）

障害者の自立および社会参加の支援等の基本的施策の1つ目にあたる内容である。障害者の自立生活のために、性別、年齢、障害の状態、生活の実態に応じた適切な支援を受けられるよう必要な施策を講ずるとしている。

旧法では年齢、障害の状態に応じてとしていたが、現在は性別、生活の実態を含めており社会モデルの考えが取り入れられている。また、「身近な場所で支援を受けられること」が新しく加えられ、さらに人権を十分に尊重することを国や地方自治体に課しており、地域社会での共生という考えが盛り込まれている。

②　教育（第16条関係）

障害児がその年齢、能力に応じて、かつその特性をふまえた十分な教育が行えるようにするため、可能な限り障害のない児童らとともに教育を受けられるよう配慮し、教育の内容・方法の改善と充実を図る施策を講じるとしている。また障害児や保護者に対する情報提供を行い、可能な限りその意向を尊重しなければならないとしている。ここにも「可能な限り」という文言はあるが、ともに学ぶよう配慮することが明文化されており、本法の目的である「障害の有無によって分け隔てられることなく、共に生きる」という理念が反映されている。また、ともに学ぶ配慮として社会的障壁の除去が必要であり、合理的配慮がなされなくてはならない。

③　療育（第17条関係）

現行法で新設された条文である。障害児が可能な限り身近な場所で、療育その他の関連する支援を受けられるようにする施策を講じるとしており、ここにも、地域社会における共生についての考えが反映されている。

❺障害者基本計画と障害者政策委員会

第11条において、政府には障害者の自立および社会参加の支援等のための施策を総合的、効率的に推進していくための障害者基本計画の策定を義務づけている。本計画は、理念や基本原則の他に、分野別の施策の基本的方針として11の分野[*5]に関する内容と推進体制についても定めている。

本計画の策定にあたっては、内閣総理大臣が関係行政機関の長と協議しながら、障害者政策委員会[*6]の意見を聞いて案を作成することになる。この障

＊4
本文で取り上げた項目以外にも、「防災及び防犯」「消費者としての障害者の保護」「選挙等における配慮」「司法手続における配慮等」「国際協力」（第26～30条関係）が新設された。

＊5　11の分野
①安全・安心な生活環境の整備、②情報アクセシビリティの向上及び意思疎通支援の充実、③防災、防犯等の推進、④差別の解消、権利擁護の推進及び虐待の防止、⑤自立した生活の支援・意思決定支援の推進、⑥保健・医療の推進、⑦行政等における配慮の充実、⑧雇用・就業、経済的自立の支援、⑨教育の振興、⑩文化芸術活動・スポーツ等の振興、⑪国際社会での協力・連携の推進。

＊6　障害者政策委員会
2011（平成23）年の改正により、廃止された中央障害者施策推進協議会に代わり、内閣府に設置された、委員30人からなる組織。障害者、障害者の自立と社会参加に関する事業に従事する者、学識経験者から内閣総理大臣が任命する。

害者政策委員会は、計画の実施状況を監視し、必要があると認めるときには内閣総理大臣を通じて関係各大臣に勧告を行うなどの役割がある。これは、障害者権利条約における「国内における実施及び監視」と関係するものであり、障害者政策委員会は国内のモニタリング機関として位置づけられている。

なお、都道府県・市町村は、本計画の基本方針に沿った「障害者計画」の策定義務がある（「都道府県障害者計画・市町村障害者計画」）。

(2) 障害者総合支援法

1) 法の沿革

障害者に対する具体的な支援については「措置制度*7」により行われてきた歴史がある。しかし、1990年代後半からの社会福祉基礎構造改革や社会福祉法への改正（2000（平成12）年）により、サービス利用者による選択や障害者の地域生活支援が盛り込まれたことから、2003（同15）年度には「支援費制度*8」へと移行した。しかし、在宅サービスの利用者増加に伴う財源不足と、障害種別や地域によるサービス格差など多くの課題が生じた。これらの課題を解決すべく2005（同17）年に制定されたのが「障害者自立支援法」である。同法では、三障害（身体・知的・精神）の制度体系の一元化や、従来の障害種別ごとに分立していた施設・事業形態を、日中活動と居住支援に区分したサービス体系に再編したこと、また、財源不足への対応として利用したサービスの量に応じて負担をする応益負担の仕組みが導入された。

しかし、障害が重度であればサービス量も増え、負担が増加することに対して、日本国憲法で保障された生存権の規定に違反するとして障害者らによる反対の声が上がり、反対運動や違憲訴訟が行われた。政府は、2009（平成21）年に障がい者制度改革推進本部を設置し、障害者権利条約の批准に向けた国内法の整備について議論するなかで、障害者自立支援法の廃止と、新たな法律の制定をめざすことになった*9。2010（同22）年、障害者自立支援法は、新法制定までの期間を埋めるための改正*10を経て、2013（同25）年4月に「障害者の日常生活及び社会生活を総合的に支援するための法律」（障害者総合支援法）と改称、新たな障害保健福祉施策を講ずるため法律として施行された。

本法の2016（平成28）年の改正では、「生活」と「就労」に対する支援充実、高齢障害者の介護保険サービスの円滑な利用、障害児支援のニーズの多様化等に対応するための施策が規定された。

*7　措置制度
行政が利用する障害福祉サービス内容、利用先等を決定する制度。

*8　支援費制度
身体障害者（児）、知的障害者（児）が対象とされ、障害者がサービスを自分で選択し、サービス提供事業者と対等な立場で契約に基づきサービスを利用できる制度。

*9
2010（平成22）年6月の「応益負担を原則とする現行の障害者自立支援法を廃止し、制度の谷間のない支援の提供、個々のニーズに基づいた地域生活支援体系の整備等を内容とする障害者総合支援法」の制定に向けた第1次意見書では、2011（同23）年に障害者基本法抜本的改正の法案提出、2012（同24）年、障害者総合支援法の法案提出、2013（同25）年に障害者自立支援法の廃止と障害者総合支援法の施行、障害者差別禁止法の法案の提出がめざされることとされた。

*10
正式名称は「障がい者制度改革推進本部等における検討を踏まえて障害保健福祉施策を見直すまでの間において障害者等の地域生活を支援するための関係法律の整備に関する法律」。2012（平成24）年に施行されたこの経過的な法律は、応能負担の原則、法の対象に発達障害を含めること、相談支援の充実、障害児支援の強化などの点で、障害者自立支援法の問題点を補う法律となった。

2）　法の概要

❶法の目的

　第1条（目的）において、「障害者基本法の基本的な理念にのっとり、身体障害者福祉法、知的障害者福祉法、精神保健及び精神障害者福祉に関する法律、児童福祉法その他障害者及び障害児の福祉に関する法律と相まって、障害者及び障害児が基本的人権を享有する個人としての尊厳にふさわしい日常生活又は社会生活を営むことができるよう、必要な障害福祉サービスに係る給付、地域生活支援事業その他の支援を総合的に行い、もって障害者及び障害児の福祉の増進を図るとともに、障害の有無にかかわらず国民が相互に人格と個性を尊重し安心して暮らすことのできる地域社会の実現に寄与することを目的とする」としている*11。

❷基本理念

　第1条の2（基本理念）において、「障害者及び障害児が日常生活又は社会生活を営むための支援は、全ての国民が、障害の有無にかかわらず、等しく基本的人権を享有するかけがえのない個人として尊重されるものであるとの理念にのっとり、全ての国民が、障害の有無によって分け隔てられることなく、相互に人格と個性を尊重し合いながら共生する社会を実現するため、全ての障害者及び障害児が可能な限りその身近な場所において必要な日常生活又は社会生活を営むための支援を受けられることにより社会参加の機会が確保されること及びどこで誰と生活するかについての選択の機会が確保され、地域社会において他の人々と共生することを妨げられないこと並びに障害者及び障害児にとって日常生活又は社会生活を営む上で障壁となるような社会における事物、制度、慣行、観念その他一切のものの除去に資することを旨として、総合的かつ計画的に行わなければならない」と規定している。

❸障害者の定義

　本法の対象となる「障害者*12」の定義については、第4条において「身体障害者福祉法第4条に規定する身体障害者、知的障害者福祉法にいう知的障害者のうち18歳以上である者及び精神保健及び精神障害者福祉に関する法律第5条に規定する精神障害者（発達障害者支援法第2条第2項に規定する発達障害者を含み、知的障害者福祉法にいう知的障害者を除く）のうち18歳以上である者並びに治療方法が確立していない疾病その他の特殊の疾病であつて政令で定めるものによる障害の程度が厚生労働大臣が定める程度である者であつて18歳以上であるもの」としている（第1項）。

*11
2010（平成22）年の障害者自立支援法の改正において、第1条中の「自立した」を「基本的人権を享有する個人としての尊厳にふさわしい」に改め、「給付」の下に「、地域生活支援事業」を、「支援を」の下に「総合的に」が加えられていた。

*12
障害児の定義は「児童福祉法第4条第2項に規定する障害児をいう」と規定している。

3） 障害者総合支援法の制定に伴う障害保健福祉施策の要点

❶障害者自立支援法に代わる障害者総合支援法の制定

障害者基本法の目的（第1条）、定義（第2条）、基本原則（第3～5条）等をふまえた基本理念を創設し、法律の名称を改めた。

❷制度の谷間のない支援の提供

身体障害者、知的障害者、精神障害者（発達障害者を含む）としていた「障害者」の範囲に、政令で定める難病等により障害がある者を追加し、障害福祉サービス等の対象とした[*13]。

❸障害支援区分の創設

障害の程度（重さ）ではなく、標準的な支援の必要の度合を示す区分であることを明確にするため、障害の多様な特性や心身の状態に応じた標準的な支援の度合を総合的に示せる「障害支援区分[*14]」の仕組みを取り入れた。

❹個々のニーズに基づいた地域生活支援体系の整備

重度の肢体不自由者に限られていた重度訪問介護の対象拡大、共同生活介護（ケアホーム）と共同生活援助（グループホーム）の一元化、地域移行支援の対象を拡大した。また、市町村が行う地域生活支援事業として、障害者理解を深めるための研修や啓発を行う事業等を追加し、意思疎通支援にかかる市町村と都道府県の地域生活支援事業の役割分担を明確にした。

❺サービス基盤の計画的整備

障害福祉サービスの基盤整備を計画的に実施できるよう、国が定める基本指針、市町村および都道府県が定める障害福祉計画[*15]に障害福祉サービス等の提供体制の確保にかかる目標に関する事項を定めるとともに、障害福祉計画に地域生活支援事業の種類ごとの実施に関する事項を定めることとした。また、基本指針や障害福祉計画について、定期的な検証と適切な見直しを法定化し、障害者やその家族、その他の関係者の意見を反映させることとした。

❻障害者施策の段階的実施

障害者（児）の支援に関する施策を段階的に講じるため、この法律は、施行以後3年ごとを目途に、障害福祉サービスのあり方等について検討することとし、その検討にあたっては、障害者やその家族、その他の関係者の意見を反映させるために必要な措置を講ずるとした。

(3) 身体障害者福祉法

1） 法の沿革

第二次世界大戦後、身体障害者とされる人は、傷痍軍人、戦災者、一般の身体障害者であった。傷痍軍人には手厚い政策がとられていたものの、その

他の者に対しては救貧対策のみで十分な救済は行われていなかった。戦後の非軍事化と無差別平等の政策のもと、傷痍軍人だけでなくすべての国民を対象とし、1949（昭和24）年に「身体障害者福祉法」を制定、翌年施行した。当時は病気や事故による障害のため働けない人を職業的な訓練によって社会復帰させるということを目的としていたことから「更生」という言葉が使用され、社会復帰が困難な重度障害者は対象とされていなかった。その後のノーマライゼーションの理念の浸透や時代の要請に応じて幾多の改正を行い、「更生」の言葉は「自立と社会経済活動への参加」へと置き換わった。

２）　法の概要

❶法の目的

　第1条（目的）において、「障害者の日常生活及び社会生活を総合的に支援するための法律と相まつて、身体障害者の自立と社会経済活動への参加を促進するため、身体障害者を援助し、及び必要に応じて保護し、もつて身体障害者の福祉の増進を図ることを目的とする」としている。

❷自立への努力及び機会の確保

　第2条（自立への努力及び機会の確保）において、「すべて身体障害者は、自ら進んでその障害を克服し、その有する能力を活用することにより、社会経済活動に参加することができるように努めなければならない」とし、「すべて身体障害者は、社会を構成する一員として社会、経済、文化その他あらゆる分野の活動に参加する機会を与えられるもの」と規定している。

　これに関連し、盲導犬等の貸与（第20条）、社会参加を促進する事業の実施（第21条）、身体障害者福祉センター（第31条）、補装具製作施設（第32条）、盲導犬訓練施設（第33条）、視聴覚障害者情報提供施設（第34条）などの「身体障害者社会参加施設」を規定している（第5条第1項）。

❸身体障害者の定義

　第4条（定義）において、身体障害者を「別表に掲げる身体上の障害がある18歳以上の者であつて、都道府県知事から身体障害者手帳の交付を受けたもの」としている[16]。

　身体障害者福祉法別表には、①視覚障害で永続するもの、②聴覚または平衡機能の障害で永続するもの、③音声機能、言語機能またはそしゃく機能の障害、④肢体不自由、⑤心臓、じん臓または呼吸器の機能の障害その他政令で定める障害[17]で、永続し、かつ、日常生活が著しい制限を受ける程度であると認められるものが身体上の障害として定めている。

*16
障害者総合支援法では、障害者の定義に難病等を追加し、障害者サービス等の対象とした。これまでの永続しかつ一定以上の障害があるものを対象としてきた身体障害者の定義を広げ、障害福祉サービスの提供範囲が拡大された。

*17　政令で定める障害
ぼうこうまたは直腸の機能、小腸の機能、ヒト免疫不全ウイルスによる免疫の機能、肝臓の機能の障害をさす。肝臓の機能障害は2010（平成22）年4月から加えられた。

❹身体障害者手帳

　定義の通り、身体障害者手帳の取得により「身体障害者」と認定されることになる。前述の別表に掲げる身体障害があり、その程度が身体障害者障害程度等級表（身体障害者福祉法施行規則別表第5号）の1級から6級に合致する場合に手帳交付[18]の対象となるが、この等級表上では、障害の程度が最も重い1級から順に7級[19]まで区分されている。身体障害者を対象とした各種の福祉サービス（障害者総合支援法に基づく障害福祉サービスの利用や運賃割引、税の優遇措置等）を利用するには、同手帳が必要となる。

(4)　知的障害者福祉法

1)　法の沿革

　知的障害者の施策としては、精神薄弱（現：知的障害）がある児童への対応からスタートしている。戦後、知的障害のある児童は戦災孤児や貧困家庭などの児童問題の一つとして対応してきた。1947（昭和22）年の「児童福祉法」の制定によって、児童相談所や精神薄弱児施設（現：障害児入所施設）等での保護収容と訓練が行われてきたが、18歳以上の知的障害者の行き場がなく、年齢超過児の問題が深刻化することとなり、親たちを中心に知的障害者の授産施設や重度障害者の入所施設の設置を求める運動が起こった。このような背景から、1960（同35）年に「精神薄弱者福祉法」（現：知的障害者福祉法）を制定し[20]、精神薄弱者援護施設、精神薄弱者更生相談所、精神薄弱者福祉司等を規定した。本法はその後も時代の要請に応じて改正を重ねている。

2)　法の概要
❶法の目的

　第1条（目的）において、「障害者の日常生活及び社会生活を総合的に支援するための法律と相まつて、知的障害者の自立と社会経済活動への参加を促進するため、知的障害者を援助するとともに必要な保護を行い、もつて知的障害者の福祉を図ることを目的とする」としている。

❷知的障害者の定義

　知的障害者福祉法では、「知的障害者」「知的障害」についての定義はなされてない。しかし、その条文に規定される内容から、18歳以上の知的障害者を対象としていることがわかる。

　なお、知的障害の定義としてよく用いられるものに厚生労働省が実施する調査[21]における定義があり、「知的機能の障害が発達期（おおむね18歳まで）にあらわれ、日常生活に支障が生じているため、何らかの特別な援助を必要と

する状態にあるもの」としている。

❸療育手帳

　本法において、知的障害者の手帳制度は規定されていないが、都道府県独自の施策として「療育手帳*22制度」についての実施要綱を定め運用している。療育手帳の交付対象者は、児童相談所（18歳未満の場合）、または知的障害者更生相談所において、知的障害と判定された者である。障害程度の判定は18歳以上の場合、日常生活において常時介護を要する程度のものを重度のA区分、A以外の程度のものをB区分としている。自治体によって、最重度、重度、中度、軽度や、A1、A2、B1、B2などさらに細かく区分しているところもある。療育手帳は、本人または保護者が居住地を管轄する福祉事務所長を経由して都道府県知事（指定都市市長）に交付申請をし、経由してきた機関から申請者に交付される。手帳を発行する自治体ごとで異なる有効期限が定められており、原則として、児童相談所、または知的障害者更生相談所において再判定を受け、更新しなければならない。

(5)　精神保健福祉法

1)　法の沿革

　精神障害者に対する法制度は、1900（明治33）年の「精神障害者監護法」に始まったが*23、戦後、人権尊重の思想の高まりや公衆衛生施策が国の責任となったことなどを受け、1950（昭和25）年に「精神衛生法」が制定された。本法により、都道府県の精神病院（現：精神科病院）の設置事務、私宅監置の廃止、精神衛生鑑定医制度の創設等がなされた。1965（同40）年には、精神障害者通院医療費公費負担制度を創設し、1987（同62）年に「精神保健法*24」へと改称した。そして、1993（平成5）年に「障害者基本法」を制定し、障害福祉施策の対象として精神障害者を位置づけた。これにより、1995（同7）年に「精神保健及び精神障害者福祉に関する法律」（精神保健福祉法）へと改称、精神障害者の人権の尊重と「自立と社会経済活動への参加促進」を謳い、福祉の視点とサービスを付加するなど、全面的な改正を行った。その後さらに、精神疾患患者数の増加による需要の多様化、社会的入院、人材不足などの問題が生じたため、「入院医療中心から地域生活へ」という基本理念が示されている*25。

2)　法の概要

❶法の目的

　第1条（目的）において、「精神障害者の医療及び保護を行い、障害者の日

---

*22　療育手帳
知的障害者（児）への一貫した指導・相談を行うとともに、これらの者に対して各種の支援措置を受けやすくすることを目的として交付される手帳。「療育手帳制度について」(1973（昭和48）年、厚生省発第156号、厚生事務次官通知）を根拠に始まったが、1999（平成11）年の地方自治法の改正により、地方分権改革が進められると、翌年度からは都道府県独自の制度として、その運用方法が条例で定められている（名称も「愛の手帳（東京都）」など違いがある）。障害者総合支援法における障害福祉サービスの支給決定には、本手帳の所持を必要条件としていない。

*23
当時の精神障害者は私宅で家族による自助のもと、監護（私宅監置）され、劣悪な環境のなかに置かれるなど治安維持や取り締まりの対象となっていた。

* 24　精神保健法
（1987（昭和62）年）
精神障害者の入院における人権に配慮した適正な医療および保護の確保、精神障害者の社会復帰の促進の規定、入院形態について措置入院、医療保護入院、本人の同意による入院等に区分された。また精神障害者社会復帰施設として、精神障害者生活訓練施設と精神障害者授産施設が創設された。

*25
2013（平成25）年の改正では、精神科医療の提供の確保に関する指針の策定、保護者制度の廃止、医療保護入院の見直しが行われた。

常生活及び社会生活を総合的に支援するための法律と相まつてその社会復帰の促進及びその自立と社会経済活動への参加の促進のために必要な援助を行い、並びにその発生の予防その他国民の精神的健康の保持及び増進に努めることによつて、精神障害者の福祉の増進及び国民の精神保健の向上を図ることを目的とする」としている。

❷精神障害者の定義

第5条（定義）において、精神障害者を「統合失調症、精神作用物質による急性中毒又はその依存症、知的障害、精神病質その他の精神疾患を有する者をいう」としている。このように精神障害は精神疾患と同義語として使用されている。なお、知的障害者への福祉施策は知的障害者福祉法により行われるため、精神保健福祉法の定義に含まれる知的障害は福祉分野を除く精神保健・医療施策などを念頭に置いている。

❸精神障害者保健福祉手帳

＊26　精神障害者保健福祉手帳
精神保健及び精神障害者福祉に関する法律第45条に基づき、精神障害者（児）の社会復帰、自立支援、社会参加の促進を図ることを目的としている。

第45条に精神障害者保健福祉手帳＊26に関する規定があり、知的障害者を除く精神障害者に交付される。交付申請は、申請者の居住地を管轄する市町村長を経由して都道府県知事（指定都市市長）に提出する。申請時には、医師の診断書または障害年金の年金証書の写し等を添付する。医師の診断書の場合には、都道府県知事および指定都市に設置されている精神保健福祉センターで判定される（年金証書の写しの場合は不要）。この手帳は、精神保健福祉法施行令第6条において、障害の程度に応じて重度の1級から3級まで定められており、その内容は以下の通りである。

1級：日常生活の用を弁ずることを不能ならしめる程度のもの

2級：日常生活が著しい制限を受けるか、又は日常生活に著しい制限を加えることを必要とする程度のもの

3級：日常生活若しくは社会生活が制限を受けるか、又は日常生活若しくは社会生活に制限を加えることを必要とする程度のもの

なお、障害等級の判定は、精神疾患の状態とそれに伴う生活能力障害の状態の両面から総合的に判定される。手帳の有効期限は2年間で、2年ごとに都道府県知事の認定を受けなければならない。

(6)　発達障害者支援法

1）　法の沿革

＊27
「通常の学級に在籍する特別な教育的支援を必要とする児童生徒に関する全国実態調査」のこと。その後、文部科学省が2012（平成24）年に実施した「通常の学校に在籍する発達障害の可能性のある特別な教育的支援を必要とする生徒児童に関する調査」においても同様の結果（6.5%）が出ている。

2002（平成14）年に文部科学省が実施した調査＊27において、小・中学校の通常学級に在籍する児童生徒の6.3%に発達障害の可能性があることが示された。この結果は学校のみならず、社会全般においても発達障害は決して少

なくない障害であることを示唆している。しかし、それまで発達障害は長年にわたり法的に位置づけられず、福祉施策の対象としてとらえられてこなかった。また、当時は社会的に発達障害の認知度も低く、この分野の専門家も少なかったため、適切な対応や支援を受けられない当事者やその家族はたいへんな負担を強いられており、その支援体制を確立することが大きな課題となっていた。こうした背景から、2004（同16）年に「発達障害者支援法」を制定、翌年施行した*28。その後、2011（同23）年改正の「障害者基本法」で掲げる共生社会の実現を謳うため、法の目的や発達障害者の支援に際しての基本理念を含む改正が2016（同28）年に行われた。

2）　法の概要
❶法の目的

　第 1 条（目的）において、「発達障害者の心理機能の適正な発達及び円滑な社会生活の促進のために発達障害の症状の発現後できるだけ早期に発達支援を行うとともに、切れ目なく発達障害者の支援を行うことが特に重要であることに鑑み、障害者基本法の基本的な理念にのっとり、発達障害者が基本的人権を享有する個人としての尊厳にふさわしい日常生活又は社会生活を営むことができるよう、発達障害を早期に発見し、発達支援を行うことに関する国及び地方公共団体の責務を明らかにするとともに、学校教育における発達障害者への支援、発達障害者の就労の支援、発達障害者支援センターの指定等について定めることにより、発達障害者の自立及び社会参加のためのその生活全般にわたる支援を図り、もって全ての国民が、障害の有無によって分け隔てられることなく、相互に人格と個性を尊重し合いながら共生する社会の実現に資することを目的とする」としている。

　2016（平成28）年の改正により、支援が切れ目なく行われることや、「障害の有無によって分け隔てられることなく」とされているように、障害者基本法の基本理念が謳われることになった。

❷発達障害・発達障害者の定義

　第 2 条（定義）において、「『発達障害』とは、自閉症、アスペルガー症候群その他の広汎性発達障害、学習障害、注意欠陥多動性障害その他これに類する脳機能の障害であってその症状が通常低年齢において発現するものとして政令で定めるものをいう」としている（第 1 項）。続く第 2 項では、「『発達障害者』とは、発達障害がある者であって発達障害及び社会的障壁により日常生活又は社会生活に制限を受けるものをいい、『発達障害児』とは、発達障害者のうち18歳未満のもの」としている。「社会的障壁*29」の用語が加えられ

*28
2010（平成22）年の障害者自立支援法（現：障害者総合支援法）の改正により、障害者の定義に「発達障害」が位置づけられた。また、2011（同23）年の障害者基本法の改正では、障害者の定義に発達障害が明記され、精神障害に含まれるとされた。

*29　社会的障壁
2016（平成28）年の改正により定義のなかに加えられた。「発達障害がある者にとって日常生活又は社会生活を営む上で障壁となるような社会における事物、制度、慣行、観念その他一切のものをいう」（同条第 3 項）。

るなど、ここでも障害者基本法における障害者の定義が反映されている。

なお、「発達支援」とは、「発達障害者に対し、その心理機能の適正な発達を支援し、及び円滑な社会生活を促進するため行う発達障害の特性に対応した医療的、福祉的及び教育的援助」（第4項）と定義している。

❸基本理念

2016（平成28）年の改正により、第2条の2（基本理念）が新設された。

「発達障害者の支援」は、「全ての発達障害者が社会参加の機会が確保されること及びどこで誰と生活するかについての選択の機会が確保され、地域社会において他の人々と共生することを妨げられないことを旨として行われなければならないこと」（第1項）、「社会的障壁の除去に資することを旨として、行われなければならない」（第2項）、「個々の発達障害者の性別、年齢、障害の状態及び生活の実態に応じて、かつ、医療、保健、福祉、教育、労働等に関する業務を行う関係機関及び民間団体相互の緊密な連携の下に、その意思決定の支援に配慮しつつ、切れ目なく行われなければならない」（第3項）と規定している。

❹ライフステージを通して一貫した支援

第3条第2項において、「国及び地方公共団体は、基本理念にのっとり、発達障害児に対し、発達障害の症状の発現後できるだけ早期に、その者の状況に応じて適切に、就学前の発達支援、学校における発達支援その他の発達支援が行われるとともに、発達障害者に対する就労、地域における生活等に関する支援及び発達障害者の家族その他の関係者に対する支援が行われるよう、必要な措置を講じるものとする」と規定している。また、同条においては新設された基本理念のもと、発達障害者や家族等からの各種相談に対し、医療、保健、福祉、教育、労働等に関する関係機関等が連携し必要な相談体制の整備を行うことを盛り込んだ。

このように、子どもから大人までの個々の発達障害の早期発見から早期支援、発達障害児に対する就学前からの発達支援、発達障害者に対する就労、地域生活支援の他、家族への支援等、ライフステージを通した一貫性のある支援を公的な責任において確保していくことを明記している。

(7)　障害者虐待防止法

1）　法の沿革

社会的弱者への虐待に対する防止法には、「児童虐待の防止等に関する法律」（2000（平成12）年）、「配偶者からの暴力の防止及び被害者の保護等に関する法律*30」（2001（同13）年）、「高齢者虐待の防止、高齢者の養護者に対す

*30　配偶者からの暴力及び被害者の保護等に関する法律
当初は「配偶者からの暴力及び被害者の保護に関する法律」として制定。2013（平成25）年の改正により、現題名に改称。

る支援等に関する法律」（2005（同17）年）がある。しかし、障害者への虐待
に対応する法律はなく、実際に障害者虐待事件が後を絶たない状況があった。
また、関係団体からの要請等もあり、日本政府は障害者権利条約の批准に向
けた法整備も進めていた。

　このような背景のもと、2011（平成23）年 6 月に「障害者虐待の防止、障
害者の養護者に対する支援等に関する法律」（障害者虐待防止法）を制定、2012
（同24）年10月に施行した。

2 ） 法の概要
❶法の目的
　第 1 条（目的）において、「障害者に対する虐待が障害者の尊厳を害するも
のであり、障害者の自立及び社会参加にとって障害者に対する虐待を防止す
ることが極めて重要であること等に鑑み、障害者に対する虐待の禁止、障害
者虐待の予防及び早期発見その他の障害者虐待の防止等に関する国等の責務、
障害者虐待を受けた障害者に対する保護及び自立の支援のための措置、養護
者の負担の軽減を図ること等の養護者に対する養護者による障害者虐待の防
止に資する支援のための措置等を定めることにより、障害者虐待の防止、養
護者に対する支援等に関する施策を促進し、もって障害者の権利利益の擁護
に資することを目的とする」としている。
❷障害者虐待の定義
　第 2 条（定義）において、「障害者」とは、「障害者基本法第 2 条第 1 号に
規定する障害者をいう」（第 1 項）としている。また「障害者虐待」とは、①
養護者による障害者虐待、②障害者福祉施設従事者等による障害者虐待、③
使用者による障害者虐待と規定している（第 2 項）。

　障害者虐待の類型（行為）は、身体的虐待（障害者の身体に外傷が生じ、
または生じる恐れのある暴行や障害者の身体を不当に拘束すること）、性的虐
待（障害者にわいせつな行為をすること、またはわいせつな行為をさせるこ
と）、心理的虐待（障害者に対する著しい暴言、または著しい拒絶対応などの
障害者に著しい心理的外傷を与える言動を行うこと）、ネグレクト（障害者を
衰弱させるような著しい減食、または長時間の放置、その他第三者が障害者
を虐待することを放置すること）、経済的虐待（障害者の所持する年金等を流
用するなど財産の不当な処分を行うこと）に大別している（第 6 ～ 8 項）。
❸虐待防止施策
　虐待防止等について、養護者、障害者福祉施設従事者等、使用者のそれぞ
れによる障害者虐待の防止等の仕組みとして、通報の義務や事実確認、措置

といった対応等を規定している（第7～28条）。また、就学する障害者、保育所等に通う障害者および医療機関を利用する障害者に対する虐待への対応について、その防止等のための措置の実施を、学校の長、保育所等の長および医療機関の管理者に義務づけることを規定した（第29～31条）。

(8) 障害者差別解消法

1) 法の沿革

2006年、国連で障害者権利条約が採択されると、わが国では、本条約の批准に向け、2009（平成21）年に内閣府に障がい者制度改革推進本部を設置し、国内法の整備をはじめとする障害者制度の集中的な改革に向けた議論が進められた。そのようななか、2010（同22）年に障がい者制度改革推進会議の下に差別禁止部会が置かれ、障害を理由とする差別の禁止に関する検討が開始された。その議論は、2011（同23）年の障害者基本法の改正により発足した障害者政策委員会へと引き継がれた。そして、2013（平成25）年6月、「障害を理由とする差別の解消の推進に関する法律」（障害者差別解消法）を制定、2016（同28）年4月に施行した。

2) 法の概要
❶法の目的

第1条（目的）において、「障害者基本法の基本的な理念にのっとり、全ての障害者が、障害者でない者と等しく、基本的人権を享有する個人としてその尊厳が重んぜられ、その尊厳にふさわしい生活を保障される権利を有することを踏まえ、障害を理由とする差別の解消の推進に関する基本的な事項、行政機関等及び事業者における障害を理由とする差別を解消するための措置等を定めることにより、障害を理由とする差別の解消を推進し、もって全ての国民が、障害の有無によって分け隔てられることなく、相互に人格と個性を尊重し合いながら共生する社会の実現に資することを目的とする」としている。

「障害者基本法」の基本原則の一つ、第4条「差別の禁止」（障害を理由とする差別等の権利侵害行為の禁止（第1項）、社会的障壁の除去を怠ることによる権利侵害の防止（第2項）、国による啓発・知識の普及を図るための取り組み（第3項））を具現化するための法律である。また、本法における「障害者」の定義は、障害者基本法に定める定義と同じである。
❷障害者の差別を解消するための基本方針と措置

第3条において、障害を理由とする差別の解消の推進に関して必要な施策

の策定と、その実施について、国・地方公共団体の責任を明記している。そして第6条で、政府は差別の解消の推進に関する基本方針を作成しなくてはならない*31としている。

　障害を理由とする差別を解消するための措置として、「障害を理由とする差別的取扱い禁止」について、国および地方公共団体および民間事業者に法的な義務を課している。「合理的配慮の不提供の禁止」については、国および地方公共団体は義務とし、民間事業者は努力義務である（第7・8条）。

❸障害者の差別を解消するための支援措置

　国および地方公共団体は、障害を理由とする差別についての相談および紛争の防止等のために必要な体制の整備を図るとともに（第14条）、差別の解消を妨げている諸要因の解消を図るため、必要な啓発活動を行う（第15条）。また、国は国内外における障害を理由とする差別と、その解消のための取り組みに関する情報の収集、整理、提供を行う（第16条）。その他、地域において円滑な取り組みを行うために、障害者差別解消支援地域協議会を組織し、連携を図ることを規定している（第17条）。

❹障害者差別解消法の課題

　障害を理由とするあらゆる差別を解消するための具体的方向性に関する法律ができたことは意義深いといえる。しかし課題も多く指摘されており、たとえば「障害者差別」についての定義がなくあいまいであることや、合理的配慮の提供について民間事業者は努力義務にとどまっていること、紛争の防止、または解決を図るために必要な体制の整備を図るとしているが、既存の相談・紛争解決制度の活用、充実という方向性が示されているだけで、本法に基づく新たな救済機関が設けられていないこと等があげられる。

3．障害者福祉の関連法制度

　わが国では、社会福祉に関する法律以外にも、年金、公共交通等にかかるさまざまな法律において障害者に関する規定を設け、障害者の福祉向上に寄与している。ここでは、「児童・保健・医療」「教育」「雇用・就労」「所得保障」「生活環境」に分類して、障害者福祉の関連法制度についてみていく。

(1)　児童・保健・医療

1)　児童福祉法（1947（昭和22）年）

　児童福祉法は、子どもの健全な育成と福祉を保障することを原理とした児童福祉の総合的な法律であり、18歳に満たない者と妊産婦を対象としている。

*31
国の基本指針に基づき、国の行政機関の長、独立行政法人等は「国等職員対応要領」の作成義務が、地方公共団体の機関、地方独立行政法人は「地方公共団体等職員対応要領」の作成に努めるとされる。なお、事業者については、主務大臣の定める対応指針を示すことにより、適切な対応をとれるようにしている。

全ての子どもや家庭を対象とした育児や保育などの子育て支援の他に、助産、母子生活支援、障害児支援、虐待、要保護児童の措置等、児童福祉に関する施設・事業や里親などの事項が定められている。

障害児支援に関しては、身体に障害のある児童の療育、小児慢性特定疾病の医療費等について（第19条）、障害児通所支援（第21の条5の2）、障害児入所支援（第24条の2）といったサービスの給付について、そして障害児への支援提供体制の整備や円滑な実施に関する障害児福祉計画の策定（第33条の19〜第33条の25）などが規定されている。

2） 母子保健法（1965（昭和40）年）

母子保健法は「母性並びに乳児及び幼児の健康の保持及び増進を図るため、母子保健に関する原理を明らかにするとともに、母性並びに乳児及び幼児に対する保健指導、健康診査、医療その他の措置を講じ、もつて国民保健の向上に寄与すること」を目的としている。本法に定められる乳幼児健康診査を通じた障害の早期発見と対応を行うことの他、乳幼児の障害の予防のための研究の推進を規定している。

3） 医療観察法（2003（平成15）年）

「心神喪失等の状態で重大な他害行為を行った者の医療及び観察等に関する法律」（医療観察法）は、2003（平成15）年制定、2005（同17）7月に施行している。

❶法の目的

心神喪失等の状態（精神の障害によって善悪の区別がつかないなど、一般的な刑事責任を問うことが全くできない心神喪失、限定的に責任を問うことができる心神耗弱のような状態）であって、重大な他害行為を行った者に対する、適切な処遇を行うための決定手続きを定め、その病状の改善に必要な継続的かつ適切な医療の確保や保護、指導を行い、同様の行為の再発を防止して、社会復帰を促進すること等を目的としている（第1条第1項）。

❷定義（対象者）

刑法に規定される殺人、放火、強盗、傷害、強姦などの重大な他害行為に至った者のうち、心神喪失または心神耗弱の状態であると認められて不起訴処分になった者、無罪判決が確定した者、心神耗弱により減刑された者（実刑判決を受けた者を除く）を対象者として定義している（第2条第2項）。

❸手続き

対象者について、検察官が本法による医療および観察の適応の可否、その

内容を地方裁判所に申立てる。地方裁判所は、裁判官と精神保健審判員（精神科医）各1名により構成される合議体によって審判を行い、処遇の要否と内容を決定する。

❹処遇

　審判の結果、医療観察法の入院による医療の決定を受けた者は、厚生労働大臣が指定する指定入院医療機関に入院することになる。指定医療機関または本人等からの申告により、入院による医療の必要性がないと認められた場合には、裁判所より退院が許可される。

　また、地域社会においては保護観察所がコーディネーターとなり、医療機関の他、精神保健福祉センター、保健所など精神保健福祉関係等の機関との連携を図り、個別の処遇の実施計画を作成する。保健観察所には、精神保健福祉等の専門家である「社会復帰調整官」が配置されており、本人の生活状況等を見守るなど継続的な医療と援助を行う（精神保健観察）。

(2)　教　　育

1）　教育基本法（2006（平成18）年）

　教育の目的を「人格の完成を目指し、平和で民主的な国家及び社会の形成者として必要な資質を備えた心身ともに健康な国民の育成を期して行われなければならない」（第1条）と定め、「国及び地方公共団体は、障害のある者が、その障害の状態に応じ、十分な教育を受けられるよう、教育上必要な支援を講じなければならない」（第4条第2項）とし、教育の機会均等にあたって障害者（児）に対する支援の必要性を明記している。

2）　学校教育法（1947（昭和22）年）

　2006（平成18）年の改正では、障害のある児童生徒一人ひとりの教育的ニーズに応じて適切な教育支援を行う特別支援教育制度を創設し、従来の盲学校、聾学校、養護学校を特別支援学校として再編した（2007（同19）年度施行）。また小・中学校等は、従来の特殊学級を特別支援学級に改め、それまで対象としていなかった学習障害（LD）、注意欠陥多動性障害（ADHD）等を含む障害のある児童生徒等に対する適切な教育を規定した[32]。なお、特別支援学校は、在籍児童の教育を行うことの他、小・中学校に在籍する障害のある児童生徒等の教育について助言・援助に努めるとされた。

＊32
第11章p.201参照。

(3) 雇用・就労

1) 障害者雇用促進法（1960（昭和35）年）

　1960（昭和35）年施行の「身体障害者雇用促進法」は、1987（同62）年の改正で「障害者の雇用の促進等に関する法律」（障害者雇用促進法）へと改称し、その対象に知的障害者を加えた。2006（平成18）年の改正では精神障害者も対象に加えた。本法は、障害者の雇用義務等に基づく雇用の促進等のための措置、雇用分野における均等な機会および待遇の確保、障害者が有する能力を有効に発揮することができるための措置、職業リハビリテーションの措置等を通じて、障害者の職業の安定を図ることを目的としている*33。

*33
本法が規定する具体的な内容については第11章p.192参照。

2) 障害者優先調達推進法（2012（平成24）年）

　「国等による障害者就労施設等からの物品等の調達の推進等に関する法律」（障害者優先調達推進法）は、障害者就労施設等*34の受注の機会を確保するために必要な事項等を定めることにより、障害者就労施設等が供給する物品等に対する需要の増進等を図り、就労する障害者の自立の促進に資することを目的とし、2012（平成24）年制定、翌2013（同25）年4月に施行した。

　国および地方公共団体等が率先して障害者就労施設等から物品等の調達を推進するための措置として、国がその基本方針を定めること、各省庁の長、独立行政法人の長は毎年度、国の基本方針に即して調達方針を作成するとともに実績を公表することとなった。また、地方公共団体および地方独立行政法人においては、障害者就労施設等の受注機会の増大を図るための措置を講ずるよう努め、調達方針の作成と実績の公表を行うこととなった。

*34　障害者就労施設等
対象は、①障害者総合支援法に基づく事業所・施設等（就労移行支援、就労継続支援A型・B型、生活介護、障害者支援施設のうち、就労移行支援、就労継続支援、生活介護を行うもの，地域活動支援センター、小規模作業所）、②企業（障害者雇用促進法の特例子会社、重度障害者多数雇用事業所）、③在宅就業障害者等である。

(4) 所得保障

　障害者の所得を保障*35する制度に障害年金がある。

*35　障害者の所得保障
第11章p.183参照。

　「国民年金法」（1959（昭和34）年）は、第1条において、「国民年金制度は、日本国憲法第25条第2項に規定する理念に基き、老齢、障害又は死亡によつて国民生活の安定がそこなわれることを国民の共同連帯によつて防止し、もつて健全な国民生活の維持及び向上に寄与することを目的とする」としており、すべての国民が加入している。保険料の納付済期間が加入期間の3分の2以上あり、国民年金の加入期間中に受けた障害の程度が障害年金等級表の1、2級に該当している場合は「障害基礎年金」が給付される。さらに厚生年金等の加入者の場合は、上乗せとして「障害厚生年金」を受給できる。

(5)　生活環境

1）　バリアフリー新法（2006（平成18）年）

　「高齢者、障害者等の移動等の円滑化の促進に関する法律」（バリアフリー新法）は、バリアフリーの建物の建築を促進する「高齢者、身体障害者等が円滑に利用できる特定建築物の建築の促進に関する法律」（1994（平成6）年）と、公共交通機関のバリアフリー化を推進する「高齢者、身体障害者等の公共交通機関を利用した移動の円滑化の促進に関する法律」（2000（同12）年）を統合した法律である。

　第1条において「公共交通機関の旅客施設及び車両等、道路、路外駐車場、公園施設並びに建築物の構造及び設備を改善するための措置、一定の地区における旅客施設、建築物等及びこれらの間の経路を構成する道路、駅前広場、通路その他の施設の一体的な設備を推進するための措置、移動等円滑化に関する国民の理解の増進及び協力の確保を図るための措置その他の措置を講ずることにより、高齢者、障害者等の移動上及び施設の利用上の利便性及び安全性の向上の促進を図り、もって公共の福祉の増進に資することを目的とする」としている。

　本法に基づき、関係する省庁（国土交通省、警察庁、総務省）の大臣には移動等の円滑化の促進に関する基本方針の策定を義務づけ、市町村は高齢者、障害者の利用施設が集まる地区（重点整備地区）の基本構想を作成する。公共交通事業者、施設設置管理者[*36]、公安委員は基本構想に基づき移動等円滑化推進に向けた特定事業を行わなければならない。法律の施行により、旅客施設の段差解消、障害者用トイレの設置などのハード面におけるバリアフリー化は進んだものの、基本構想の作成が約2割にとどまることや、旅客支援などのソフト面での課題も指摘された。また、「2020年東京オリンピック・パラリンピック競技大会」を契機とする共生社会実現に向けた機運醸成を受け、「心のバリアフリー」に係る施策などの推進から、2018（平成30）年および2020（令和2）年に一部改正[*37][*38]が行われた。

2）　身体障害者補助犬法（2002（平成14）年）

　第1条において、「身体障害者補助犬を訓練する事業を行う者及び身体障害者補助犬を使用する身体障害者の義務等を定めるとともに、身体障害者が国等が管理する施設、公共交通機関等を利用する場合において身体障害者補助犬を同伴することができるようにするための措置を講ずること等により、身体障害者補助犬の育成及びこれを使用する身体障害者の施設等の利用の円滑

*36
施設設置管理者（旅客施設、車両等、道路、路外駐車場、公園、建築物等）は、新規に設置や建設を行う場合には、移動等円滑化基準への適合義務が課せられている。ただし、既存施設については努力義務とされている。

*37
2018（平成30）年改正の概要は次の通り。①理念規定を設け、国・国民の責務として「共生社会の実現」「社会的障壁の除去」を明確化、「心のバリアフリー」として高齢者・障害者への支援を明記、②公共交通事業者等によるハード・ソフト一体的な取組の推進、③バリアフリーのまちづくりに向けた地域における取組強化（市町村のマスタープラン制度創設）、④更なる利用し易さ確保に向けた様々な施策の充実。

*38
2020（令和2）年改正の概要は次の通り。①公共交通事業者など施設設置管理者におけるソフト対策の取り組み強化（公共交通事業者に対するソフト基準適合義務の創設、他の公共交通事業者からのハード・ソフトの移動等円滑化に関する協議への応諾義務の創設等）、②国民に向けた広報啓発の取組推進（(1)優先席、車椅子使用者用駐車施設等の適正な利用の推進、(2)市町村等による「心のバリアフリー」の推進（学校教育との連携））、③バリアフリー基準適合義務の対象拡大。

化を図り、もって身体障害者の自立及び社会参加の促進に寄与することを目的とする」としている。具体的には、公的・公共施設や公共交通機関、不特定多数の者が利用する一定規模の民間事業所等を身体障害者が利用する場合に身体障害者補助犬の同伴を拒んではならないこと等を規定している[*39]。

4．障害者福祉にかかわる実施機関

　障害者自立支援制度開始以降、障害者福祉にかかわるサービスの提供主体は市町村に一元化されている。地域における障害者の生活支援の担い手としての市町村の役割が位置づけられた。都道府県は、市町村が円滑な運営ができるよう、助言等の支援や市町村間の調整を行うなどの役割を担う。

　ここでは、行政組織として障害者福祉にかかわる実施機関がどのような役割、業務を遂行しているのかを理解していく。

⑴　身体障害者更生相談所

　身体障害者更生相談所は、身体障害者福祉法第11条に基づき、身体障害者の更生援護の利便や市町村の援護の支援のために、都道府県（指定都市を含む）は必置とされ、身体障害者福祉司[*40]の配置が義務づけられている。主な業務は、①市町村相互間の連絡調整、市町村に対する情報提供、②身体障害者に関する専門的な知識および技術を必要とする相談・指導、③身体障害者の医学的、心理学的および職能的判定、④必要に応じ、補装具の処方および適合判定、⑤市町村の求めに応じ、技術事項について協力、その他市町村に対する必要な援助を行う、⑥障害者総合支援法における介護給付等の支給要否決定を行う際に、市町村の求めに応じ意見を述べる等である。

⑵　知的障害者更生相談所

　知的障害者更生相談所は、知的障害者福祉法第12条に基づき、都道府県（指定都市を含む）は必置とされ、知的障害者福祉司[*41]の配置が義務づけられている。主な業務は、①市町村相互間の連絡調整、市町村に対する情報提供、②知的障害者に関する専門的な知識および技術を必要とする相談・指導、③18歳以上の知的障害者の医学的、心理学的および職能的判定、④障害者総合支援法における介護給付等の支給要否決定を行う際に、市町村の求めに応じ意見を述べる、⑤市町村が行う自立支援医療費の支給に関し、技術事項について協力、その他市町村に対する必要な援助を行う等である。

(3)　精神保健福祉センター

　精神保健福祉センターは、精神保健福祉法第6条に基づき、精神保健の向上や精神障害者の福祉の増進を図るため、都道府県（指定都市を含む）に設置される。主な業務は、①精神保健および精神障害者の福祉に関する知識の普及を図り、調査研究を行う、②精神保健や精神障害者の福祉に関する相談・指導のうち、複雑または困難なものを行う、③精神医療審査会の事務を行う、④障害者総合支援法における自立支援医療費にかかる事務のうち、精神障害に関する専門的知識および技術を必要とするものを行う、⑤障害者総合支援法における介護給付等の支給要否決定を行う際に、市町村の求めに応じ意見を述べる、⑥市町村に対し、介護給付費等の支給に関し、技術事項について協力、その他市町村に対する必要な援助を行う等である。

(4)　発達障害者支援センター

　発達障害者支援センターは、発達障害者支援法第14条に基づく、発達障害者（児）への支援を総合的に行う専門的機関である[*42]。都道府県、指定都市に設置され、社会福祉法人など民間への委託等その運営主体は多様である。
　主な業務は、①発達障害の早期発見、早期の発達支援等に資するよう、発達障害者や家族に対し、専門的にその相談に応じて助言を行う、②発達障害者に対し、専門的な発達支援、就労支援を行う、③医療、保健、福祉、教育、労働等に関する業務を行う関係機関や民間機関、これに従事する者に対し発達障害についての情報提供、研修を行う、④発達障害に関して、医療等の業務を行う関係機関、民間団体との連絡調整を行う等である。
　2016（平成28）年の改正で新設された基本理念等をふまえ、同センターの業務を行うにあたっては、「地域の実情を踏まえつつ、発達障害者及びその家族その他の関係者が可能な限りその身近な場所において必要な支援を受けられるよう適切な配慮をするものとする」（第14条第3項）と規定している。

(5)　児童相談所

　児童相談所は、児童福祉法第12条に基づく児童福祉行政の第一線機関であり、都道府県（指定都市を含む）は必置とされ、児童福祉司[*43]の配置が義務づけられている。
　主な業務は、①児童および妊産婦の福祉に関する市町村の業務の実施に関し、市町村相互間の連絡調整、情報提供、②児童に関する相談のうち、専門的な知識・技術を必要とするものに応じること[*44]、③必要な調査ならびに医

*42
同法施行前は、発達障害者や家族に対する専門的な相談支援や就労支援を行う「自閉症・発達障害支援センター運営事業」が2002（平成14）年度から実施されていた。

*43　児童福祉司
第12章p.208参照。

*44
具体的な相談内容として、①障害相談（知的障害、肢体不自由、重症心身障害、視聴・言語障害、自閉症などの障害のある子どもの相談）、②育成相談（育児・しつけ、性格行動、適正、不登校などの子どもの育成上の諸問題に関する相談）、③養護相談（保護者の病気、家出、離婚等による養育困難児、棄児、被虐待児、被放任児など養育環境上問題のある子どもに関する相談）④非行相談（窃盗、傷害、放火等の触法行為のあった児童、浮浪、乱暴などの行為がみられる子どもに関する相談）がある。

学的、心理学的、教育学的、社会学的および精神保健上の判定を行うこと、④調査、判定に基づき必要な指導を行うこと、⑤児童の一時保護を行うこと、⑥障害者総合支援法における介護給付費等の支給要否決定を行うにあたり、市町村が必要とした場合に意見を述べること、障害者やその家族、関係者の意見を聞くことができる等である。

(6)　福祉事務所

　福祉事務所は、社会福祉法第14条に規定される「福祉に関する事務所」をさす。福祉六法（生活保護法、児童福祉法、母子及び父子並びに寡婦福祉法、老人福祉法、身体障害者福祉法、知的障害者福祉法）の定める援護、育成または更生の措置に関する事務を担当する社会福祉行政の第一線機関である。都道府県および市（特別区を含む）は必置、町村は任意設置となっている。福祉事務所長の指導監督を受け、指導監督を行う所員、現業を行う所員（いずれも社会福祉主事）が福祉六法に定める現業事務を担う（第15条関係）。

　社会福祉主事は、当該地方公共団体の公務員が任用されて初めて名乗ることができる任用資格であり、その要件を規定している他（第19条）、福祉事務所を置かない町村においても配置できる（第18条第1・2項）。

(7)　保健所・市町村保健センター

　保健所は、地域保健法第5条に基づき、都道府県、指定都市、中核市その他政令で定める市、特別区に設置される。地域における公衆衛生の向上および増進を目的とした行政機関であり、地域保健に関する思想の普及や向上に関する事業など、広域的・専門的な保健サービスを行う。

　市町村に設置される市町村保健センターでは、保健指導や健康相談、乳幼児健診などの母子保健、老人保健に関する事業など、地域住民に対する身近な保健サービスを展開し、障害児の相談支援なども行っている。

(8)　障害者の就労にかかわる実施機関

　障害者に就労や安定した就業生活を支援する機関として、ハローワーク、地域障害者職業センター、障害者就業・生活支援センターがある（利用料は無料）。

❶ハローワーク
　ハローワークは、職業安定法に基づき国が実施する行政機関であり、全国に本所・出張所等合わせて500か所以上設置されている。職業を求める人に対する職業紹介、雇用保険の手続きや雇用対策を行っている。障害者に対して

は、就職を希望する障害者の求職登録を行い、専門職員や職業相談員がケースワーク方式で障害の状態や適性、希望に応じて、職業相談・職業紹介、職場定着指導を行う。また、障害者を雇用している、雇用しようとしている事業主に対する助言や関連機関の紹介、助成金などの案内を行っている。

❷地域障害者職業センター

地域障害者職業センターは、障害者への専門的な職業リハビリテーションを提供する機関である。障害者雇用促進法に基づき、独立行政法人高齢・障害者・求職者雇用支援機構が運営し、各都道府県に設置されている。障害者職業カウンセラー等が配置され、障害者のニーズに応じて、職業評価、職業指導、職業準備訓練、職場適応援助（ジョブコーチ[*45]による援助）などを行う。また事業主に対する雇用管理に関する専門的な助言や、ハローワーク等の地域の関係機関との連携、人材育成などを行っている。

*45　ジョブコーチ
第12章p.213参照。

❸障害者就業・生活支援センター

障害者就業・生活支援センターは、就職や生活面での不安があり職場定着が困難な障害者に対して、身近な地域で就業面と生活面を一体的に相談・支援する機関である。障害者雇用促進法に基づき都道府県知事が指定する社会福祉法人やNPO法人等が運営する。就業支援担当者と生活支援担当者が配置されており、利用期間の定めはない。また、事業主に対する助言や情報提供を行うなど、雇用、保健福祉、教育等の関係機関との連携の拠点としての役割を担っている。

本章のまとめ　●国際的理念を反映した障害者福祉法制度●

今日の障害者福祉にかかわる法制度は、障害者基本法における理念を反映している。「全ての国民が障害の有無にかかわらず、等しく基本的人権を享有するかけがえのない個人として尊重される」「相互に人格と個性を尊重し合いながら共生する社会を実現する」などの言説は、これまでの時代の流れのなかで、障害者やその家族、そして関係者たちが声を上げ、勝ち取ってきたものであるといえる。また、現在のわが国における「障害」の定義としては、個人のもつ機能的な特徴にのみ起因するものではなく、その人の周囲にある環境がさまざまな生活上の制限を引き起こしているという社会モデルの考え方を採用している点にも注目しなくてはならない。

このような理念が障害者福祉に関係する法律に取り入れられ、少しずつ国民にも障害についての新たな認識が広まりつつある。ソーシャルワーカーには、障害者福祉の理念をさらに具体的に実現するために必要な仕組みや対応

について、障害者本人やその家族の声を聞きながらともに模索していくことが求められる。当事者にとって意味のある社会福祉施策が整えられるよう、今日の法律の課題や限界を明らかにし、その解消に向けて働きかけていかなくてはならない。

【考えてみよう】
① 障害者基本法の基本原則等の条文にある「可能な限り」という文言に対し、障害者団体などからは課題として指摘されている。障害者権利条約の条文と照らし合わせ、この文言が与える印象や、どうあるべきかについて考えてみよう。
② 障害者差別解消法における事業者による差別解消に向けた取り組みは、対応指針を参考に進めるとされるが、各主務大臣が所管する事業分野には何があるか、どのような対応が考えられているのかについて調べてまとめてみよう。
③ あなたの住んでいる地域の障害者計画と障害福祉計画を調べ、その内容をまとめてみよう。

【さらに学びを深めるための参考文献】
1）菊池馨実・中川純・川島聡編『障害法』成文堂　2015年
2）川島聡・飯野由里子・西倉実季・星加良司『合理的配慮－対話を開く、対話が拓く－』有斐閣　2016年

【参考文献】
・DPI日本会議編『最初の一歩だ！　改正障害者基本法－地域から変えていこう－』解放出版社　2012年
・厚生労働省ホームページ　http://www.mhlw.go.jp
・福祉小六法編集委員会編『福祉小六法　2020年版』みらい
・杉本敏夫監修、杉本敏夫・柿木志津江編『障害者福祉論』ミネルヴァ書房　2016年

第 8 章

障害者福祉のサービス体系

● 障害者福祉のサービス体系とソーシャルワーク実践

　障害者ソーシャルワークにおいては、障害者を「生活の主体者」として理解し、自己選択・自己決定に基づく主体的な生活が営まれるよう保障することが重要である。したがって、ソーシャルワーカーとしては、「利用者主体のサービス体系」の構築を念頭に置き、障害者（児）一人ひとりの「生活」に焦点を当てた支援が求められる。しかしながら、これまで必ずしも障害者福祉サービスの体系が整い、「障害者（児）の「個々のニーズにあった生活」が保障されてきたわけではない。

　本章は、障害者の日常生活及び社会生活を総合的に支援するための法律」（障害者総合支援法）で定められた障害者福祉のサービス体系について述べる。障害者（児）が実際の生活のなかで福祉サービスを利用するうえで、また、ソーシャルワーカーが障害者（児）を支援するうえで極めて関連性の深い部分である。まずは、本法の制定・施行・改正に至る経緯をふまえ、これに基づく障害者福祉のサービス体系の特徴（障害者自立支援法に基づく体系との共通点・変更点も含む）等について把握する。そのうえで、どのような課題があるかを探り、今後の「利用者主体のサービス体系」の構築、さらには障害の有無にかかわらず、誰もが基本的人権を保障され、自分らしく生きられる社会、すなわち「インクルーシブな社会」の実現につなげられるよう、ソーシャルワーカーとしてもつべき視点・考え方等を検討していただきたい。

1. 障害者総合支援法制定・施行・改正

(1)　障害者総合支援法制定・施行までの経緯

　わが国の障害者福祉サービスの提供システムは、「社会福祉の増進のための社会福祉事業法等の一部を改正する等の法律」（2000（平成12）年6月公布・施行）の流れを受けて、2003（同15）年4月に措置制度から支援費制度へと大きく転換された。しかし、導入後早々に障害種別（身体障害・知的障害・精神障害）間のサービス利用の格差*1など、さまざまな課題が表面化し、見直しを迫られることとなった。

＊1　障害種別間で異なる利用者負担の見直し
入所施設の利用者負担について、支援費制度においては、身体障害、知的障害、精神障害の障害種別で、その仕組みが異なっていた。障害者自立支援法によって見直され、三障害で共通した負担の仕組みに改められた。

このような課題を克服するため、2004（平成16）年10月に厚生労働省社会・援護局障害保健福祉部によって、「今後の障害保健福祉施策について（改革のグランドデザイン案）」が発表された。その後、2005（同17）年10月に同案の内容をふまえた「障害者自立支援法」が成立し、2006（同18）年4月（一部は10月）から施行された。同法によって、それまで身体障害、知的障害、精神障害と障害種別ごとに定められていた施設・事業体系が三障害共通のサービス体系として再編され、サービス利用の手続き・基準、利用者負担の仕組み等も大きく変わることとなった（図8−1）。

障害者自立支援法は、「三障害一元化」「利用者本位」「支給決定の透明化・明確化」等の理念のもと、障害者の自立を促す目的で始まった。しかし、サービス利用料の応益負担、全国一律・三障害共通の障害程度区分認定の仕組み等は、施行以前（制定当初）から課題となっており、法律そのものの抜本的改正の必要性が叫ばれていた。そこで2010（平成22）年8月、新たに総合的な障害者福祉の法制度の創設をめざし、障がい者制度改革推進会議総合福祉部会によって、「障害者総合福祉法の骨格に関する総合福祉部会の提言−新法の制定を目指して−」（以下、骨格提言）が取りまとめられた。また、同年12月には障害者自立支援法等の一部が改正（同年から2012（同24）年にかけて段階的に施行）され、利用者負担の見直し（原則として応能負担）等が行われた。この骨格提言と障害者基本法の一部を改正する法律（2011（同23）年

図8−1　障害者自立支援法の主な改革の要点

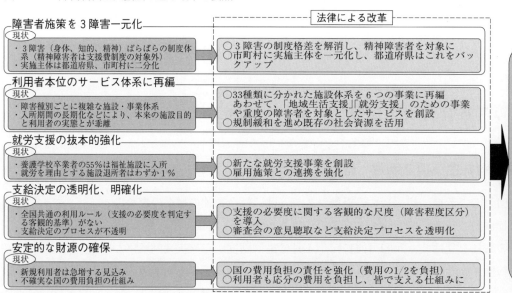

主典：厚生労働省ホームページ：障害者自立支援法による改革−「地域で暮らす」を当たり前に−
　　　http://www.mhlw.go.jp/bunya/shougaihoken/jiritsushienhou02/2.html

公布・施行）の内容をふまえる形で、障害者自立支援法に代わる法律の制定に向けた検討が進められ、2012（同24）年6月には、「地域社会における共生の実現に向けて新たな障害保健福祉施策を講ずるための関係法律の整備に関する法律」が公布された。これにより、2013（同25）年4月から「障害者自立支援法」が「障害者総合支援法」へと名称が改められるとともに、障害者の範囲に難病等が追加された。また、2014（同26）年4月からは、重度訪問介護の対象者の拡大、共同生活介護（ケアホーム）の共同生活援助（グループホーム）への一元化等が実施された。

(2)　障害者総合支援法の改正

　障害者総合支援法の附則では、同法の施行後3年を目途に障害福祉サービスのあり方などについて検討を加え、その結果に基づいて所要の措置を講ずることとされていた。これを受けて、2015（平成27）年4月から社会保障審議会障害者部会で本格的な審議が開始され、同年12月に報告書が取りまとめられた後、2016（同28）年5月に「障害者の日常生活及び社会生活を総合的

図8-2　障害者の日常生活及び社会生活を総合的に支援するための法律及び児童福祉法の一部を改正する法律（概要）

（平成28年5月25日成立・同年6月3日公布）

1.　趣旨
　障害者が自らの望む地域生活を営むことができるよう、「生活」と「就労」に対する支援の一層の充実や高齢障害者による介護保険サービスの円滑な利用を促進するための見直しを行うとともに、障害児支援のニーズの多様化にきめ細かく対応するための支援の拡充を図るほか、サービスの質の確保・向上を図るための環境整備等を行う。

2.　概要
1.　障害者の望む地域生活の支援
（1）施設入所支援や共同生活援助を利用していた者等を対象として、定期的な巡回訪問や随時の対応により、円滑な地域生活に向けた相談・助言等を行うサービスを新設する（自立生活援助）
（2）就業に伴う生活面の課題に対応できるよう、事業所・家族との連絡調整等の支援を行うサービスを新設する（就労定着支援）
（3）重度訪問介護について、医療機関への入院時も一定の支援を可能とする
（4）65歳に至るまで相当の長期間にわたり障害福祉サービスを利用してきた低所得の高齢障害者が引き続き障害福祉サービスに相当する介護保険サービスを利用する場合に、障害者の所得の状況や障害の程度等の事情を勘案し、当該介護保険サービスの利用者負担を障害福祉制度により軽減（償還）できる仕組みを設ける
2.　障害児支援のニーズの多様化へのきめ細かな対応
（1）重度の障害等により外出が著しく困難な障害児に対し、居宅を訪問して発達支援を提供するサービスを新設する
（2）保育所等の障害児に発達支援を提供する保育所等訪問支援について、乳児院・児童養護施設の障害児に対象を拡大する
（3）医療的ケアを要する障害児が適切な支援を受けられるよう、自治体において保健・医療・福祉等の連携促進に努めるものとする
（4）障害児のサービスに係る提供体制の計画的な構築を推進するため、自治体において障害児福祉計画を策定するものとする
3.　サービスの質の確保・向上に向けた環境整備
（1）補装具費について、成長に伴い短期間で取り替える必要のある障害児の場合等に貸与の活用も可能とする
（2）都道府県がサービス事業所の事業内容等の情報を公表する制度を設けるとともに、自治体の事務の効率化を図るため、所要の規定を整備する

3.　施行期日
　平成30年4月1日（2.（3）については公布の日（平成28年6月3日））

出典：厚生労働省ホームページ：障害者の日常生活及び社会生活を総合的に支援するための法律及び児童福祉法の一部を改正する法律について　p.1
　　　http://www.kaigo-wel.city.nagoya.jp/view/wel/docs_jigyosya/2016061500012/files/280615kaiseigaiyou.pdf

に支援するための法律及び児童福祉法の一部を改正する法律」が成立した（公布は同年6月、完全施行は2018（同30）年4月）（図8-2）。

　たとえば、一人暮らしを希望する障害者（特に知的障害者や精神障害者）の地域生活を支援するサービスとして自立生活援助が創設された他、就労移行支援事業等の利用後、一般就労に移行した障害者の就労定着を目的とした支援を行う就労定着支援が創設されるといった「障害者の望む地域生活の支援」等を柱とした改正内容となっている。

2．障害者総合支援法に基づく障害者福祉のサービス体系

(1)　概　　要

＊2
障害者自立支援法では、支援費制度のサービス体系が改められた。施設、居宅の枠組みを越えて、総合的な自立支援システムの構築がめざされたもので、その基本的な仕組みは現在の障害者総合支援法にも引き継がれている。

　障害者総合支援法における障害者福祉のサービス体系＊2は、総合的な自立支援システムの構築を目的に、「自立支援給付」と「地域生活支援事業」を中心的な柱としている（図8-3）。

　自立支援給付は、障害者（児）が、全国どこでも一定水準のサービスが受けられるよう、国が基本的な基準を定めている。国、都道府県、市町村によっ

図8-3　総合的なサービスの体系

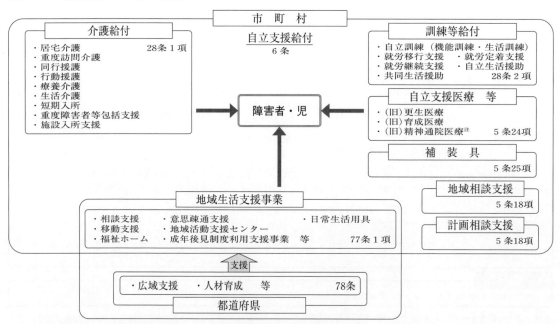

注　：自立支援医療のうち旧精神通院医療の実施主体は都道府県等。
出典：厚生労働統計協会編『国民の福祉と介護の動向　2020／2021』厚生労働統計協会　2020年　p.121を一部改変

て一定割合で負担される義務的経費が伴う個別給付（サービスの利用者に対して個別に行われる支援）であり、大きくは介護給付、訓練等給付、自立支援医療、補装具、相談支援に分けられる。介護給付に該当するサービスは、居宅介護（ホームヘルプ）、生活介護、短期入所（ショートステイ）等がある。訓練等給付は、自立訓練（機能訓練・生活訓練）、共同生活援助（グループホーム）等のサービスがある。自立支援医療は、(旧)更生医療、(旧)育成医療、(旧)精神通院医療といった公費負担医療が統合された制度である。補装具とは、身体上の障害により損なわれた機能を補完・代替し、障害の軽減を図るために継続して使用される用具のことである。相談支援には、基本相談支援、地域相談支援（地域移行支援、地域定着支援）、計画相談支援（サービス利用支援、継続サービス利用支援）がある。

　地域生活支援事業は、裁量的経費として国庫補助金で費用の一部が賄われる仕組みとなっている。ここが自立支援給付と異なる点であり、障害者（児）の地域生活支援や社会参加のためのサービスについて、障害種別を超えて、当該地域の社会資源の状況や地理的条件等の実情に応じて柔軟に実施することができる事業である。これは、市町村が行うもの（市町村地域生活支援事業）と都道府県が行うもの（都道府県地域生活支援事業）に大別される。

(2) 対象（「障害者」の範囲）

　元々、障害者自立支援法における対象（「障害者」の範囲）は身体障害、知的障害、精神障害（発達障害を含む）と規定されていた。障害者総合支援法では、「制度の谷間」を埋めた支援を行う観点から、難病等（治療方法が確立していない疾病その他の特殊の疾病であって政令で定めるものによる障害の程度が厚生労働大臣が定める程度である者）[3]が追加され、現在に至る。これによって、たとえば（同法の対象となる）難病等で症状が著しく変動する等、身体障害者手帳の取得が困難な人が、障害福祉サービス等を受けることが可能になっている。

　なお、18歳未満の障害児も同法の対象に含まれ、一部利用可能なサービスもあるが、入所・通所にかかわる支援は児童福祉法に規定している（本章第3節参照）。

(3) 自立支援給付

1）「障害福祉サービス」の体系

　前述の通り、障害者総合支援法における給付体系は、障害者（児）個々の障害特性・程度や勘案すべき事項（社会活動や介護者の状況等）をふまえて

[3]
2019（令和元）年7月から361疾患が対象となっており、この場合、障害者手帳を所持していなくても必要と認められた支援が受けられる。ただし、対象範囲は徐々に拡大されているものの、すべての疾患が該当しているわけではない（第4章p.70参照）。

表 8 - 1　介護給付による障害福祉サービス

サービス類型	内　容	対象（障害支援区分[注]）
居宅介護	自宅において入浴、排せつ、食事の介護等を行う。	障害者（児）（区分1以上）
重度訪問介護	自宅において入浴、排せつ、食事の介護の他、外出の際の移動中の介護等を総合的に行う。	重度の肢体不自由または重度の知的障害・精神障害があり、常時介護を要する障害者（区分4以上） ＊日常的にこのサービスを利用している最重度の障害者が医療機関に入院した場合、区分6であれば利用可能
同行援護	外出時に同行し、移動に必要な情報の提供（代筆・代読も含む）、移動の援護等の支援を行う。	視覚障害により、移動に著しい困難を有する障害者（児）（なし／身体介護を伴う場合は2以上／障害児の場合はこれに相当する心身の状況）
行動援護	行動する際に生じる危険を回避するために必要な援護、外出時の移動中の支援を行う。	知的障害又は精神障害により、行動上著しい困難を有する障害者（児）（区分3以上）
療養介護	主として日中、病院等で機能訓練、療養上の管理、看護、医学的管理の下での介護や日常生活上の支援を行う。	医療を要し、常時介護を要する障害者（筋ジストロフィーまたは重度の心身の障害のある者で区分5以上、筋萎縮性側索硬化症（ALS）等で気管切開を伴う人工呼吸器による呼吸管理を行っている者で区分6）
生活介護	主として日中、障害者支援施設等で、入浴、排せつ、食事の介護等、創作的活動や生産活動の機会の提供等の支援を行う。	地域や入所施設等において安定した生活を営むため、常時介護を要する障害者（区分3以上／50歳以上は区分2以上）
短期入所	介護者が病気の場合等、短期間、夜間も含めて障害者支援施設等で、入浴、排せつ、食事の介護等の支援を行う。	障害者（児）（区分1以上）
重度障害者等包括支援	居宅介護をはじめとする複数の障害福祉サービスの提供を包括的に行う。	常時介護を要し、その介護の必要の程度が著しく高い障害者（児）（区分6）
施設入所支援	（障害者支援施設に入所する人に）夜間や休日等、入浴、排せつ、食事の介護等の支援を行う。	障害者（区分4以上／50歳以上は区分3以上）

注　：障害支援区分以外にも、一定の条件を必要とするサービスあり。
出典：竹端寛・山下幸子・尾﨑剛志・圓山里子『障害者福祉（第3版）』ミネルヴァ書房　2020年　p.96をもとに筆者作成

個別に支給決定がされる自立支援給付と、地域の実情に応じて柔軟に実施できる地域生活支援事業に分けられる。

「障害福祉サービス」とは、自立支援給付のなかの介護給付（表8-1）と訓練等給付（表8-2）にかかわる諸サービスのことをさす。元々は障害者（児）の保健福祉サービスとして、障害者自立支援法で初めて法律上定義された用語である。実際にサービスを利用した場合の費用について、現在は、利用者の支払い能力に応じた負担（応能負担／最大1割負担）が原則となっている[*4]。

*4
障害者自立支援法施行当初は、原則として、要した費用の9割が支給され、利用者の自己負担は1割（定率負担／応益負担）という形であった。その後、2010（平成22）年の同法の一部改正により（2012（同24）年4月施行）、障害者総合支援法においてもこの仕組みが適用されている。

2）　施設・事業体系
●障害者施設・事業体系の概要

障害者自立支援法により、それまでの身体障害者・知的障害者更生施設等

表8－2　訓練等給付による障害福祉サービス

サービス類型	内　　容	対　　象
自立訓練 （機能訓練）	障害者支援施設や自宅等において、一定期間、身体的リハビリテーション、生活に関する相談・助言等、必要な支援を行う。	地域生活を営むうえで、身体機能等の維持・向上等のため、一定の支援が必要な身体障害者（病院等を退院／特別支援学校を卒業した者）
自立訓練 （生活訓練）	障害者支援施設や自宅等において、一定期間、自立した日常生活に必要な訓練、生活等に関する相談・助言等、必要な支援を行う。	地域生活を営むうえで、生活能力の維持・向上等のため、一定の支援が必要な知的障害者・精神障害者（病院等を退院／特別支援学校を卒業した者）
就労移行支援	一般就労への移行に向けて、事業所内や企業での職場実習等を通じて、適性にあった職場探し、就労後の職場定着などを目的とした支援を一定期間（原則24か月以内）行う。	一般就労を希望し、一般の事業所に雇用されることが可能と見込まれる障害者（65歳未満）
就労継続支援 （A型）	雇用契約に基づく就労機会の提供とともに、一般就労に必要な知識・能力が高まった人にはその移行に向けた支援を行う。	就労移行支援事業を利用したが、一般企業などの雇用に結びつかなかった障害者等（利用開始時65歳未満／利用期間の制限なし）
就労継続支援 （B型）	雇用契約は結ばない形で就労や生産活動の機会を提供する（個々のペースで働ける場・居場所を提供する）。また、就労意欲などが高まった人には一般就労に向けた支援を行う。	一般企業や就労継続支援事業（A型）での就労経験があり、年齢や体力面で雇用が困難になった障害者、就労移行支援事業を利用したが、一般企業や就労継続支援事業（A型）の雇用に結びつかなかった障害者等（利用期間の制限なし）
就労定着支援	就労に伴う生活面での課題に対応するため、事業所や家族との連絡調整等の支援を一定期間行う。	就労移行支援等の利用を経て一般就労へ移行し、就労に伴う環境変化によって生活面の課題が生じている障害者
自立生活援助	本人の意思を尊重した地域生活を支援するため、一定期間にわたり、定期的な巡回訪問や随時の対応を行う。	障害者支援施設やグループホーム等を利用しており、一人暮らしを希望する知的障害者・精神障害者等
共同生活援助 （グループホーム）注	夜間や休日等、共同生活を営むべき住居において、相談その他の日常生活上の支援（援助）を行う。	地域で共同生活を営むのに支障のない障害者

注：2014（平成26）年4月から共同生活介護（ケアホーム）が共同生活援助（グループホーム）に一元化され、入浴、排せつ、食事の介護その他の日常生活上の支援（援助）が行われている。一元化に伴い、介護サービスの提供について、グループホーム事業者自らが行う「介護サービス包括型」と、外部の指定居宅介護事業所に委託する「外部サービス利用型」に分かれている。
出典：竹端寛・山下幸子・尾﨑剛志・圓山里子『障害者福祉（第3版）』ミネルヴァ書房　2020年　p.96をもとに筆者作成

といった施設類型（「施設サービス」）や身体障害者・知的障害者デイサービス事業等の「居宅サービス」の概念はなくなり、「機能」に着目した新たな施設・事業体系に再編された（図8－4）。再編後の障害者施設・事業体系は、その内容から、大きく「日中活動」と「居住支援」の2つに分類されている。障害者総合支援法においても、このような基本的な仕組みが引き継がれている（図8－5）。

❷日中活動と居住支援

　障害者総合支援法では、障害者の能力や適性に応じた個別の支援が行えるよう、必要に応じて複数の事業を組み合わせて同時に利用できる仕組みとなっている。これは、前述の通り、従来の措置制度や支援費制度において障

図8−4　障害者自立支援法における福祉サービスにかかる自立支援給付の体系（障害者自立支援法施行当初）

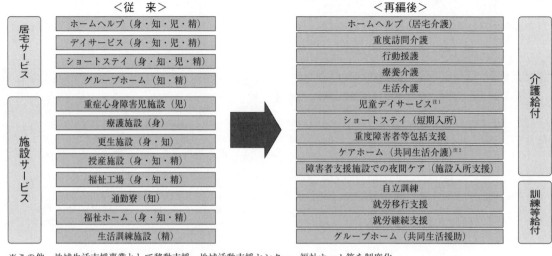

※この他、地域生活支援事業として移動支援、地域活動支援センター、福祉ホーム等を制度化

注1：児童デイサービスは、児童福祉法における通所サービスに移行した（2012（平成24）年4月施行）。
注2：ケアホーム（共同生活介護）は、グループホーム（共同生活援助）に一元化された（2014（平成26）年4月施行）。
出典：厚生労働省ホームページ資料を一部改変
　　　http://www.mhlw.go.jp/shingi/2008/05/dl/s0501-3f_0002.pdf

図8−5　施設・事業体系の見直し（障害者総合支援法施行当初）

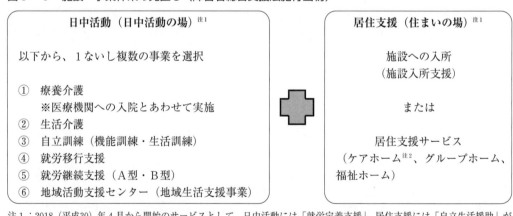

注1：2018（平成30）年4月から開始のサービスとして、日中活動には「就労定着支援」、居住支援には「自立生活援助」がある。
注2：ケアホーム（共同生活介護）は、グループホーム（共同生活援助）に一元化された（2014（平成26）年4月施行）。
出典：全国社会福祉協議会パンフレット『障害福祉サービスの利用について（2018年4月版）』をもとに筆者作成

害種別ごとに分けられていた障害者施設・事業体系が、障害者自立支援法の制定・施行によって日中活動（日中活動の場）と居住支援（住まいの場）に再編されたものである。

　たとえば、介護サービスを受けたい身体障害者のAさんが、昼間は日中活動（日中活動の場）の生活介護を利用し、夜間は居住支援（住まいの場）の

施設入所支援を利用して必要な介護サービスを受けているとする。この場合は、同一施設の日中活動（日中活動の場）と居住支援（住まいの場）のそれぞれの機能を利用し、昼夜を通じて介護サービスを受けていることとなる。また、家族の元を離れ、自立して働きながら生活をしたいと希望する知的障害者のBさんは、昼間は日中活動（日中活動の場）の就労移行支援と自立訓練（生活訓練）を利用し、夜間は居住支援（住まいの場）の共同生活援助（以下、グループホーム）を利用しているとする。この場合は、別の施設（同一の社会福祉法人の施設という場合もあり）を利用しながら、自立に向けて生活している形になる。

　このように、さまざまな障害者の多様なニーズに対応するため、施設が縦割りから施設種別を超えた横断的サービス体系とされた。一つの施設でも、利用者が必要に応じて複数のサービスを利用できる多機能型のサービス体制の整備確立をめざしたものである。

　なお、「居住支援」は、「施設への入所」と「居住支援サービス」に大別されている。

❸居住支援サービスの整備・充実

　障害者自立支援法において、障害者の地域生活への移行を推進する観点から、障害者の住居のあり方を検討し、充実させることがより重要になっている。

　障害者の高齢化・重度化がより一層進むなか、グループホームは親が亡くなった後の役割をこれまで以上に求められると同時に、介護が必要な障害者の新規利用や、利用後に介護が必要となるケースの増加が見込まれる。障害者総合支援法施行当初は、介護が必要な場合はケアホームを利用する方法があったが、介護の必要な人と必要のない人が一緒に利用する場合、グループホーム、ケアホームの2つの類型の事業所指定が必要となっていた（グループホーム、ケアホーム一体型の事業所が半数以上を占めていた）。

　このような状況をふまえ、地域における住まいの選択肢のさらなる拡大・事務手続きの簡素化等の観点から、ケアホームがグループホームに一元化された（2014（平成26）年4月施行）。その後、要介護者に対しては、グループホームにおいて日常生活上の相談に加え、入浴、排せつ、食事の介護その他の日常生活上の支援（援助）が提供される形となっている。

　なお、この一元化にあたり、外部サービス規制の見直し（グループホームの新たな支援形態の一つとして、外部の居宅介護事業者との連携等により利用者の状態に応じた柔軟なサービス提供を行うこと）、サテライト型住居の創設（本体住居との連携を前提とし「サテライト型住居」の仕組み）等が実施

図8－6　地域生活への移行に向けた支援の流れのイメージ

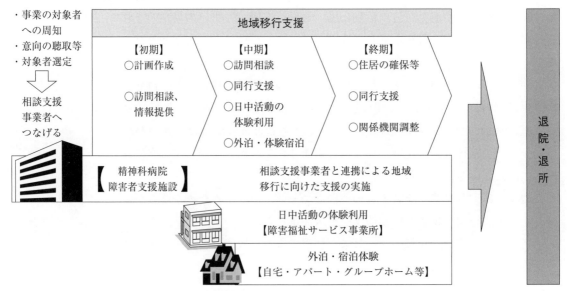

出典：厚生労働省ホームページ：障害者総合支援法が公布されました（法律の事項別概要）　p.7
　　　http://www.mhlw.go.jp/seisakunitsuite/bunya/hukushi_kaigo/shougaishahukushi/sougoushien/dl/sougoushien-06.pdf

された（表8－2「注」参照のこと）。

❹地域への移行促進に向けた取り組み

　障害者総合支援法では、地域生活への移行に向けた支援を必要とする障害者について、広く「地域移行支援」（自立支援給付「地域相談支援」の一つ）の対象とする方向で検討が進められてきた（図8－6）。

＊5　障害者支援施設
日中活動事業と居住支援事業の施設入所支援が組み合わされた施設を「障害者支援施設」という。

　その観点から、障害者支援施設＊5等に入所している障害者、精神科病院に入院している精神障害者だけでなく、現在は、救護施設または更生施設に入所している障害者、更生保護施設に収容されている障害者等も対象となり、住居の確保その他の地域における生活に移行するための活動に関する相談等の支援が実施されている。

3）　自立支援医療

　「自立支援医療」とは、元々は障害者自立支援法において創設された公費負担医療制度のことである。公費負担医療制度とは、国が国民に対して生存権を保障するために特定の傷病に対する医療費を公費（税金）で負担するもので、医療保険制度を補完するものとされる。

　同法施行以前の障害者における公費負担医療制度は、医療保険にかかわる自己負担分を軽減する仕組みであった。(旧)更生医療、(旧)育成医療、(旧)精神通院医療が、それぞれ身体障害者福祉法、児童福祉法、精神保健及び精

【参考】共生型サービス

　共生型サービスとは、「地域包括ケアシステムの強化のための介護保険法等の一部を改正する法律」（2017（平成29）年）において、訪問介護、通所介護等について、高齢者や障害者がともに利用できることをめざし、成立した制度である。

　介護保険または障害福祉サービスの指定を受けている事業所に関して、設備基準や人員基準の緩和が適用される。具体的には、障害福祉サービスの指定を受けている事業所（指定障害福祉事業者）が介護保険の「共生型サービス」の指定を希望する場合、障害福祉サービスの設備基準及び人員基準を満たしていれば、介護保険の事業者指定を受けることが可能である。

　従来の制度では、障害者が65歳になると、障害福祉サービスから介護保険サービスに切り替える必要があり、それまで慣れ親しんでいたホームヘルパーや事業所等を変更せざるを得ない状況が見られた。「共生型サービス」が導入されたことで、介護保険サービスに切り替えることなく、65歳になっても、それまで通りの使い慣れた障害福祉サービス事業所を継続利用することが可能となった。

●共生型サービスの対象サービス

	介護保険サービス		障害福祉サービス等
ホームヘルプサービス	訪問介護	⇔	居宅介護 重度訪問介護
デイサービス	通所介護 （地域密着型を含む）	⇔	生活介護（主として重症心身障害者を通わせる事業所を除く） 自立訓練（機能訓練・生活訓練） 児童発達支援（主として重症心身障害者を通わせる事業所を除く） 放課後等デイサービス（同上）
	療養通所介護	⇔	生活介護（主として重症心身障害者を通わせる事業所に限る） 児童発達支援（主として重症心身障害者を通わせる事業所に限る） 放課後等デイサービス（同上）
ショートステイ	短期入所生活介護 （予防を含む）	⇔	短期入所
「通い・訪問・泊まり」といったサービスの組み合わせを一体的に提供するサービス※	（看護）小規模多機能型居宅介護（予防を含む）		生活介護（主として重症心身障害者を通わせる事業所を除く） 自立訓練（機能訓練・生活訓練） 児童発達支援（主として重症心身障害児を通わせる事業所を除く） 放課後等デイサービス（同上）（通い）
	・通い	→	
	・泊まり	→	短期入所（泊まり）
	・訪問	→	居宅介護 重度訪問介護（訪問）

※　障害福祉サービスには介護保険の小規模多機能型居宅介護と同様のサービスはないが、障害福祉制度の現行の基準該当の仕組みにおいて、障害児者が（看護）小規模多機能型居宅介護に通ってサービスを受けた場合等に、障害福祉の給付対象となっている。

出典：厚生労働省社会保障審議会（介護給付費分科会）「共生型サービス」
　　　https://www.mhlw.go.jp/file/05-Shingikai-12601000-Seisakutoukatsukan-Sanjikanshitsu_
　　　Shakaihoshoutantou/0000170288.pdf

　ただし、指定障害福祉事業者が、介護保険サービスの基準を満たしていない場合の対応や、地域の実情に合わせた（特に中山間地域等）共生型福祉サービスの創設、相談支援専門員とケアマネジャーの連携に向けた取り組みなど、まだまだ検討すべき課題はある。

神障害者福祉に関する法律によって定められ、異なった仕組みによる給付システムとなっていた。しかし、制度運営を効率化し、費用を皆で支え合う仕組みに改めるために見直され、自立支援医療費制度として統合された。これは、制度間の格差をなくし、一元化がめざされたものである。この再編により、支給決定の手続き、利用者負担の仕組みが共通化されるとともに、「指定医療機関制度」が導入された。障害者総合支援法においてもこの仕組みが引き継がれ、「障害者等につき、その心身の障害の状態の軽減を図り、自立した日常生活又は社会生活を営むために必要な医療であって政令で定めるもの」と定義されている。

　自立支援医療費を受けようとする者は、必要事項を記載した申請書等を実施主体（市町村等）*6に提出して、支給認定の申請を行う。実施主体（市町村等）によって、心身の状況等からみて自立支援医療費を受ける必要がある障害者等について、当該障害者等の世帯の所得の状況、治療状況等を勘案して支給認定が行われる。支給認定された場合、障害者等の希望を参考にして、支給認定の有効期間とともに都道府県知事が指定する「指定自立支援医療機関」のなかから当該障害者等にとって相当と認められる機関が決定され、障害者等の自立支援医療の受給へとつながる。

＊6　自立支援医療の実施主体
更生医療と育成医療は市町村、精神通院医療は都道府県によって支給認定が行われる。ただし、精神通院医療は、市町村が窓口として申請を受理し、都道府県に連絡する仕組みとなっている。

【参考】
　保健・医療の福祉施策としては、「自立支援医療費制度」の他、「健康診査制度」と「医療給付制度」がある。
　「健康診査制度」は、早期に障害・疾患をみつけることにより、これらの予防・治療を行うことを目的としている。主に市町村等の「①地域保健」「②学校保健」「③職域保健」に分けて実施されている。それぞれ代表的なものとして、①母子保健、予防施策、②「学校保健法」に基づいて児童や教職員等に対して実施される健康診断、③「労働安全衛生法」に基づいて事業主によって実施される健康診断等があげられる。本施策は、障害者(児)にとっても、健康の維持等に大きくかかわる重要なものである。
　「医療給付制度」については、社会保険各法や公衆衛生各法等において種々の給付が定められている。各種の公費負担医療制度があり、該当する医療保険による給付の補完や、それに優先した給付が行われる。
　前述の通り、従来は社会福祉各法（身体障害者福祉法、児童福祉法、精神保健及び精神障害者福祉に関する法律）においても、(旧)更生医療、(旧)育成医療、(旧)精神通院医療が公費負担医療制度として定められていた。これらの制度は、障害者自立支援法の制定・施行によって、「自立支援医療費制度」として統合された。制度的にも、また医療内容の面からも見直しが行われたといえる。今後も、障害者（児）にとって重要なものであることから、障害者総合支援法においても規定されている。

　なお、利用者負担については、利用者の家計の負担能力や障害の状態等をしん酌して政令で定める額を控除した額の支給とされる仕組みで、利用者の負担額は、最大でも医療費の額の1割となっている[*7]。ただし、一定額の所得がある世帯に属する者は、自立支援医療費の支給対象にならない。

4）　補装具

　補装具は、障害者総合支援法において「障害者等の身体機能を補完し、又は代替し、かつ、長期間にわたり継続して使用されるものその他の厚生労働省令で定める基準に該当するものとして、義肢、装具、車いすその他の厚生労働大臣が定めるもの」と定義されている。

　具体的な種目は厚生労働大臣が定めることとなっている。「義肢」「装具」「車椅子」の他、「義眼」「電気車椅子」「歩行器」「重度障害者用意思伝達装置」等がある。これらの補装具を利用する場合、事業者（補装具製作事業者）を自由に選択・決定し、購入することができ、デザインや機能等、利用者のさまざまなニーズに対応した給付が可能となっている。2018（平成30）年4月から、障害児の成長に伴って短期間での交換が必要な場合や障害の進行により短期間の利用が想定される場合等を対象とした貸与方式が追加された。

　なお、利用者負担について、同一の月に購入・修理した補装具について、厚生労働大臣が定める基準によって算定した費用の額を合計した額から、利用者の家計の負担能力や障害の状態等をしん酌して政令で定める額を控除した額を市町村が支給する仕組みである。利用者の負担額は、最大でも補装具費の1割となっている[*8]。

5）　相談支援

　ここまで述べてきたように、障害者総合支援法に規定されたサービスは多岐にわたっている。それらを組み合わせて自分自身の支援プランを作成することが可能であるが、実際にサービスを利用する障害者やその家族にとっては、具体的にどのような内容のサービスがあるのか、自分たちの現状ではどのサービスがどの程度受けられるのか等、不明な点も多いといえる。

　そこで、障害者（児）やその家族のさまざまな不安や疑問に対応するために相談支援がある。本法における「相談支援」とは、「①基本相談支援」「②地域相談支援」「③計画相談支援」のことをさす。「①」と「②」のいずれも実施することを「一般相談支援事業」（指定一般相談支援事業者が行う）、「①」と「③」のいずれも実施することを「特定相談支援事業」（指定特定相談支援事業者が行う）という。それぞれの内容については表8－3の通りである。

＊7　障害者自立支援法施行当初は、原則として応益負担（定率負担／低所得者（世帯）に配慮した負担上限額あり）となっていた。2010（平成22）年の同法の一部改正により、障害者総合支援法においても適用されている。

＊8　補装具の利用者負担
障害者自立支援法施行当初は、原則として応益負担（定率負担）となっていた。2010（平成22）年の同法の一部改正によって現在の仕組みとなり、障害者総合支援法においても適用されている。また、当初は障害福祉サービスと補装具の利用者負担の上限が別々に設定されていたが、現在では利用者負担軽減のため、補装具費と高額障害福祉サービス費に関しては合算する仕組みである（2012（平成24）年4月から）。

表8-3　相談支援の種類・内容

サービス類型		内　容	対　象
①基本相談支援		地域の障害者等のさまざまな福祉問題について、障害者（児）、保護者、介護者からの相談に対応し、必要な情報の提供・助言を行う。また、市町村や指定障害福祉サービス事業者等との連絡調整等も行う。 ＊事業者は必ず実施。	障害者（児）
②地域相談支援		障害者支援施設や精神科病院等を退所（退院）後、障害者（児）が、地域で生活を送るための支援を行う。	－
	地域移行支援	障害者支援施設、精神科病院、児童福祉施設を利用する18歳以上の者等に対し、住居の確保、その他、地域生活移行の活動に関する相談、外出の同行等を行う（利用料は無料）。	障害者（児）
	地域定着支援	居宅で単身生活をしている障害者等を対象に、常時の連絡体制を確保し、緊急時には必要な支援を行う（利用料は無料）。	障害者
③計画相談支援		障害福祉サービス等の利用、そのためのサービス等利用計画案およびサービス等利用計画の作成等にかかわる支援を行う。	－
	サービス利用支援	障害福祉サービスや地域相談支援の申請・支給決定前に、心身の状況や環境、障害者等の意向を勘案し、サービス等利用計画案を作成する。支給決定後、指定障害福祉サービス事業者等との連絡調整等を実施するとともに、サービス等利用計画の作成を行う（利用料は無料）。	障害者（児）
	継続サービス利用支援	支給決定等を受けた障害者等が、有効期間内に継続して障害福祉サービス等を適切に利用できるよう、利用状況の検証（モニタリング）を行う。必要に応じて計画の見直し、関係機関との連絡調整を実施し、新たな支給決定等が必要な場合は、申請を勧める（利用料は無料）。	障害者（児）

出典：筆者作成

(4)　地域生活支援事業

　　地域生活支援事業は、市町村（指定都市、中核市、特別区を含む）および都道府県が、地域の実情に応じて柔軟に実施されることが好ましい事業として位置づけられている。そのため、各市町村・都道府県は、障害福祉計画において、当該地域の事業を実施するための必要事項を定めなければならない。元々は、障害者の地域生活を支援するための事業として、障害者自立支援法において法定化したもので、障害者総合支援法でも引き続き規定している。

　　市町村地域生活支援事業には、必須事業として位置づけられている「相談支援事業＊9」「意思疎通支援事業」「日常生活用具給付等事業」「移動支援事業」「地域活動支援センター機能強化事業」等と、任意事業として位置づけられている「福祉ホームの運営」「日中一時支援」「レクリエーション活動等支

＊9
市町村は、相談支援体制の強化を図るため、地域における相談支援の中核的な役割を担う機関として、障害者総合支援法に規定される相談支援事業等の業務を総合的に行うための基幹相談支援センターを設置することができる。

援」「芸術文化活動振興」等がある。

　都道府県地域生活支援事業には、特に専門性の高い相談支援事業や一つの市町村の範囲を超えて行われる広域的な支援事業を必須事業として位置づけている。また、手話通訳者や要約筆記者等、専門性の高い意思疎通支援者の養成研修・派遣等の事業もある。このように都道府県は、より高い専門性が求められる事業や人材育成にかかわる事業を行う等、市町村をサポート（後方支援）する位置づけとなっている。障害者や家族の身近なところでサービス提供を行う市町村と役割を分担し、地域の実情にあわせ、障害者個々の生活において適切な支援ができるような仕組みづくりをめざしている。

3．児童福祉法に基づく障害児を対象としたサービス

(1)　障害児を対象とした施設・事業体系

　従来、障害児を対象とした福祉サービスは、児童デイサービスなどの事業に関するものは児童福祉法、知的障害児通園施設など施設に関するものは障害者自立支援法（現：障害者総合支援法）に基づいて実施されてきた。しかし、障害の重度・重複化への対応、地域支援の充実、障害特性に応じた専門的な支援の提供等、障害児支援の強化を図るため、2012（平成24）年から児童福祉法に根拠規定が一本化され、新たな施設・事業体系へと再編された（図 8 − 7 ）。

　この再編により、それまで障害種別で分かれていた障害児施設・事業について、通所・入所の利用形態の違いによって一元化された。児童デイサービス、知的障害児通園施設、難聴幼児通園施設などの通所サービスは「障害児通所支援」に、知的障害児施設、自閉症児施設、肢体不自由児施設などの入所サービスは「障害児入所支援」として実施されるようになった。児童福祉法に基づく児童福祉施設としての名称は、児童発達支援センター（通所）、障害児入所施設（入所）となり、その内部類型として福祉型と医療型に分類された。

　なお、「障害児通所支援」には、児童発達支援、医療型児童発達支援のほか、放課後等デイサービス、保育所等訪問支援があり、2018（平成30）年 4 月からは居宅訪問型児童発達支援も実施されている（表 8 − 4 ）。

(2)　サービスの利用形態

　従来、障害児施設・事業は措置制度に基づいて利用されてきたが、障害者

図8-7　障害児施設・事業の一元化

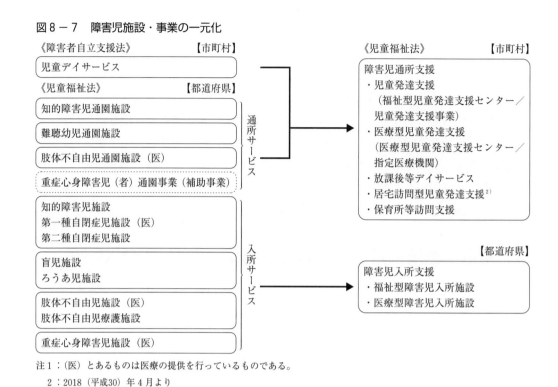

注1：（医）とあるものは医療の提供を行っているものである。
　2：2018（平成30）年4月より
出典：厚生労働統計協会編『国民の福祉と介護の動向2020／2021』厚生労働統計協会　2020年　p.141を一部改変

表8-4　障害児通所支援・障害児入所支援の体系

	支援	支援の内容
障害児通所支援	児童発達支援	日常生活における基本的な動作の指導、知識技能の付与、集団生活への適応訓練、その他の必要な支援を行うもの
	医療型児童発達支援	日常生活における基本的な動作の指導、知識技能の付与、集団生活への適応訓練、その他の必要な支援及び治療を行うもの
	放課後等デイサービス	授業の終了後又は学校の休業日に、生活能力向上のために必要な訓練、社会との交流の促進その他の必要な支援を行うもの
	居宅訪問型児童発達支援	重度の障害等により外出が著しく困難な障害のある児童の居宅を訪問して発達支援を行うもの
	保育所等訪問支援	保育所、乳児院・児童養護施設等を訪問し、障害のある児童に対して、集団生活への適応のための専門的な支援その他の必要な支援を行うもの
障害児入所支援	福祉型障害児入所施設	施設に入所する障害のある児童に対して、保護、日常生活の指導及び独立自活に必要な知識技能の付与を行うもの
	医療型障害児入所施設	施設に入所する障害のある児童に対して、保護、日常生活の指導、独立自活に必要な知識技能の付与及び治療を行うもの

出典：内閣府編『令和2年版　障害者白書』2020年　p.52

自立支援法の施行以降、原則として利用契約制度（利用者（契約上は保護者）と事業者との直接契約）へと移行している。保護者の行方不明や児童虐待など、利用契約制度に適さない場合は措置制度が適用される[*10]。

　主たる相談・申請窓口や利用決定などについて、障害児通所支援は市町村（福祉事務所など）、障害児入所支援は児童相談所がそれぞれ対応することになっている。利用者負担について、保護者の所得等に応じて負担上限月額が設定されている。事業者は、利用実績に応じて市町村または都道府県に障害児通所給付費（障害児通所支援）、障害児入所給付費（障害児入所支援）の支給申請を行い、給付費を受給する仕組みである。

　なお、2019（令和元）年10月から、幼児教育・保育の無償化の一環として、障害児通所支援（放課後等デイサービスを除く）、障害児入所支援について、利用料の無償化が実施されている[*11]。

*10
実際には、措置による利用はほとんど見られない。ただし、現在でも障害児入所施設の中には、措置制度による利用が大半を占めるところもある。

*11
　対象期間は、満3歳になって初めての4月1日から3年間で、食費等の実費負担は必要である。

4．障害者福祉サービスにおける給付の仕組み

(1)　支給決定・サービス利用のプロセス

　障害者総合支援法においては、「全国的に統一された支給決定・サービス利用のプロセス」に基づき、障害者福祉サービスの支給が決定されることとなった。障害者総合支援法においても基本的な枠組みは引き継がれている。「障害福祉サービス（介護給付・訓練等給付）」における利用申請から支給決定・サービス利用に至る流れは次の通りである。

●市町村は、障害者福祉サービスの必要性を総合的に判定するため、支給決定の各段階において、障害者の心身の状況（障害支援区分）、社会活動や介護者、居住等の状況、サービスの利用意向、生活・訓練・就労に関する計画（サービス等利用計画案）を勘案して支給決定を行うこととされている。

①利用相談・申請
サービスの利用を希望する障害者またはその家族は、居住地の市町村に、利用についての相談を行う。実際にサービスが必要な場合は申請を行う。

②障害支援区分の認定調査
市町村は、支給するかどうかを決定（支給要否決定）するため、障害支援区分の認定を行う。
市町村の職員は、本人や家族と面接し、個々の心身の状況、生活状況、サービスの利用意向等について、調査を行う。
＊この調査は、市町村から指定一般相談支援事業者等への委託も可能。

【介護給付を希望する場合】

③障害支援区分の一次判定
調査結果等を全国共通の判定用ソフトウェアを導入したコンピュータに入力し、処理を行う（注）。

④障害支援区分の二次判定
市町村は一次判定の結果と認定調査で得た結果（概況調査、特記事項）、さらには医師の意見書をそろえて、市町村審査会に審査判定を依頼する。

⑤障害支援区分の認定・通知
市町村は、障害支援区分の認定を行い、結果を利用者に通知する。

【訓練等給付を希望する場合】

＊障害支援区分認定は行われない。
ただし、共同生活援助で介護が必要な場合を除く。

⑥（③）勘案事項調査・サービス利用意向の聴取
市町村は、勘案事項調査（社会活動、介護者、居住等の状況を調査）を実施するとともに、サービスの利用意向の聴取を行う。ここで、利用者のニーズが把握される。

⑦（④）サービス等利用計画案の作成
＊「サービス等利用計画」
障害者（児）が、地域で生活をしていく際に必要な、さまざまなサービスを適切に活用するための計画。サービスの内容・量、支援の方針や課題等が盛り込まれる。
⇒指定特定相談支援事業者（市町村から委託）の相談支援専門員が本人や家族との面接を行い、作成する。
＊2012（平成24）年4月から、すべての障害福祉サービス利用者は、作成が必要となっている。

⑤暫定支給決定
　（対象となるサービス：自立訓練、就労移行支援、就労継続支援
　　A型）
市町村は、利用者にとって受けているサービスが適切かどうかを判断するため、暫定支給決定をする。その後、一定期間、本人の利用意思や訓練・就労の効果等を確認する。
サービス提供事業者は、利用者のアセスメント内容、個別支援計画、訓練・就労に関する評価結果等を市町村へ提出する。
⇒市町村は、それらの結果等をふまえ、本人の利用意思を確認のうえ、本支給決定（サービス利用の継続）かどうかを判断する。

⑧（⑥）支給決定
市町村は、サービス支給決定案が定型的な場合は支給の決定を行う。
＊支給決定を行ううえで必要な場合は、市町村審査会に意見照会できる。

⑨（⑦）事業者との契約・サービス利用
支給が決定した利用者は、サービスを利用する事業者を選び、契約を行う。
その後、必要なサービスを受けることができる。
＊支給決定と同時に、支給量等も決定する。
＊市町村は、支給量、支給決定の有効期間、障害支援区分等を記載した「障害福祉サービス受給者証」を障害者に交付する。

（注）同行援護の場合、別に同行援護アセスメント調査票によるアセスメントが行われる。ただし、身体介護を伴わない場合は、心身の状況に関するアセスメント、障害支援区分の一次判定、二次判定、認定については行われない。

　なお、このプロセスは障害者自立支援法において確立され、2010（平成22）年に障害者自立支援法が一部改正された際、見直された経緯がある（2012（同24）年4月施行）。同法の施行から改正までは、市町村が支給決定後、サービス等利用計画案の作成依頼がなされる仕組みになっていたが、市町村は支給要否の決定を行ううえで必要と認められる場合、サービス等利用計画案の提出を障害者本人（障害児は保護者）に求め、それを勘案したうえで支給要否の決定が行われることとなった（図8－7）。このサービス等利用計画案は指定特定相談支援事業者に作成を依頼することができるが、障害者本人および保護者が作成することも可能となっており、これはセルフプランとよばれる。

図8－7　支給決定プロセス

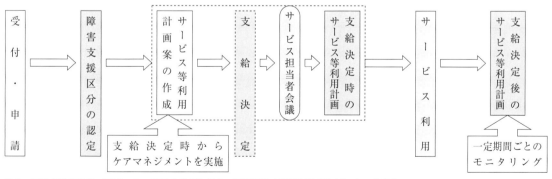

出典：厚生労働省資料（平成24年2月厚生労働省社会・援護局障害保健福祉部資料）を一部改変

(2) 障害支援区分

　障害者総合支援法では、「障害支援区分」について「障害者等の障害の多様な特性その他の心身の状態に応じて必要とされる標準的な支援の度合を総合的に示すものとして厚生労働省令で定める区分」と定義している。

　障害者自立支援法施行以前は、障害者が福祉サービスを利用する場合、どのサービスをどの程度利用するか等といったことは、多くは各種障害者手帳の等級を参考に、各市町村の裁量によって決められていた。同法の制定・施行により、「障害程度区分」が認定され、その結果等によって受給できるサービスの種類・量等が決定される仕組みとなった。この区分は、障害の程度（重さ）ではなく、標準的な支援の必要の度合を示すものであり、その点をより明確にするため、2014（平成26）年4月から現在の「障害支援区分」へと名称を改めている。ただし、この区分だけで障害者のサービス支給の可否・量等が決定されるわけではない。社会活動、介護者、居住等の状況、本人のサービス利用意向等に関する評価も勘案し、市町村によって支給決定が行われる仕組みとなっている。

(3) 障害支援区分の認定

　障害支援区分の認定調査項目は、「移動や動作等に関連する項目」（12項目）、「身の回りの世話や日常生活等に関連する項目」（16項目）、「意思疎通等に関連する項目」（6項目）、「行動障害に関連する項目」（34項目）、「特別な医療に関連する項目」（12項目）の合計80項目からなる。

　介護給付を申請する場合は、障害支援区分認定を受ける必要がある。市町村の認定調査の結果等に基づき、コンピュータによる判定が行われる。さらに、この一次判定の結果に基づいて、市町村審査会*12において認定調査票の特記事項や医師の意見書等を参考にして二次判定が行われ、最終的な区分（1～6の6段階）の認定へと至る（ただし、「非該当」となる場合もある）。

　訓練等給付に関しては、認定調査後、コンピュータ処理によるスコア化が行われる。ただし、介護給付のように障害支援区分の認定を目的としたものではなく、後の暫定支給決定の際、利用の優先順位等を決定する際の参考として実施されるものである（共同生活援助で介護が必要な場合を除く）。

(4) 利用者負担

1) 利用者負担の仕組み

　障害者等が障害福祉サービスを利用した場合、その利用料金を事業者に支

*12　市町村審査会
市町村は、支給決定手続きの透明性を確保するため、介護給付等の支給決定に関する審査判定業務を行う市町村審査会を設置する。
この審査会は、障害支援区分の認定、支給の要否決定に関する審査判定を行う。また、必要に応じて、障害者本人、家族等の意見を聴いたり、医師の意見書を求めたりすることができる。

払う必要がある。障害者総合支援法では、利用者の家計の負担能力に応じた
ものとする仕組み、すなわち応能負担が原則となっている（サービス利用量
が少なく、負担上限月額よりもサービスにかかる費用の1割に相当する額の
ほうが低い場合は、当該1割に相当する額を負担。食費・光熱水費は実費負
担）。ただし、応能負担とはいえ、際限なく負担が増えないよう、利用者本人
が属している世帯*13の収入額等に応じて、負担する月額の上限を定めている。

　なお、障害者自立支援法施行当初は、利用者負担は原則として、サービス
利用量と所得に着目した応益負担（定率負担／所得に応じた一定の負担上限
額あり）、食費・光熱水費は実費負担となっていた。2010（平成22）年の同法
の一部改正以降、現在のような形となっている。

2）　利用者負担の上限・免除

　前述の通り、障害福祉サービスの利用量に応じて際限なく負担が増えない
よう（1か月に利用したサービス量にかかわらず、それ以上の負担が生じな
いよう）、利用者本人が属している世帯の所得に応じて、月ごとの負担上限額
が決められている。それでも稼得機会が少ない、得られる収入が低い等、利
用料の負担が厳しい場合も考えられることから、その負担に関して軽減措置
が講じられている。

　障害福祉サービスにかかる利用者負担の上限月額は、利用者本人が属して
いる世帯の収入額等に応じて、生活保護（生活保護受給世帯）、低所得（市町
村民税非課税世帯）、一般（市町村民税課税世帯）といった区分を設定してい
る（表8-5）。また、医療施設や療養介護を利用した場合の個別減免（医療
型）、実費負担となっている食費・光熱水費に対する利用者の負担軽減を図る
補足給付（実費負担の減免）、生活保護移行防止（負担軽減策を講じても負担
が大きく、生活保護の対象となる場合は、その対象とならない額まで月額負

*13　障害福祉サービスにおける「世帯」の範囲
障害者（18歳以上。ただし、施設に入所する18、19歳は除く）については、当該利用者とその配偶者、障害児（施設に入所する18、19歳を含む）に関しては、保護者の属する住民基本台帳での世帯となっている。補装具における世帯の範囲も、これと同様である。

（参考）自立支援医療における「世帯」の範囲
住民票上の世帯ではなく、同じ医療保険に加入している家族を同一世帯とみなす。つまり、医療保険の関係が異なれば、別の世帯として取り扱うことができる。

表8-5　利用者の負担上限月額

区分	世帯の収入状況	負担上限月額
生活保護	生活保護受給世帯	0円
低所得	市町村民税非課税世帯	0円
一般1	市町村民税課税世帯 （所得割16万円未満） ＊障害児は28万円未満 ＊入所施設利用者（20歳以上）、グループホーム利用者は除く（課税世帯の場合、「一般2」となる）	9,300円 ＊4,600円（居宅・通所サービス利用の障害児）
一般2	上記以外	37,200円

担上限額および食費等実費負担を引き下げる）等の措置が講じられる。

　その他、障害福祉サービスと介護保険サービスを併用している場合等において、各々の利用者負担額がその世帯の月額負担所減額を超えないよう、超過分が高額障害福祉サービス費として支給される高額障害福祉サービスが軽減措置としてある。また、2016（平成28）年の障害者総合支援法の改正に伴い、65歳に至る相当の長期間にわたり障害福祉サービスを受けていた障害者が、引き続き障害福祉サービスに相当する介護保険サービスを利用する場合、所得等一定の事情を考慮し、介護保険サービスの利用者負担が軽減されるよう、障害福祉制度（高額障害福祉サービス費の支給）により利用者負担を軽減（償還）する仕組みが設けられた（2018（同30）年4月1日施行）*14。

5．障害者福祉のサービス体系における課題

　上述のように、障害者自立支援法制定・施行に伴い、それまでの障害者福祉サービスの体系が抜本的に再編された。障害者（児）が住み慣れた地域で暮らせるように自立を促すとの意図から、新たな障害者福祉サービスの体系へと再編が進められた。しかし同法は、施行以前（制定当初）から、サービス利用料の応益負担（定率負担）、全国一律・三障害共通の障害程度区分（現：障害支援区分）認定の仕組み等、多くの検討課題が指摘されており、それらが次第に表面化していった。そのような状況を受けて、2010（平成22）年の同法の一部改正、その後、障害者総合支援法が制定・施行される運びとなったが、現段階においてもこれらの課題が解決され、抜本的に制度が変革されたとは言い難い。

　そもそも、民主党による政権交代が行われた際、同党のマニュフェストに障害者自立支援法自体の廃止が盛り込まれた。また、障害者自立支援法違憲訴訟原告団・弁護団と国（厚生労働省）の間で交わされた基本合意書において、障害者自立支援法を廃止し、新たに総合的な福祉法制を実施する等の内容が規定された。このように障害者自立支援法の抜本的改正が期待され、いったんは国（厚生労働省）によってそれが約束されながらも、結局は国会で十分な論議が行われないまま、障害者総合支援法の制定・施行へと至った*15。国は、「障害者基本法の一部を改正する法律および骨格提言の内容をふまえた形」としているが、実際にはそれらの内容とは大きくかけ離れ、「障害者（児）とその家族にとって悪法」ともよばれた障害者自立支援法の基本的枠組みがおおむね引き継がれた形となっている点は否定できない。

　ここでは、以上のような法律の根幹にかかわる課題をふまえながら、利用

*14　介護保険サービスの利用負担の軽減
障害福祉制度に基づいた障害福祉サービスに関して、同様のサービスが介護保険制度にある場合、原則的に介護保険サービスの利用が優先となっている（p.151参照）。そのため、65歳以上の高齢者（障害者）の場合、障害福祉制度と介護保険制度でサービスを利用した際の利用者負担の上限が異なることから、利用者の負担が増大する等の問題があった。このような背景から、2016（平成28）年の改正で利用者負担軽減（償還）の仕組みが設けられた。

*15　障害者自立支援法違憲訴訟
障害者自立支援法の施行による応能負担から応益負担（定率負担）への変更が、憲法第13条・25条等に反するとして、2008（平成20）年8月に障害者自立支援法違憲訴訟原告団・弁護団が結成され、同年9月、全国各地で一斉に裁判所に訴えが提訴された。なお、2009（同21）年3月には、同法の改正法案が国会に提出されたが、衆議院の解散により廃案となっている。

者負担に関する課題等、障害者福祉のサービス体系におけるいくつかの課題を示すとともに、ソーシャルワーカーとして、「利用者主体のサービス体系の構築」、さらには「インクルーシブな社会の実現」につなげるうえで留意すべき点について考えていきたい。

(1) 費用負担・所得保障に関する課題

障害者自立支援法施行当初は、それまでの応能負担ではなく、サービス利用量と所得に着目した応益負担（定率負担）の仕組みとなっていた。これにより、在宅の重度障害者や複数のサービスを必要とする障害者（児）等、重度・重複の障害があり、サービスをより多く利用する必要のある者ほど、利用料の負担が増える結果を招いた。さらには、三障害ともに食費・光熱水費が実費負担となったことで、支援費制度のときよりも負担が増したケースも多々みられた。したがって、低所得者に配慮した措置はあったものの、障害者（児）個々のニーズに応じた十分なサービスを提供することの検討が必要となった。

このような状況を受けて、2010（平成22）年の同法の一部改正により、再び応能負担が原則となった。それに加えて、利用者負担にかかる数々の軽減措置が講じられている。ただし、それでも障害者のなかには、稼得機会が少ない、得られる収入が低い等、利用料の負担が厳しい場合もある。今後、このような利用者負担にかかる軽減措置が、どの程度効果があるのか、障害者等の所得状況が改善され、サービス利用に活用されるのか等、正確に把握していく必要がある。障害者等の生活に大きくかかわる部分であるため、収入認定の範囲を「世帯」としている点等も含めてどのように改善していくのか、慎重な検討を要する。

また、障害者（児）が地域社会のなかで自分らしく生活していくためには、所得保障の確保も非常に重要となってくる。一般的に、高齢者に比べて年金・貯蓄等の資産のある者が少ないなかで、障害者（児）やその家族にとっていかに所得が確保できるか、それが保障されているかは切実な問題である。自己負担（応益負担か応能負担か）、軽減措置の是非を考えることも必要ではあるが、障害者の生活権について、「収入」という観点からも見直し、「障害者の収入確保」といった権利の保障を再度検討していく必要がある。

(2) 障害支援区分に関する課題

障害程度区分（現：障害支援区分）については、障害者自立支援法の施行以前（制定当初）から、身体障害、知的障害、精神障害といった障害種別に

よって異なる障害特性やニーズ等を一律の区分によって把握し、サービス利用に反映できるのかといった点が問題視されていた。その認定にあたり、個別の日常生活能力や身体機能を集積したものとして生活障害をとらえ、支援の必要度が求められていた。そのため、実際に知的障害・精神障害の部分においてコンピュータによる一次判定で低く判定され、適切なサービス利用に結びつかないといった状況が多くみられた。

障害者総合支援法では、障害の程度（重さ）ではなく、標準的な支援の必要の度合を示す区分であることをより明確にする意図から、「障害支援区分」へと名称が変更され、知的障害・精神障害の特徴が反映される仕組みに改められた。ただし、障害者自立支援法の時代に比べると見直し（認定調査項目の見直し等）が行われたものの、すべての障害者（児）にとって十分なものにはなっているとはいえないのが現状である。たとえば、知的障害や精神障害のみならず、発達障害の特徴を適切に反映できるか等といった点も課題の一つとして残っている。

世界保健機関（WHO）の国際生活機能分類（ICF）の理念に示されているように、「障害」は、個人の機能障害や能力低下にとどまらず、個人とそれを取り巻く環境・社会との相互作用によって生じている。2014（平成26）年に「障害者の権利に関する条約」（障害者権利条約）を批准している日本では、当然のことながら、障害支援区分の認定においてこの考え方が反映される必要がある。今一度、障害者総合支援法は誰のためのものか、法の理念が「絵に描いた餅」ではなく、認定の仕組みにどれだけ生かされているかを真剣に考えていくことが重要である。

⑶　市町村への実施責任の一元化（責務）に関する課題

障害者総合支援法において、障害支援区分の認定、サービス支給の決定等は市町村の責務とされている。障害者福祉サービスの実施責任を、障害者（児）やその家族が生活する、より身近な機関に置いたという点では評価できる。介護保険制度においても市町村が実施主体となっており、今後、市町村の責務はこれまで以上に重要なものになってくる。

ただし、このように、あらゆる実施責任が市町村に移行してくると、利用者一人ひとりのニーズにあった対応ができるか、市町村職員の専門性はいかなるものなのかが問われる。それは、これまで市町村の福祉課には、福祉専門職ではなく一般行政職が配置され、専門的な知識・技術を要する複雑な相談への対応には苦慮する場合があったからである。今後は、身体障害、知的障害、精神障害、さらには発達障害とそれぞれの障害種別について、障害特

性の把握をし、障害者（児）やその家族の多様なニーズにも対応していかなければならない状況も十分考えられる。各市町村職員の福祉専門職としての資質の向上、同時に、そのための人材育成システムの構築、研修会の充実等も求められるところである。

　また、実際のサービス提供は民間委託も可能であるため、障害者分野でも高齢者分野と同様に、民間事業者が参入しているケースも増加している。そこで市町村は、サービス提供にあたり、民間事業者との連携も視野に入れていくことが重要である。障害者福祉分野にも市場原理の考え方が導入されて久しいが、障害者（児）が実際に地域において有効なサービスが受けられるよう、これまで以上に実施体制を整備していく必要がある。

(4)　居住支援・地域移行支援に関する課題

　障害者（児）の居住支援サービスについて、地域生活への移行を推進する観点から、これまでケアホームのグループホームへの一元化、それに伴う外部サービス規制の見直し、サテライト型住居の創設等が行われ、さらには、地域移行支援の対象者の範囲拡大等が実施されてきた。また、障害者支援施設やグループホーム等から一人暮らしへの移行を希望する知的障害者や精神障害者等を対象としたサービスである自立生活援助も創設され、2018（平成30）年4月から施行されている。

　このような施策は、障害者（児）の地域生活への移行・定着を促進する観点から、一定の意義はあるといえる。ただし、ケアホームのグループホームへの一元化等の「場の整備」や、地域移行支援の対象者の範囲拡大、自立生活援助の創設といった「サービス対象者の範囲拡大」「新たなサービスの創設」だけの単純な議論にとどまらず、居住支援・地域移行支援を担う専門職の養成、その資質の向上を図るための研修会のあり方等、実質的な実施体制の整備についても同時に検討していく必要がある。

　また、障害者（児）に対する居住支援・地域移行支援は、福祉サービスのみならず、一般の住宅政策の一環として考えていくことも必要である。インクルージョンの視点をふまえ、障害者（児）を特別な存在としてではなく、地域社会の一員としてとらえる観点から、地域における社会資源を活用した居住支援を実施していかなければならない。今後、グループホーム、福祉ホーム等をどのように位置づけて施策を展開するか、新たに家賃の保障制度を創設するか等、障害者（児）やその家族に対する居住支援・地域移行支援のあり方を当事者の立場に立って検討していくことが求められる。

本章のまとめ●「インクルーシブな社会」の実現をめざして●

　本章で述べてきたように、障害者総合支援法における障害者福祉サービス体系には、まだまだ多くの課題がある。

　このような状況下において、ソーシャルワーカーとしてまず重要なことは、「誰にとって利用しやすいサービス体系であるべきか」を考えることである。次に、障害者（児）への理解を深め、いかに利用者に寄り添って「人生の次の１ページ」をともにつくることができるか。つまり、一人ひとりの利用者の立場に立って支援していくかが求められる。さらには、障害者（児）の生活上の問題は、彼ら自身の心身機能の欠損、能力低下にあるのではなく、環境との不調和が起因しているという点を忘れてはならない。「障害者権利条約」においては、障害者（児）は「保護される人」ではなく、「人権を保障された一人の人間」として位置づけられ、そのためには社会の側が変わっていく必要があるとされている。したがって、ソーシャルワーカーは、「障害者（児）個人の責任で」という考え方ではなく、障害者（児）と環境との関係に着目したうえで、彼らの立場に立って自己選択・自己決定を支援すること、環境要因であるサービス体系の調整を図ることで「利用者主体のサービス体系」の構築をめざすことが必要である。同時に、本当の意味での「利用者主体」「基本的人権を享有する個人としての尊厳」とは何か。そのとらえ方や意味も含めて、再度検討していくことも大切である。

　ただし、社会福祉専門職（ソーシャルワーカー）である以上、障害者福祉サービス体系の課題のみに目を向け、一方的に批判することは避けたい。障害者総合支援法の制定・施行・改正に至る背景・流れ、制度改革の意図等を含め、全体の正確な把握・理解が求められる。そして、障害者団体をはじめ、さまざまな方面からの意見をふまえて分析・検討したうえで、利用者主体の観点からみた際、何が課題かを認識する。そこから、今後、どのような方向で障害者福祉サービス体系の改善を図り、「インクルーシブな社会」を実現させるために、専門職として何ができるかを考えることが重要である。

【参考】障害福祉サービスと介護保険サービスとの関係

　障害者が65歳以上の場合、障害福祉サービスと介護保険サービスのどちらを利用することになるか。これについては、原則として介護保険制度によるサービス利用（給付）が優先となる。65歳に達する等、介護保険制度の被保険者となった障害者が障害福祉サービスを利用する際、介護保険制度に基づくサービスに同じような内容や機能を備えたものがある場合は、原則的にそちらを優先して受けなければならない（移行しなければならない）。これに該当する（介護保険）サービスとして、介護給付（高額医療合算介護サービス費の支給は除く）、予防給付（高額医療合算介護予防サービス費の支給は除く）、市町村特別給付（市町村が条例に基づき、介護保険法に定められたサービス以外のものを提供する）がある（障害福祉サービスでいえば、居宅介護、短期入所等が該当する）。

　一方、介護保険制度には相当するサービスがなく、障害福祉サービス固有のものについては、介護保険制度の被保険者である障害者も利用可能となっている。例として、同行援護、行動援護、就労移行支援、就労継続支援等があげられる。

　なお、居宅介護と重度訪問介護については、要介護度・介護保険サービスの利用状況、障害者手帳の内容（等級・部位）等を勘案し、一定の条件を満たした場合に限り、障害福祉サービスと介護保険サービスの併給が認められている。

　●障害福祉サービスと介護保険サービスとの主な違い

項　目	障害福祉サービス	介護保険サービス
介護（支援）の必要度	障害支援区分 （区分1〜6）	要介護状態区分 （要支援1・2、要介護1〜5）
サービスの支給限度	利用者・家族の意向をふまえ、支給決定基準に基づいて、市町村がサービスの種類・支給量を決定	要介護状態区分別に支給限度額を決定
サービスの利用計画（作成）	指定特定相談支援事業所の相談支援専門員が作成	地域包括支援センター・居宅介護支援事業所の介護支援専門員（ケアマネジャー）が作成
利用者負担	応能負担／最大1割負担（世帯の収入等に応じて負担上限月額を設定）	原則1割負担（一定以上所得者は2割負担または3割負担）

出典：柏倉秀克監修『障害者総合支援法のすべて』ナツメ社　2017年　p.75をもとに筆者作成

＊介護保険制度では、65歳以上の者を第1号被保険者、40歳以上65歳未満の医療保険加入者を第2号被保険者と区分し、原則的に40歳以上の者を被保険者としている（強制加入／実際にサービスを受けられるのは第1号被保険者であるが、第2号被保険者も特定疾病（加齢に伴う疾病）と判断されるとサービス受給が可能となる）。ただし、障害者の心身の状況やサービス利用を必要とする理由はさまざまであること等から、障害福祉サービスの種類や利用者の状況に応じて当該サービスに相当する介護保険サービスを特定し、一律に当該介護保険サービスを優先的に利用することがないよう、市町村に対して柔軟な対応が求められている（厚生労働省通知）。
　また、指定障害者支援施設（生活介護＋施設入所支援）や障害者支援施設（生活介護を行うもの）等の介護保険適用除外施設入所者は、介護保険制度の被保険者としないことになっている（適用除外に関する経過措置（介護保険法施行法・介護保険法施行規則））。

【考えてみよう】
① 障害者総合支援法に基づく障害者福祉サービスの体系に関して、本章で取り上げたもの以外にもどのような点が今後の検討課題としてあげられるだろうか。これまでの法律の改正点等もふまえながら考え（調べ）、まとめてみよう。
② 「①」であげた課題もふまえつつ、今後の「ソーシャルワーカーの障害者（児）に対する生活支援のあり方」について、さまざまな角度から考え、まとめてみよう。（例：精神障害者に対する生活支援のあり方について等）

【さらに学びを深めるための参考文献】
1）坂本洋一『図説　よくわかる障害者総合支援法（第2版）』中央法規出版　2017年
2）デイリー法学選書監修委員会編『たいせつな家族を守る！『障害者総合支援法のしくみ』三省堂　2019年

【参考文献】
・佐藤久夫・小澤温『障害者福祉の世界（第5版）』有斐閣　2016年
・白石直己・大澤美紀・三石麻友美『これでいいのか自立支援法・3』やどかり出版　2006年
・全国社会福祉協議会編・京極高宣『障害者自立支援法の解説』全国社会福祉協議会　2005年
・障がい者制度改革推進会議総合福祉部会『障害者総合福祉法の骨格に関する総合福祉部会の提言－新法の制定を目指して－』東京都社会福祉協議会　2011年
・社会福祉士養成講座編集委員会『障害者に対する支援と障害者自立支援制度（第6版）』中央法規出版　2019年
・福祉行政法令研究会『障害者総合支援法がよ〜くわかる本（第5版）』秀和システム　2019年
・厚生労働省ホームページ：障害者総合支援法が公布されました
http://www.mhlw.go.jp/seisakunitsuite/bunya/hukushi_kaigo/shougaishahukushi/sougoushien
・厚生労働省ホームページ：障害者の日常生活及び社会生活を総合的に支援するための法律及び児童福祉法の一部を改正する法律について
http://www.kaigo-wel.city.nagoya.jp/view/wel/docs_jigyosya/2016061500012/files/280615kaiseigaiyou.pdf
・厚生労働省ホームページ：共生型サービス　https://www.mhlw.go.jp/file/05-Shingikai-12601000-Seisakutoukatsukan-Sanjikanshitsu_Shakaihoshoutantou/0000170288.pdf
・全国社会福祉協議会パンフレット：障害福祉サービスの利用について（2018年4月版）
・厚生労働統計協会編『国民の福祉と介護の動向　2020／2021』厚生労働統計協会　2020年
・竹端寛・山下幸子・尾﨑剛志・圓山里子『障害者福祉（第3版）』ミネルヴァ書房　2020年
・柏倉秀克監修『障害者総合支援法のすべて』ナツメ社　2017年
・山縣文治『子ども家庭福祉論（第2版）』ミネルヴァ書房　2018年
・内閣府編『令和2年版　障害者白書』2020年

第 9 章

障害者の社会参加

● 障害者の社会参加とソーシャルワーク実践

　障害者（児）は、障害があるという理由で社会から排除され、あるいは孤立し、社会の片隅に追いやられてきた歴史がある。20世紀に入り、ノーマライゼーションの理念の創出に代表されるように、障害者（児）の人権に配慮する国際的な機運が高まり、欧米では1960年代から大規模入所施設の解体をめざす脱施設化、そして地域移行が始まった。わが国においても、障害者（児）が地域でともに暮らす「共生社会」がめざされている。共生社会とは、社会を構成するすべての人たちが人間としての尊厳を共有し、自分らしく、ともに支え合い生きていくことができる社会である。その実現のためには、当事者一人ひとりの能力や個性、そしてニーズに応じた支援による社会参加が望まれる。

　しかし、障害者（児）には社会参加や自立した地域生活を営むことを拒む「社会的障壁」があり、社会には、これら社会的障壁の除去のための「合理的配慮」の実施が関連法に謳われている。ソーシャルワーカーは、まずこれらの概念を整理し、その意味するところを理解したうえで、適切なアプローチと方法論を検討し実践していかなければならない。

　本章では、障害者（児）の社会参加を拒む要因と克服への課題を整理し、社会参加促進に向けた取り組みの現状について、理解を深めることを目的とする。

1．障害者の社会参加を拒む要因と克服への課題

(1)　4つの障壁（バリア）と社会的障壁

　障害者（児）が地域社会で暮らすことは、簡単ではないのがわが国の実情である。1993（平成5）年3月に日本政府により策定された「障害者対策に関する新長期計画－全員参加の社会づくりをめざして－」では、障害者（児）を取り巻く障壁（バリア）として4つあげ、これらの障壁を除去し、自由に社会活動に参加できるような、平等で障壁のない社会づくりをめざす、すなわち、バリアフリー社会の実現を目標として掲げている。

　この障害者（児）を取り巻く4つの障壁とは、次の通りである。

① 物理的障壁：歩道や施設の出入り口等の段差、車椅子の通行を妨げる放置自転車や電柱等の障害物、乗降口に段差のある車両構造のバス、鉄道・地下鉄等の駅の狭い改札口やホームまでの段差等。

② 制度的障壁：障害を理由に資格・免許等の付与を制限すること等。

③ 文化・情報面の障壁：音声案内、点字、手話通訳、文字放送、わかりやすい表示の欠如等。

④ 意識上の障壁：心ない言葉や視線、人間としての尊厳を傷つけるような扱い、障害者を庇護されるべき存在としてとらえること等。

現代社会の国際的なコモンセンス（常識、良識）として、社会モデルに基づいて障害をとらえるという考え方はこれまで学んできた通りである。この4つの障壁のような障害者（児）の社会参加を妨げる社会環境の側にある障壁について、2011（平成23）年改正の障害者基本法では「社会的障壁」として規定した。

> **障害者基本法第2条第1項第2号**
> 社会的障壁　障害がある者にとつて日常生活又は社会生活を営む上で障壁となるような社会における事物、制度、慣行、観念その他一切のものをいう。

障害者（児）の権利として、社会的障壁を除去するために、その本人と関係者が合意形成できる範囲で、「合理的配慮」を求めることを認めている。この合理的配慮については次節で述べるが、「障害を理由とする差別の解消の推進に関する法律」（障害者差別解消法）[*1]の成立・施行により、障害当事者の権利を守る取り組み（権利擁護）は大きく推進されることになった。

＊1　障害者差別解消法
第7章p.114、第10章p.172参照。

(2)　バリアフリー、ユニバーサルデザインにかかる施策

1)　バリアフリーからユニバーサルデザインへ

地域社会がどのようなまちづくり、人づくり、つながりづくりをするかによって、人々の暮らしやすさは変化する。障害のある人もない人も、ともに生活し活動できる社会の構築に向け、物理的、制度的、情報面等の障壁（バリア）を改善するためのわが国の取り組みは、1981年の国際連合「国際障害者年」の前後から始められてきた。そして、2000（平成12）年3月には、内閣に「バリアフリーに関する関係閣僚会議」が設置され、ハード面、ソフト面を含めた社会全体のバリアフリー化を推進してきた。その後も「高齢者、障害者等の移動等の円滑化の促進に関する法律」（バリアフリー新法）[*2]の制定等によって、バリアフリーにかかるさまざまな取り組みを実施していった。

近年では、障害者（児）にとって障壁（バリア）となるものを取り除くこ

＊2　バリアフリー新法
第7章p.119参照。

とをめざすバリアフリーの考え方に対し、障害者（児）だけを特別視するのではなく、誰もが使いやすい製品、空間等といった生活環境をトータルにデザインすることをめざすユニバーサルデザインの考え方へと主眼が移り、重要視されている。「障害者が使いやすいもの」ではなく、「障害者に限らず、誰もが使いやすいもの」を考慮しており、バリアフリーをさらに発展させたものといえる。この考え方の提唱者はロン・メイス[*3]であり、その活動は、後のアメリカにおける障害者のアクセシビリティに配慮した建築法の成立等につながった。また、わが国では「バリアフリー化推進要綱」から、「ユニバーサルデザイン政策大綱」（2005（平成17）年）への改定等[*4]といった、制度・施策の策定にも強い影響を与えたとされる。

　ユニバーサルデザインは、デザインという言葉から外見上の形に関連するものととらえられがちだが、見た目のデザインだけではなく構造上のデザイン、サービスなどにかかわる設計も含めた概念である。国連の「障害者の権利に関する条約」（障害者権利条約）においても、ユニバーサルデザインを重要視し定義づけている。今後、この考え方が社会全体に浸透し、すべての人々にとって利用しやすい生活環境を整備していくことが課題となっている。

> **障害者権利条約第2条（定義）より抜粋**
> 　「ユニバーサルデザイン」とは、調整又は特別な設計を必要とすることなく、最大限可能な範囲で全ての人が使用することのできる製品、環境、計画及びサービスの設計をいう。（後略）

2）　東京オリンピック・パラリンピック競技大会を契機とした取り組み

　「2020年東京オリンピック競技大会・東京パラリンピック競技大会の準備及び運営に関する施策の推進を図るための基本方針」（2017（平成29）年11月閣議決定）では、「2020年東京オリンピック・パラリンピック競技大会」（以下、東京大会）を契機に、障害の有無等にかかわらず、誰もが相互に人格と個性を尊重し支え合う「心のバリアフリー」の推進や、全国展開を見据えつつ、東京において「ユニバーサルデザインのまちづくり」を進めることで、共生社会を実現し、障害者（児）等の活躍の機会を増やしていくことが位置づけられた。また、さまざまな障害者団体等の参加を得て、共生社会の実現に向けた施策の総合的な検討が始まり、2017（同29）年2月に「ユニバーサルデザイン2020行動計画」（以下、行動計画）を決定した（表9-1）[1]。

　世界各国から障害のある選手、大会関係者、そして観客が訪れることになる東京大会は、バリアフリー新法に基づくこれまでの取り組みに加え、世界

＊3　ロン・メイス
（Ronald L. Mace）
本名はロナルド・エル・メイス、ユニバーサルデザインの生みの親といわれる。1941年にアメリカで生まれ、1998年没。自身も足に重度の障害があり、車椅子生活を送っていた。建築家であり、教育者でもあった彼は、ノースカロライナ州立大学デザイン学部ユニバーサルデザインセンターを創設し、ユニバーサルデザインの7原則（①誰もが公平に利用でき、市場向きである、②使用上の自由度が高い、③使い方が簡単でわかりやすい、④必要な情報が理解しやすい、⑤危険につながらない、⑥効率よく快適に使用できる、⑦利用可能なサイズと空間を考慮している）を提案した。

＊4
本大綱への改定とともに、先の「バリアフリーに関する関係閣僚会議」を改組し「バリアフリー・ユニバーサルデザインに関する関係閣僚会議」が設置された。

表9−1　行動計画における「心のバリアフリー」「ユニバーサルデザインのまちづくり」にかかる施策の概要

①　心のバリアフリー 　心のバリアフリー（さまざまな心身の特性や考え方をもつすべての人々が、相互に理解を深めようとコミュニケーションをとり、支え合うこと）を実現するためには、一人ひとりが具体的な行動を起こし継続することが必要であるとの前提のもと、次の3つのポイントが重要となる。 　①　障害のある人への社会的障壁を取り除くのは社会の責務であるという「障害の社会モデル」を理解すること 　②　障害のある人（およびその家族）への差別（不当な差別的取り扱い、合理的配慮の不提供）を行わないよう徹底すること 　③　自分とは異なる条件をもつ多様な他者とコミュニケーションをとる力を養い、すべての人が抱える困難や痛みを想像し共感する力を培うこと 　心のバリアフリーの実現に向けた取り組みは、あらゆる年齢層において継続して取り組まれなければならない課題であり、学校、職場、病院などの公共施設、家庭、買い物や食事の場、スポーツ施設や文化施設など地域のあらゆる場において、また、日々の人々の移動においても切れ目なく実現されるよう、社会全般にわたる施策とする。 　・2020（令和2）年度以降順次実施される次期学習指導要領に基づく指導や教科書等の充実などといった、学校教育における取り組み 　・2017（平成29）年度以降、接遇を行う業界（交通、観光、流通、外食等）における全国共通の接遇マニュアルの策定・普及などといった、企業等における心のバリアフリーの取り組み 　・障害に対する理解をもち、困っている障害者等に自然に声をかけることができる国民文化の醸成に向けた仕組みの創設などといった、国民全体に向けた取り組み ②　ユニバーサルデザインのまちづくり 　まちづくりは極めて幅広い分野であり、かかわる施策も多岐にわたるため、「1．東京大会に向けた重点的なバリアフリー化」と「2．全国各地における高い水準のユニバーサルデザインの推進」という観点から、次の施策を実施する。 （1．東京大会に向けた重点的なバリアフリー化の取り組み） 　・競技会場およびアクセス経路、競技会場周辺エリアや公共交通におけるバリアフリー化の推進 （2．全国各地における取り組み） 　・各地のバリアフリー水準の向上のため、2017（平成29）年度中に交通バリアフリー基準（省令）・ガイドラインを改正 　・関心の高まっている観光地や都市部等における複合施設（大規模駅や地下街等）における面的なバリアフリー推進（2016（平成28）年度中にホテル等の建築物にかかる設計標準を改正。なお、同年12月で施行後10年が経過した「バリアフリー新法」を含む関係施策について、2017（同29）年度中に検討等を行うことにより、そのスパイラルアップを図る。） 　・公共交通機関におけるバリアフリー化、ICTを活用した情報発信、トイレの利用環境改善等の実施

出典：内閣府編『平成29年版障害者白書』勝美印刷　pp.58−61をもとに筆者作成

に誇ることのできるユニバーサルデザインのまちづくりをめざした取り組みを行う好機といえる。国は、行動計画に記載された内容は、障害者（児）にかかる施策に反映されていくものであり、障害者や高齢者が住みやすいまちづくりへの機運を全国的に盛り上げたいとしている。

(3)　障害者に対する偏見とその克服のために

　障害者差別解消法が制定されたとはいえ、障害者（児）の障壁の除去に対しては、物理的・制度的・情報面等の環境の改善を図る事業が中心である。意識上の障壁を改善していく公的な取り組みは、広報啓発活動が中心であることからわかるように方法的に困難で時間もかかるといえる。特に意識上の

障壁には、障害者（児）への偏見が含まれ、障害者支援施設やグループホーム等の設置に反対する地域住民の心情には、正しい情報がないゆえの行動という場合が多い。

偏見とは「個人、集団、職業、人種などに対する不十分な根拠に基づく否定的態度のこと。感情によって支えられているので、論理では変化しにくいのが特徴である」[2]　としている。また、「情報の偏った圧縮によって、不当に単純化された見方をすること。一般的には、ある個人が有する特定の属性（たとえば障害があるなど）によってその個人を何らかのカテゴリー（「障害者」）に当てはめること、および、あるカテゴリーに当てはまる人々の属性を単純化してしまう（「障害者はかわいそうな人である」）こと」といった2つの契機を含んでいるが、後者のカテゴリー属性を単純化するという契機だけでも偏見は成立する。また、単純化されたカテゴリー属性は否定的な場合もあれば肯定的な場合もあるが、いずれにせよ、そこでは、個人が持つ多彩で豊かな個別性が隠蔽され、単純化されたステレオタイプ（固定概念）的な捉え方が行われる。そして、あるカテゴリーに否定的な属性を付与したうえで、自分の属するカテゴリーよりも劣位に置き、実際的な態度（たとえば、忌避）や行動（排除など）に具体化された場合は、差別と呼ばれることになる」[3]　としている。これら定義から、偏見とは、①十分な根拠がないこと、②非好意的な感情や態度をもつこと、③場合によっては非好意的な行動を伴うことの3点が特徴として理解できる[4]。

意識上の障壁の除去のために、障害に関する正しい知識について国民への普及啓発を進めているところである。しかし、偏見が長期の学習によって形成され、それが正しい知識を得たとしても速やかに解消されないとなれば、現在行っている啓発活動の内容を見直す必要があるだろう。

つまり、障害者（児）へのスティグマ[*5]やラベリング[*6]といった偏見は人間同士の相互作用から生まれるものであり[*7]、この関係を良好なものとするような啓発活動が必要である。具体的には、障害者自身による生の声を社会に送る機会の創出や保障が有効である。そして、ソーシャルワーカーには、障害当事者の側に立ち、彼らの主体性を陰から支え、社会と当事者をつなぐ役割を常に留意し、考えながら支援を行う姿勢が必要である。

＊5　スティグマ（stigma）
元はギリシャ語で、忌避や排除の対象者としての奴隷や犯罪者の身体に刻みこまれた烙印を意味した[5]。ゴッフマンはこの概念を障害や人種といった「好ましくない」とされる社会的アイデンティティ全般に拡張し、スティグマを有する者の単なる身体的属性だけではなく、スティグマを付与する者とされるものとの関係性に注目して、両者の対面的な相互行為についての詳細な分析を行った。

＊6　ラベリング（labeling）
特定の行為や校舎の逸脱ラベルを付与する社会的過程を指す概念[6]。多くは行為よりも行為者に対して、また自己による付与よりも他者による付与に対して用いられる。

＊7
「スティグマを感じる」というように本人がスティグマを意識するのに対し、ラベリングは他者が当事者にラベルを貼る行為である。この2つの行為を受けた当事者は他の社会成員から劣等性や危険性のある者とみなされ、さまざまな差別の対象となった。

2．障害者の社会参加の現状と取り組み

(1) 障害者の社会参加と地域移行

　ここでは、障害者（児）の社会参加促進に向けた基本的な考え方を整理しつつ、社会参加のあり方の一つとして「地域移行」の現状と今後の取り組みについて取り上げる。

1) 障害者権利条約と障害者基本法からみる「地域移行」

　障害者（児）の社会参加は、マスコミで取り上げられるスポーツや文化・芸術の大会に参加すること、そのようなレベルをめざすこと等に限られているわけではなく、コミュニティ（身近な地域）やNPO団体での活動、団体や企業、さらに個人での就労の他に、地域移行、スポーツ、文化・芸術、レクリエーション、余暇活動も含めて幅広くとらえることができる*8。これらの活動を活性化させるため、社会的障壁の除去を含めたさまざまな施策等が展開されている。特に「地域移行」は、入所施設への収容・保護により完全に社会から排除された状況から、もう一度、障害者を社会の一員として認める社会参加の具体的な形である。

　2002（平成14）年12月策定の「第2次障害者基本計画」において脱施設化が明言される以前のわが国では、施設への収容・保護が主流であった。明治期にキリスト教の篤志家などを中心に、障害者（児）の施設がつくられていくが、障害者（児）を社会の脅威ととらえ排除する「社会防衛思想」の考えや、地域での生活を支える障害者福祉のサービスが貧困であったがために、外界の脅威を排除した施設生活が安全で安穏としたものと考えられていたことを背景に行われたことでもあった。

　この流れは明治、大正、昭和期と続いたが、平成期に入り高齢者人口の増加、児童虐待、家庭内暴力といった福祉ニーズの変化に伴う社会福祉基礎構造改革やノーマライゼーションの理念をもとにした施設批判を根拠とする海外の脱施設化の動きの影響を受け、わが国においても政府主導により、脱施設化・地域移行が始まることとなる。具体的には、前述のように障害者基本計画のなかで脱施設化が明言されることで、地域生活の可能な者に、施設から地域生活への移行が促進されるようになった。

　そして、2014（平成26）年の障害者権利条約批准によってわが国の障害者福祉は大きな転換点を迎えることになった。本条約は「固有の尊厳、個人の

＊8
たとえば、自宅にこもりがちであった精神障害者が、精神科病院のデイケアに通ううちに友人ができ、医師の勧めもあって、友人たちと地域の清掃作業に参加するようになった、身体障害者（肢体不自由）が、地域障害者職業センターの職業準備支援や職場適応援助者（ジョブコーチ）支援等を活用して労働習慣等を身につけ、地元企業への就職につなげたといったことなどもその一つである。

自律（自ら選択する自由を含む。）及び個人の自立の尊重」「社会への完全かつ効果的な参加及び包容（インクルージョン）」*⁹を原則とし（第3条（a）（c））、「自立（自律）した生活及び地域社会への包容（インクルージョン）」*⁹（第19条）のなかで、障害者が自分の住みたい地域・社会で、障害のない人と平等に生活していくための権利を保障したことは画期的である。

*9
下線部は筆者による加筆。

　長い間、世界中の障害者が同じ市民として同様に地域で暮らしたいと訴えてきた。しかし、障害者が障害のない人と一緒に学校で学び、一緒に働き、地域で一緒に暮らしているかというと、未だそこまで進んでいない[7]。こうした現状を大きく変える可能性があるのが障害者権利条約である。

　障害者権利条約は、署名・批准した締約国を拘束し、これに矛盾する国内法の改正、または新法の制定を義務化している。わが国の本条約の批准に向け*¹⁰、2011（平成23）年に改正された障害者基本法には、障害者の地域生活に関係する条文が追加された。

*10
わが国における障害者権利条約の批准に向けた法改正、立法の経緯は第2章p.42参照。

> **障害者基本法第3条第1項第2号（地域社会における共生等）**
> 　全て障害者は、可能な限り、どこで誰と生活するかについての選択の機会が確保され、地域社会において他の人々と共生することを妨げられないこと。

2）　施設入所者の地域生活移行者数の推移等

　2018（平成30）年度からの「第5期障害福祉計画*¹¹」では、施設入所者の地域生活への移行について2016（同28）年度末時点の施設入所者数の9％以上を地域生活へ移行」し、「2016（同28）年度末時点の施設入所者数の2％以上を削減」することを2020（令和2）年度末時点における成果目標として掲げ進められた。障害者支援施設の退所者数は、年間7,000人前後で推移しているが、その内訳は、入所者の重度化・高齢化に伴う「入院・死亡」を理由とする割合が年々高まっており、施設から自宅や「共同生活援助」（以下、グループホーム）などへの地域生活への移行者数は減少傾向にある（図9－1）。

*11　障害福祉計画
第7章p.106参照。

　第4期障害福祉計画における地域移行者数増、施設入所者数減のいずれにおいても成果目標は未達成となったが、障害者の地域移行先の一つであるグループホームの利用者数のみを取り上げた厚生労働省の資料によれば[8]、2016（平成28）年12月時点で、介護サービス包括型が9万人、外部サービス利用型が1.6万人、計10.6万人となっており、「障害者自立支援法」（現：障害者の日常生活及び社会生活を総合的に支援するための法律（障害者総合支援法））施行前の2005（同17）年度の3.4万人から着実に増加している。

　厚生労働省は、2018（平成30）年度からの「障害福祉計画及び障害児福祉

図9－1　障害者支援施設の退所者数の推移

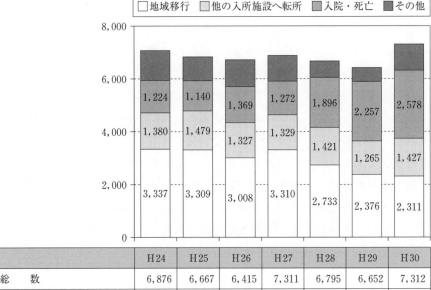

	H24	H25	H26	H27	H28	H29	H30
総　　数	6,876	6,667	6,415	7,311	6,795	6,652	7,312
就　　職	642	500	438	404	314	319	310
家庭復帰	1,153	1,243	1,016	966	746	711	777
他の社会福祉施設等へ転所	2,844	2,411	2,187	2,368	2,107	2,064	2,114
うち自宅・GH・CH	1,515	990	922	941	774	766	884
入　　院	394	607	775	880	997	975	1,041
死　　亡	878	1,289	1,482	1,698	1,701	1,707	1,969
そ の 他	965	617	517	995	930	876	1,100

（社会福祉施設等調査（公表前年10月1日～公表年9月30日）

注　：「地域移行」は表中の「就職」「家庭復帰」「他の社会福祉施設等へ転所のうち、自宅・GH・CHへの
　　　入所者」の計。なお、CH（ケアホーム）は、2018（平成26）年4月からGH（グループホーム）に一
　　　元化されている。
出典：厚生労働省「障害福祉計画及び障害児福祉計画に係る成果目標及び活動指標について」2016年　p.4
　　　をもとに筆者作成

計画に係る基本指針」における障害福祉サービス等の提供体制の確保にかか
る目標として、①福祉施設の入所者の地域生活への移行、②精神障害に対応
した地域包括ケアシステムの構築、③障害者の重度化・高齢化や「親亡き後」
を見据えた地域生活支援拠点等*12の整備、④福祉施設から一般就労への意向
等、⑤子どもの将来の自立に向けた発達支援の5つの柱を設定し、「第5期障
害福祉計画」の計画最終年度末（2020（令和2）年度末）に達成すべき数値
目標等をその柱ごとに設けている。
　たとえば、「①」の施設入所者の地域生活への移行については、地域移行者
数を2016（同28）年度末時点の施設入所者の9％以上に、施設入所者数を2016

*12　地域生活支援拠
点等
障害者（児）の重度化・
高齢化や「親亡き後」
に備えるとともに、地
域移行を進めるため、
重度障害にも対応でき
る専門性を有し、地域
生活において、障害者
（児）やその家族の緊
急事態に対応を図るも
のされている。

160

年度末時点の施設入所者から 2 ％以上削減することや、「②」の精神障害者に
対応した施策については、入院後 3 か月時点の退院率や入院後 1 年時点の退
院率の上昇、長期在院者数の減少に関する数値目標を掲げている。具体的に
は、障害支援区分が比較的軽度で地域生活への移行が可能な者にはグループ
ホーム等の地域生活への移行を促しつつ、重度化に対応したグループホーム
の新たな類型の創設や、市町村等における地域生活支援拠点等の整備のさら
なる推進等により、障害者（児）の地域生活を支援する体制を整えていくと
しており、今後の脱施設化・地域移行のさらなる取り組みが期待される。

　一般的に地域生活への移行といえば、知的障害者の地域生活移行や精神障
害者の退院促進がクローズアップされ、知的障害者や精神障害者を思い浮か
べがちだが、障害者自立支援法（現：障害者総合支援法）施行前から施行後
にかけ、身体障害者更生援護施設（現：障害者支援施設）の入所者数が著し
く減少していったように、地域での自立生活は身体障害者の数のほうが断然
多い。施設から地域へ移行した人たちへの調査では、「もう施設には帰らない」
との声も聞こえる。個人の自由のなさ、規律の多さなど、施設生活に不満を
感じていた人たちがいることも推測できる。

　障害者（児）の地域での自立生活に向けた課題は残っているが、自己選択・
自己決定に基づき、一人の人間としての尊厳を維持し地域で生きていくとい
う当たり前の生活について、具体化できる時代になったといえる。

⑵　障害者の芸術・スポーツ

１）障害者の芸術

　わが国の障害者による文化芸術活動については、近年、障害福祉分野と文
化芸術分野双方から機運が高まっている。2018（平成30）年には、障害者の
芸術に関連する法律として「障害者による文化芸術活動の推進に関する法律」
が成立した。この法律では、文化芸術は、障害の有無にかかわらず創造・享
受する者にとって心の豊かさや相互理解をもたらすとされており、文化芸術
基本法及び障害者基本法の基本的な理念にのっとり、障害者による文化芸術
活動の推進に関する施策を総合的かつ計画的に推進することで、障害者の個
性と能力の発揮及び社会参加を促進することを目的としている。

　そのほか、地域における障害者の自立と社会参加の促進を図るため、全国
に障害者の芸術文化活動に関わる支援センター等の設置を行い、支援の枠組
みを整備することにより、障害者の芸術文化活動（美術、演劇、音楽等）を
推進する「障害者芸術文化活動普及支援事業」などが行われている。

2）障害者のスポーツ

　わが国では、障害の有無等を問わず、広く人々がスポーツに参画できる環境を整備するとともに、障害者スポーツの関心を高め、障害者スポーツの裾野を広げていくための取り組みが行われている。

　障害者スポーツの現状としては、2019（令和元）年度「障害者のスポーツ参加促進に関する調査研究」によると、障害のある人（成人）の週１回以上のスポーツ・レクリエーション実施率は25.3％にとどまっており、成人全般の実施率（53.6％）に比べると低くなっている。

　国では2018（平成30）年度から「障害者スポーツ推進プロジェクト」として、①地域の課題に対応した障害者スポーツの実施環境・推進体制の整備事

表９−２　主な国内・国際障害者スポーツ大会

○**全国障害者スポーツ大会**
　2001年度から、それまで別々に開催されていた身体に障害のある人と知的障害のある人の全国スポーツ大会が統合され、「全国障害者スポーツ大会」として開催されている。2008年度から、精神障害者のバレーボール競技が正式種目に加わり、全国の身体、知的、精神に障害のある方々が一堂に会して開催される大会となっている。本大会は、障害のある選手が、競技等を通じ、スポーツの楽しさを体験するとともに、国民の障害に対する理解を深め、障害のある人の社会参加の推進に寄与することを目的として、国民体育大会の直後に、当該開催都道府県で行われている。

○**全国ろうあ者体育大会**
　本大会は、聴覚に障害のある人が、スポーツを通じて技を競い、健康な心と体を養い、自立と社会参加を促進することを目的として、1967年度から開催されている。2018年度は、第52回となる夏季大会が埼玉県で開催され、10競技に選手・役員合わせて約1,400人が参加した。なお、2019年度の第53回夏季大会については、鳥取県・島根県で開催された。

○**デフリンピック**
　４年に一度行われる、聴覚に障害のある人の国際スポーツ大会であり、夏季大会と冬季大会が開催されている。夏季大会は1924年を第１回としており、2017年には、トルコのサムスンにおいて第23回大会が開催された。日本選手団として選手・役員合わせて177名が参加し、金メダル６個、銀メダル９個、銅メダル12個を獲得した。冬季大会は1949年を第１回としており、2019年12月にイタリアのヴァルテッリーナ地方において、第19回大会が開催された。

○**スペシャルオリンピックス世界大会**
　４年に一度行われる、知的障害のある人のスポーツの世界大会であり、夏季大会と冬季大会が開催されている。順位は決定されるものの最後まで競技をやり遂げた選手全員が表彰される、といった特徴がある大会である。夏季大会は1968年を第１回（米国・シカゴ）としており、2019年３月にアラブ首長国連邦のアブダビにおいて第15回大会が開催された。2017年にはオーストリアのシュラートミンクにおいて第11回冬季大会が開催された。また、スペシャルオリンピックスでは、知的障害のある人とない人が共にチームを組みスポーツを楽しむ取組も進めており、世界大会の種目にも採用されている。

○**パラリンピック競技大会**
　オリンピックの直後に当該開催地で行われる、障害者スポーツの最高峰の大会であり、夏季大会と冬季大会が開催されている。夏季大会は、1960年にイタリアのローマで第１回大会が開催され、オリンピック同様４年に一度開催されている。2016年には、ブラジルのリオデジャネイロにおいて第15回大会が開催された。次回は、2021年、東京において開催が予定されている。冬季大会は、1976年にスウェーデンのエンシェルツヴィークで第１回大会が開催されて以降、オリンピック冬季大会の開催年に開催されている。2018年３月には、韓国の平昌（ピョンチャン）において第12回大会が開催され、日本は金メダル３個、銀メダル４個、銅メダル３個を獲得した。次回は、2022年に中国の北京で開催が予定されている。

出典：内閣府編『令和２年版　障害者白書』2020年　p.124

業、②障害者スポーツ団体の連携及び体制整備への支援事業、③障害者スポーツ用具活用促進実践事業の拡充が行われている。そのほか、全国の特別支援学校で地域を巻き込んだスポーツ・文化・教育の祭典を実施するとともに、特別支援学校を地域の障害者スポーツの拠点としていくことを目指す「Specialプロジェクト2020」を2018（平成30）年度から実施している。

　また、障害者スポーツの全国的な大会として「全国障害者スポーツ大会」「全国ろうあ者体育大会」などがあげられる。国際的な大会としては「デフリンピック」「スペシャルオリンピックス世界大会」「パラリンピック競技大会」がある（表9－2）。

(3)　障害者の社会参加を促進するための合理的配慮と差別の禁止

1）　障害者権利条約と国内法からみる「合理的配慮」と「差別の禁止」

　障害者権利条約は、障害者（児）の人権や基本的自由の享有を確保し、固有の尊厳の尊重を促進するため、今日社会における障害者（児）の権利の実現のための措置等を規定している。本条約において、国際人権条約としては初めてとなる「合理的配慮」の概念が導入された。

> **障害者権利条約第2条（定義）より抜粋**
> 　「合理的配慮」とは、障害者が他の者との平等を基礎として全ての人権及び基本的自由を享有し、又は行使することを確保するための必要かつ適当な変更及び調整であって、特定の場合において必要とされるものであり、かつ、均衡を失した又は過度の負担を課さないものをいう。

　つまり、合理的配慮とは、障害者（児）から何らかの援助を求める意思の表明があった場合、過度な負担になり過ぎない範囲で、社会的障壁を取り除くために必要な便宜を図ることである。人々は社会生活を送るにあたり、さまざまな場面でサービスや社会的インフラの供与、権利の付与等といった機会が与えられるが、こうしたものは、障害のない人を基準にして制度設計されていることが往々にある。障害者（児）の利用が想定されていない場合、当事者は、それらの利益を受けられないといった事態が起こる。これが社会的障壁といわれるものとなり、実質的には障害のない人との比較において障害者（児）に対して区別、排除または制限といった異なる取り扱いをしているという結果を招く。社会的障壁を取り除くために、そして実質上の平等を実現するために必要な配慮を要求することを障害者（児）の権利ととらえることは重要である。2011（平成23）年改正の「障害者基本法」でも、差別の禁止とともに、合理的配慮に関する条文を設けている。

> **障害者基本法第4条（差別の禁止）**
> **第1項** 何人も、障害者に対して、障害を理由として、差別することその他の権利利益を侵害する行為をしてはならない。
> **第2項** 社会的障壁の除去は、それを必要としている障害者が現に存し、かつ、その実施に伴う負担が過重でないときは、それを怠ることによつて前項の規定に違反することとならないよう、その実施について必要かつ合理的な配慮がされなければならない。

　障害者基本法で規定された差別の禁止を具体化するものとして立法された「障害者差別解消法」においても、社会的障壁の除去の実施についての必要かつ合理的な配慮に関する環境の整備が規定されている。

2）「合理的配慮の提供および不当な差別的取り扱い」の例

　具体的な合理的配慮の例をみていく[9]。

> 【合理的配慮の提供の例】
> ○車椅子利用者のために段差に携帯スロープを渡す、高い所に陳列された商品を取って渡すなどの物理的環境への配慮を行う。
> ○筆談、読み上げ、手話等によるコミュニケーション、わかりやすい表現を使って説明をするなどの意思疎通の配慮を行う。
> ○障害の特性に応じた休憩時間の調整などのルール・慣行の柔軟な変更を行う。

*13
同法の規定に基づき、福祉分野における事業者が障害者に対し不当な差別的取り扱いをしないこと、また必要かつ合理的な配慮を行うために必要な考え方などを記載したもので、国が定める基本方針に即して主務大臣が定めるとされる（第13条第1項）。第7章p.114、第10章p.172参照。

　障害者差別解消法では、2015（平成27）年にガイドライン*13が定められ、不当な取り扱いの具体例をあげている[10]。

　本法では、障害者（児）に対して、正当な理由なく、障害を理由として、サービス等の提供を拒否することや、提供にあたって場所・時間帯などを制限すること、障害のない者に対しては付さない条件を付するなどにより、障害者（児）の権利利益を侵害することを禁止している。「不当な差別的取り扱い」とは、問題となる事務・事業について、本質的に関係する諸事情が同じである障害のない者への対応と比較して、正当な理由なく、障害者（児）への対応を不利に扱うことをいう。

　なお、障害者（児）を障害のない者と比べて優遇する取り扱い（いわゆる積極的改善措置）や合理的配慮の提供による障害のない者との異なる取り扱い、障害者（児）に合理的配慮を提供するために必要な範囲で、プライバシーに配慮しつつ障害の状況等を確認するといった、事実上の平等を促進し、または達成するために必要な特別の措置は、不当な差別的取り扱いではないことに留意しなければならない。

【不当な差別的取り扱いと考えられる例】
○サービスの利用を拒否すること
・人的体制、設備体制が整っており、対応可能であるにもかかわらず、医療的ケアの必要な障害者、重度の障害者、多動の障害者の福祉サービスの利用を拒否すること。
・身体障害者補助犬の同伴を拒否すること。
○サービスの利用を制限すること（場所・時間帯などの制限）
・正当な理由なく、対応を後回しにすること、サービス提供時間を変更、または限定すること。
・正当な理由なく、他の者とは別室での対応を行うなど、サービス提供場所を限定すること。
・正当な理由なく、サービス事業所選択の自由を制限すること（障害当事者が望まないサービス事業者を勧めるなど）。
・サービスの利用に必要な情報提供を行わないこと。
○サービスの利用に際し条件を付すこと（障害のない者には付さない条件を付すこと）
・保護者や支援者・介助者の同伴をサービスの利用条件とすること
・サービスの利用にあたって、他の利用者と異なる手順を課すこと（仮利用期間を設ける、他の利用者の同意を求めるなど）。
○サービスの利用・提供にあたって、他の者とは異なる取り扱いをすること。
・正当な理由なく、行事、娯楽等への参加を制限すること。
・正当な理由なく、年齢相当のクラスに所属させないこと。
・本人を無視して、支援者・介助者や付添人のみに話しかけること。
・正当な理由なく、本人の意思またはその家族等の意思（障害のある方の意思を確認することが困難な場合に限る。）に反して、福祉サービス（施設への入所、通所、その他サービスなど）を行うこと。

　障害者差別のない社会をめざすことが、障害者の社会参加を促進する鍵であるということはいうまでもない。

⑷　社会参加の今後のあり方－パーソナル・アシスタンス制度の実現－

　障害者総合支援法の附則にある施行後3年を目途とした見直しの検討項目のなかにパーソナル・アシスタンス制度がある[14]。この制度は、イギリスやスウェーデン[15]、そして日本では札幌市などですでに実施されているが、日本における制度化への機運が具体的に高まったのは障害者権利条約批准前後のころといわれている。

　障害者権利条約では、すべての障害者（児）が障害のない人と同様に地域社会で生活する平等の権利を有するとの前提のもと、「地域社会における生活及び地域社会への包容を支援」するものとして、「個別の支援」（パーソナル・アシスタンス（personal assistance：PA）を規定している（第19条（b））。

[14] 本法施行3年後の見直しにかかる議論において取り上げられたものの、後述するダイレクト・ペイメント方式採用への懸念、意思決定支援の必要な障害者への権利擁護の必要性、財源確保が困難といった理由により制度化は見送られている。

[15] 第2章p.27参照。

障害者権利条約の理念と内容に沿いつつ行われた政策提言のなかでは、重度訪問介護の発展的継承によるPA制度の創設が提起され、その定義を「1. 利用者主導（支援を受けての主導を含む）による、2. 個別の関係性の下での、3. 包括性と継続性を備えた生活支援である」としている。

　2010（平成22）年度より自治体独自の制度として始めている札幌市の取り組みを参考に、PA制度についてみていく[9]。

【パーソナル・アシスタンス（PA）制度】

（PA制度とは）

・重度の障害者に対し、札幌市が介助に要する費用を直接支給し、利用される方が、その範囲内でライフスタイルにあわせて介助者と直接契約を結び、自らマネジメントしていくもの。

・ヘルパー資格の有無等にかかわらず介助者となることができるため（利用する方の配偶者および3親等以内の親族を除く）、地域の方々の力を活用し、介助体制を組むことができる。

・札幌市が民間団体に委託した「PAサポートセンター」が運営にあたる。

（PA制度の概要）

・対象者…………札幌市から障害者総合支援法に基づく重度訪問介護の支給決定を受けている本人、もしくは支援する方の責任において、介助者の募集、介助方法の指導、金銭管理等が行える方。

・利用者負担……1割負担（負担上限月額の範囲）。生活保護受給世帯・市民税非課税世帯は無料）。

（PA制度の主な特徴）

・1か月に利用できる介助費用の額を一定の範囲で決定し、実績に基づく請求に応じて、直接重度障害者に支給する。

・従来の事業所から派遣されたヘルパーによる介助支援ではなく、自分が選んだ介助者と直接契約を交わす。

・ヘルパー資格は要件でないため、地域の方々が有償の介助者になることが可能。

・決定された介助費用の額の範囲内で、障害者本人が自ら介助者に支払う報酬の額を決定する（夜間に報酬を高くしたり、日中の報酬を低くしたりすることで、これまでの制度以上に介助時間を確保することができる可能性がある。なお、報酬は交通費別で、およそ800円〜1,500円／時）

　札幌市の取り組みからわかるように、PA制度は障害者自らが介助者を決定し、自治体から支給された現金から支払いも自ら行う方式（ダイレクト・ペイメント方式）である。札幌市の本制度利用に際しての留意点として、障害者自らが介助者を決定し、支払いも自らが行う等の自由があるとしつつ、介助者への指導、シフトの調整、報酬の支払い等の責任が発生するといった特徴をよく理解したうえでの利用決定の是非が問われている。このようにPA制度は、障害当事者が主導する点は評価できるものの、意思決定支援の必要な障害者が利用する際の権利擁護に関する重要な課題が残されている。

　2014（平成26）年度から「重度訪問介護」の対象に、行動障害を有する知的障害者、精神障害者を含んだが、その場合の意思決定支援についても同様の課題といえるものである。また、2018（同30）年度から始まった「自立生活援助」では、地域での一人暮らしを希望する障害者を対象に定期巡回訪問や随時対応を行うとしている。しかし、生活状況の見守り、助言、連絡調整といった相談支援が主であり、地域生活を送るうえで必要となる実際的な介助支援を行うものではない。PA制度のような個別支援を重視する福祉サービス提供体制のあり方についての議論が望まれる。

本章のまとめ●共生社会の実現に向けて●

　本章では、わが国における障害者（児）の社会参加を拒む要因、社会参加促進に向けた今後の課題等について述べた。

　障害者（児）の社会参加を拒む第一の要因は、偏見であり社会の人々の意識である。わが国がめざす障害のある人とない人がともに生きる社会をつくりあげるためには、障害者（児）を社会の対等な一員として受け入れるという意識こそが、社会全体の根底に必要である。物理的・制度的なバリアを除く施策を実施したとしても、根幹にある障害者（児）を排除する偏見等の意識がある限り、社会参加への課題が解決されたといえるわけではない。社会の人々の意識が変革されなければ、本当の意味でのバリアフリー、さらにはユニバーサルデザインがなされたわけではなく、障害当事者が望む社会参加、つまり共生社会の実現は難しいといえる。

　障害者（児）の社会参加を促進するため、偏見を除去し、共生社会をつくりあげるための実践的なアプローチ、方法論として障害当事者による直接的な社会への働きかけを支援することがソーシャルワーカーには求められる。

　第一に、常に当事者側に立って働く意識をもたなければならない。生活における主体性の観点から、前面に出るのは専門職ではなく当事者である。ソーシャルワーカーは彼らを陰から支える“黒子”の役割に徹し、また社会と当事者をつなぐ役割を認識しなければならない。第二に、障害者（児）を取り巻く現状、課題等を客観的、科学的に検証しようとする意識も必要である。行動の根拠となるのは、障害者一人ひとりが抱える個別的な生活課題や社会的な課題をとらえる視点である。それらを常に意識し、実践していく姿勢を忘れてはならない。

【考えてみよう】
① 障害者（児）に対する「偏見」「スティグマ」「差別」の違いについて整理し、具体例をあげて説明してみよう。
② 障害者（児）の社会参加を進めるために、地域の住民とともに地方公共団体が行うべきことは何か考えてみよう。
③ 障害者（児）の社会参加を進めるために、ソーシャルワーカーができることは何かをまとめてみよう。

【さらに学びを深めるための参考文献】
1）Ｐ.スピッカー（西尾祐吾訳）『スティグマと社会福祉』誠信書房　1987年
2）大谷藤郎『現代のスティグマ－ハンセン病・精神病・エイズ・難病の艱難－』勁草書房　1993年

【引用文献】
1）内閣府編『平成29年版障害者白書』勝美印刷　pp.58－61
2）森岡清美・塩原勉・本間康平編『新社会学辞典』有斐閣　1993年　p.1325
3）秋元美世・大島巌・芝野松次郎・藤村正之・森本佳樹・山縣文治編『現代社会福祉辞典』有斐閣　2003年　p.461
4）佐藤久夫・小澤温『障害者福祉の世界（第4版）』有斐閣　2010年　p.194
5）前掲書3　p.264
6）前掲書3　p.464
7）清水貞夫『インクルーシブな社会をめざして－ノーマリゼーション・インクルージョン・障害者権利条約－』クリエイツかもがわ　2010年
8）厚生労働省「平成30年度障害福祉サービス等報酬改定の基本的な方向性について」2017年
9）内閣府ホームページ：合理的配慮等具体例データ集
　　http://www8.cao.go.jp/shougai/suishin/jirei/
10）厚生労働省ホームページ：障害者差別解消法福祉事業者向けガイドライン
　　http://www.mhlw.go.jp/file/06-Seisakujouhou-12200000-Shakaiengokyokushougaihokenfukushibu/0000114724.pdf
11）札幌市ホームページ：パーソナルアシスタンス制度について
　　http://www.city.sapporo.jp/shogaifukushi/jiritsushien/1-4-1_PAgaiyou.html

【参考文献】
・厚生労働省ホームページ：地域生活支援拠点等
　　https://www.mhlw.go.jp/stf/seisakunitsuite/bunya/0000128378.html

第10章 権利擁護

● 障害者の権利擁護とソーシャルワーク実践

> ソーシャルワーカーは、実践において利用者の権利擁護を実現する専門職であるため、権利にかかる事柄を学ぶ必要がある。とりわけ、日本の障害者福祉は近年急速に発展してきたこともあり、現在に至る成果と課題をふまえ理解していくことが必須である。
>
> 2014（平成26）年、日本が「障害者の権利に関する条約」（障害者権利条約）を批准するにあたっては大きな制度改革がなされた経緯がある。2011（同23）年の「障害者基本法」の改正、「障害者の日常生活及び社会生活を総合的に支援するための法律」（障害者総合支援法）と「障害者差別の解消の推進に関する法律」（障害者差別解消法）の成立、「障害者の雇用促進等に関する法律」（障害者雇用促進法）の改正と続き、現在の権利擁護のあり方に大きな変革をもたらした。
>
> 本章では、障害者（児）が権利意識をもって本来の力を発揮でき、自分らしく生きていくことのできる社会の実現に向け、権利擁護にかかわる学びをしていただきたい。

1．権利擁護の意味と構成要素

(1) 権利擁護の意味と担い手

権利擁護とは、「自己の権利や援助のニーズを表明することの困難な障害者等に代わって、援助者が代理としてその権利やニーズ獲得を行うこと」という定義もあれば、「援助者が先回りをせずに利用者自身が自分の権利を主張することができるよう側面的に支援していく」セルフ・アドボカシーを重要視する見解もある。また、「意思表示の支援・代弁」という簡略な定義もあるが、これは両者の意味をあわせもつとみてよいであろう。

次に、権利擁護と同義語と目されるアドボカシーについて、その担い手の社会的領域を整理すると次のようになる[1]。

① プロフェッショナル・アドボカシー
ソーシャルワーカー、ケアワーカー、ケアマネジャー、専門職団体等の

対人支援職が行う。

② シチズン・アドボカシー

ボランティア、社会福祉協議会、民生委員・児童委員、人権擁護委員、マスコミ等の一般市民が行う。

③ パブリック・アドボカシー

福祉および関連行政担当職員、社会福祉法人理事会の行政や経営責任者が行う。

④ リーガル・アドボカシー

弁護士、司法書士、家庭裁判所調査官の法律専門職が行う。

(2) 権利擁護の考え方

権利擁護を考えるにあたり、障害者（児）の地域生活を支える全国組織である全国自立生活センター協議会が自立生活プログラムで活用している「私たちの権利」[2] を紹介する。ここに示されている権利は、障害の有無にかかわらず人権として守られるべき事項である。

① 自分がやりたいことをはっきり言って、それを優先する権利

今までは、家族や介助者の顔色を見て、自分のやりたいことを引っ込めてしまう。

② 自分のやりたいことを人の手を借りて行う権利

今までは、迷惑をかけてはいけないと思って人に頼めない。

③ 能力のある平等な人間として尊重される権利

今までは、障害があると自分の能力が低いもののように思ってしまう。

④ 危険をおかす権利

今までは、家族や介助者に付き添われ、守られていた。

⑤ 間違える権利

今までは、間違えるのは馬鹿なことだと思い、自分は能力が低いと思ってしまう。

⑥ 自分だけの考えをもつ権利

今までは、先生や親に言われるままになっていた。賛成してもらえないと、自分の考えがおかしいと思ってしまう。

⑦ 思う通りに「はい」「いいえ」を言う権利

今までは、人に気を使って自分の気持ちを隠してしまう。

⑧ 気持ちの変化を表現する権利

今までは、一度表現した気持ちを、取り消すと何か言われると思い、取

り消すことができない。

⑨　「わかりません」「できません」と言う権利

　　自らの能力が低いとみなされることにつながり、尊厳を傷つけられるのではと恐れてしまう。

⑩　楽をする権利

　　今までは、どんなにたいへんなことでも頑張らなくてはと断ることができない。

　この10の権利から気づくべきことは、これら権利が十分に守られていない実態があるという厳然たる事実である。誰もが、単に生きることが目的ではなく、どう生きるかを求めている。その生き方の選択は障害の有無に関係なく、誰もに与えられた権利なのである。当たり前の権利を失っている実態を軽視してはならない。

　ただ、判断能力が低下している者にとって、自己選択や自己主張、自己表現をすることは容易ではない。権利を擁護されるべき当事者は、社会生活に対して何らかの障壁があることが予想できる。この障壁の除去には、医学的には障害の軽減、社会的には環境の整備等が考えられるが、本人の力を最大限に発揮させるエンパワメントの視点もソーシャルワーカーには必要となる。

　黒人のエンパワメント実践を提唱したB.ソロモンは、次の４つがエンパワメント実践の指標であると提唱している[3]。

①　支援者は、クライエントが自分自身の問題を変革していく主体であるとみるように支援する。

②　支援者は、クライエントの知識や技能を活用するように支援する。

③　クライエントは、支援者を問題解決に努力していくにあたってのパートナーであると認めるように支援する。

④　支援者は、クライエントが「無力化」を変化させられるものと認めるように支援する。

2．権利擁護にかかわるシステム

⑴　障害者虐待防止法

　2011（平成23）年６月に「障害者虐待の防止、障害者の養護者に対する支援等に関する法律」（障害者虐待防止法）[*1]が成立、2012（平成24）年10月に施行された。本法の特徴は次の通りである。

＊1　障害者虐待防止法
第7章 p.112参照。

① 障害者本人の権利・利益の擁護を目的とし、虐待者の処罰や排除をするものではない。また、障害者の保護とともに、その自立支援と社会参加を確保するものであることを指導理念とする。

② 養護者の支援も、虐待対応における役割であることを明示している。

③ 障害者の虐待を障害者の尊厳を害するものとし、虐待の禁止、防止・解消に向け、官民をあげて取り組むことを示している。

④ 在宅・障害者福祉施設等・職場という3つの場面における虐待につき、国民に通報義務を課すとともに、その対応体制を市町村・都道府県・労働関係行政の責務として規定している。

⑤ 市町村が在宅の養護者による障害者虐待へ対応するにあたって必要な権限と責務を具体的に定めている。「やむを得ない事由による措置」や成年後見等開始の市町村長申立てに関する規定、立入り調査、面会制限、養護者支援なども定めている。

⑥ 施設従事者等の虐待への対応対策について、監査権限や実地指導権限等に基づき都道府県と市町村が対応する。正当な理由のない身体拘束は身体虐待にあたることを規定している。

⑦ 使用者虐待については、職場における虐待対応の基本的な責務を労働行政機関に置き、通報受理から一定の事実確認、虐待対応において福祉的対応が必要な場合につき、都道府県と市町村が労働行政機関と連携して対応を図るという枠組みを設けた[4]。

(2) 障害者差別解消法

＊2 障害者差別解消法
第7章p.114参照。

「障害者差別解消法[＊2]」は2013（平成25）年に成立、2016（同28）年4月から施行された。

障害者差別禁止の基本原則は、障害者基本法にも定めているが、一般的な禁止事項を定めただけのため、障害者基本法第4条の規定を具体化することを目的に制定した。こうした背景から、障害者差別解消法では障害者権利条約や障害者基本法などで示された「不当な差別取扱い」や「合理的配慮」に関する考え方をふまえ、「法の対象となる主体や障害者差別解消法の義務（または努力義務）」「差別解消措置を具体的に推進するための基本方針、対応要領や対応指針の作成」「相談体制や紛争解決」「障害者差別解消支援地域協議会」「啓発活動や情報収集」「罰則」のそれぞれに関して規定している。

法の目的である、障害者を個人として尊重することをふまえ、差別解消の基本的事項、行政や事業者の差別解消のための措置を定め、共生社会の実現に向け、障害者（児）の権利擁護の根拠として、行政機関等は「事務又は事

業を行うにあたり、障害を理由として障害者でない者と不当な差別的取扱い
をすることにより、障害者の権利利益を侵害してはならない」とした。また、
障害者（児）から社会的障壁*3の除去を必要としている旨の意思の表明があっ
た場合には「その実施に伴う負担が過重でないときは、障害者の権利利益を
侵害することとならないよう」必要かつ合理的な配慮をする義務を謳ってい
る（第7条）。しかし、不当な差別的取り扱いと過重な負担、合理的配慮の具
体については定義されていない。また、事業者に対しても障害を理由とする
不当な差別取り扱いを禁じているが、合理的配慮の提供については努力義務
にとどまっている（第8条）。

障害がある者にとつて
日常生活又は社会生活
を営む上で障壁となる
ような社会における事
物、制度、慣行、観念
その他一切のものをい
う（本法第2条第1項
第2号）。

　障害者権利条約の批准に向けて制定された法律ではあるが、その内容を条
約で要請される内容と比較すると、先の合理的配慮義務違反については、社
会に広く存在する差別から障害のある人を救済するためには、事業者につい
ても法的義務へと移行すべきである。また、差別的取り扱いや必要な合理的
配慮については、障害者権利条約の各則の趣旨に適合する内容となるよう具
体化し、障害者（児）の実状にあった内容に改めての「対応要領や対応指針
の作成」が求められる。

(3)　日常生活自立支援事業と成年後見制度

1)　日常生活自立支援事業

　1999（平成11）年10月、介護保険制度の要介護認定手続き開始の時期にあ
わせて、認知症高齢者、知的障害者、精神障害者等で日常生活に不安のある
方を対象に、苦情解決を含む福祉サービスの利用支援や金銭管理の支援を行
うことを目的とした「地域福祉権利擁護事業」が創設された。各都道府県・
指定都市の社会福祉協議会が実施主体となり全国的に展開されたが、その名
称が難しく、内容がわかりにくいとの意見もあり、2007（同19）年4月から
「日常生活自立支援事業」に名称変更された[5]。

　本事業は、支援が必要であり契約が理解できる人が対象であり、社会福祉
協議会と契約を結び、介護業者の情報提供、利用料の支払い、苦情申立ての
手続きなどの援助を受けるというものである。対象や援助内容が成年後見制
度と似ているが、支援の内容は日常生活の範囲に限られるため、施設入所行
為等には援助ができない点が成年後見制度との違いである（表10-1）。

　なお、本事業は社会福祉法では「福祉サービス利用援助事業」として規定
される（第2条第3項12）。

表10-1 成年後見制度と日常生活自立支援事業

制　度	成年後見制度	日常生活自立支援事業
概　要	財産管理や身上監護に関する法律行為全般を行う	日常的な生活援助の範囲内での支援を行う
具体例	・施設への入退所契約、治療、入院契約 ・不動産の売却や遺産分割 ・消費者被害の取り消し	・福祉サービス利用の申込み ・契約手続きの援助 ・日常生活上の必要資金の差し入れ
管　轄	法務省（民法）	厚生労働省（社会福祉法）
対象者	判断能力が低下した人	日常生活に不安を抱えている人 判断能力の不十分な人
援助者	成年後見人、保佐人、補助人、任意後見人	専門員、生活支援員
相談窓口	弁護士、司法書士、社会福祉士等	市町村社会福祉協議会
申込み	本人等一定の申立権者が家庭裁判所へ申立て （福祉関係、市町村長を含める）	本人・関係者等が社会福祉協議会へ申込み （相談機関を含める）
代理権	あり（保佐・補助の場合は申立て必要）	あり（在宅福祉サービスの利用手続き、預貯金の払い戻し）
監督機関	家庭裁判所、後見監督人、任意後見監督人	都道府県社会福祉協議会（契約締結審査会）、運営適正委員会（運営監視合議体）

出典：筆者作成

2）　成年後見制度

　認知症高齢者、知的障害者、精神障害者等、判断能力が不十分であり、権利の行使に困難を抱える人たちを保護する仕組みとして、旧来「民法」では「禁治産・準禁治産」という取引の保護に重点を置いた制度を定めていた。しかし、この制度を利用すると、行為能力が制限されるとともに、自動的に多くの資格等の欠格事由となるため、利用者が能力的に劣った人間であるという誤った認識でとらえられ、社会から不当な差別を受けてしまうことや、鑑定に費用と時間がかかること等を理由にあまり利用されてこなかった現状がある。制度を柔軟で利用しやすいものに改定する必要性に加えて、介護保険制度の発足に伴い、認知症高齢者の契約行為を支援するために民法改正等の手続きを経て、2000（平成12）年度から導入されることになった[6]。

　成年後見制度は、判断能力が不十分な方々が、不動産や預貯金、遺産分割の協議等の財産管理や介護サービスや施設への入所契約等の身上監護といった自分でこれらを行うのが難しい場合に活用する制度である。また、自分に不利益な契約を結んでしまい、悪徳商法の被害から守るため、判断能力の不十分な方々を保護し、支援する役割も担っている。

　成年後見制度は、大きく分けると、「法定後見制度」と「任意後見制度」の2つに分けられる。

法定後見制度は、「後見」「保佐」「補助」の3つに分かれており、判断能力の程度等本人の事情に応じて制度を選べる。家庭裁判所によって選ばれた成年後見人（後見人・保佐人・補助人）等が、本人の利益を考え、本人を代理して契約などの法律行為をすること、本人が自分で法律行為をする際の同意を与えること、本人が同意を得ないで不利益な法律行為をした場合に、後から取り消すにことによって、本人の保護、支援を行うことができる。

任意後見制度は、本人が十分な判断能力があるうちに、将来、判断能力が不十分な状態になった場合に備えて、あらかじめ自らが選んだ代理人（任意後見人）に、自分の生活、身上監護や財産管理に関する事務について代理権を与える契約（任意後見契約）を公証人の作成する公正証書で結んでおく制度である。本人の判断能力が低下した後に、任意後見人が任意後見契約で決めた事務について、家庭裁判所が選任する「任意後見監督人」の監督のもと、本人を代理して契約などをすることによって、本人の意思にしたがった適切な支援を可能とする。

3）　成年後見制度利用促進法

「成年後見制度の利用の促進に関する法律」（成年後見制度利用促進法）は、2016（平成28）年に成立した。その背景には、成年後見制度の利用者数は増加しているものの、今なお未利用者が多いうえに、今後、認知症者の増大が予想されること、また、制度の利用が後見人に偏り、保佐、補助および任意後見制度の利用が少ないといった問題があげられる。生活能力やコミュニケーション能力、社会への適応性を総合して必要な支援を判断しつつも、当事者自らが類型を選択することが望ましいことから、成年後見制度の運用や制度自体の課題も明らかになってきている。

成年後見制度利用促進法は、成年後見制度の利用の促進について基本理念を定め、国の責務等を明らかにし、基本方針その他の基本となる事項を定め、成年後見利用促進会議および成年後見制度利用促進委員会を設置すること等により、成年後見制度の利用の促進に関する施策を総合的かつ計画的に推進することとしている。

主な内容には、「成年後見制度の利用の促進についての基本理念」「国の責務等」「法制上の措置等及び施策の実施の状況の公表」「成年後見制度の利用の促進についての基本方針」「成年後見制度利用促進基本計画の策定」「成年後見制度利用促進会議の設置」「成年後見制度利用促進委員会の設置」「地方公共団体の講ずる措置」について定めている[7]。

⑷　触法障害者への支援

　触法障害者への支援として、刑務所における知的障害者の実態調査を行った厚生労働科学研究*4によると、知的障害が疑われる受刑者のうち福祉の支援を受けていたことを示す療育手帳を所持していた者はわずか約6％である。知的障害が疑われるとされた者は、万引き等の窃盗（43.4％）、無銭飲食（6.8％）の順となっている。つまり、刑務所にいる知的障害者の多くは、福祉的な支援を受けることなく、社会のなかで孤立・困窮して、万引きや無銭飲食等の罪を犯すことで刑務所に収監されている。軽度の知的障害者が実刑となる理由には、示談や被害弁償のできる経済力、人に伝わる謝罪の仕方などのコミュニケーション能力の不足が考えられる。他にも、障害者は刑務所出所後も、身寄りがないこと、お金や住むところがないこと、誰からも支援を受けられないこと等の理由から、生活を再建することができないまま罪を繰り返してしまい、刑法上の「累犯加重」が適用されるという現状がある。

　この再犯防止は大きな課題となり、厚生労働科学研究の結果、2009（平成21）年度に「地域生活定着支援事業」が創設され、実施機関となる「地域生活定着支援センター」が各都道府県に整備された*5。本センターは、高齢または障害により福祉的支援を必要とする矯正施設退所者に対し、退所後ただちに福祉サービス等（障害者手帳の発給、社会福祉施設への入所など）につなげるための準備を保護観察所と協働して進め、社会復帰を支援する。また、2012（同24）年度からは、矯正施設退所後のフォローアップ、相談支援まで支援を拡大・拡充し、入所中から退所後まで一貫した相談支援を行う「地域生活定着促進事業」を実施している[8]。

3．虐待に対する対応と支援者の役割

　法整備が進んだにも関わらず、施設や学校、就労の場で悪質な虐待は後を絶たず未然に防げていない実態がある。過去には「水戸アカス」事件や「サングループ」事件など、身体的虐待・性的虐待・心理的虐待・ネグレクト・経済的虐待が複雑に絡み合った虐待事件が発生している。

　ここでは、実際に施設で発生した虐待と福祉施設従事者等の虐待防止の取り組み事例[9]から、支援者の役割を考えてみたい。

⑴　Sセンターの虐待防止に向けた取り組み

　障害者虐待防止に向けた取り組みとして、院長の発案で施設内に虐待防止

＊4
2006（平成18）年度から2008（同20）年度にかけて実施した「罪を犯した障がい者の地域生活支援に関する研究」のこと。

＊5
2011（平成23）年度末、全都道府県に開設されるに至った。

図10-1　虐待発生時の対応・報告システムのチャート

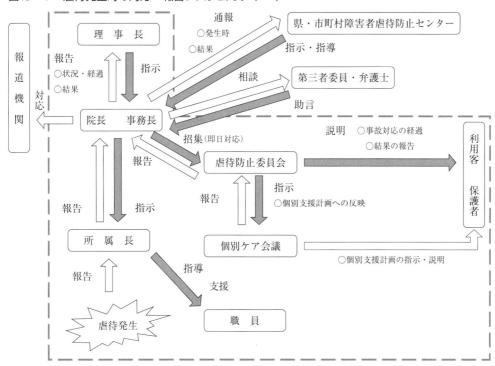

出典：日本発達障害学会『発達障害者研究』第38巻第2号　2016年　p.198

委員会が設置される。委員会の役割は、①当センターの実情に即した虐待防止マニュアルを作成すること、②日頃の生活支援、医療行為などを振り返り、全職員から、これまでに体験したり聞いたりした事例を募集し、提出された事例を分類し、不適切と思われる基準、適切と考えられる対応方法などの考察を加え、「不適切な対応事例集」として作成すること、③チェックシートの実施とその結果を活用すること、④虐待防止の啓発を目的とした掲示物を活用することとされた。さらに、虐待が発生した時のことを想定し、その対応を虐待発生時の対応・報告システムとしてチャート化することで、職員に分かりやすい仕組みと虐待防止に向けた役割が構築された（図10-1）。

⑵　Sセンターによる虐待発生から通報までの経緯

　ある日40代の男性職員が、50代の利用者の頭を数回叩き、その翌日には別の20代の利用者をベッドに押し倒して押さえつけ、本人に向かって暴言を吐いたという虐待行為が発覚した。いずれの利用者にも外傷はなかったが、この行為を目撃した職員が上司に相談し、上司はセンターに設置されていた虐待防止委員会に報告した。男性職員が所属する部署の責任者による事実確認

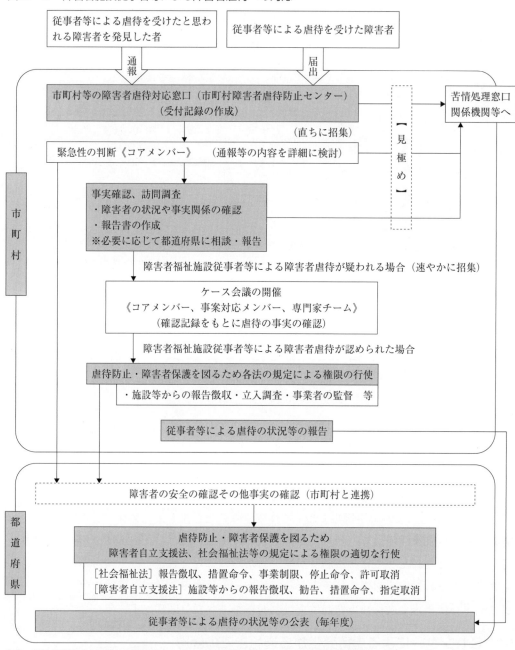

図10－2　障害者施設従事者等による障害者虐待への対応

出典　厚生労働省「市町村・都道府県における障害者虐待の防止と対応の手引き」2020年　p.97

　　　が行われ、事実であることが確認された。それを受けてコアメンバー（院長、事
　　　務長、所属長、虐待対応担当者）が招集され、目撃した職員からの報告など
　　　をもとに虐待の疑いがあるとして市町村障害者虐待防止センターに通報する
　　　ことを決定した（図10－2）。

通報を受理した市町村障害者虐待対応センターは、翌日に事実確認のため来園し、当該職員との面接、関係職員からの事情聴取、現場の確認支援記録等の確認を行い、今回の通報事案は虐待として認定された。

(3)　虐待対応における支援者の役割

市町村障害者虐待防止センターは、障害者虐待防止法に基づく「福祉施設従事者等による虐待」として県の障害者権利擁護センターに報告した。後日、権利擁護センターは、事実確認のため施設を訪問し、施設と障害者虐待防止センターの双方から事情聴取を行ったうえで、再度「虐待」として認定し、業務の改善命令が下された。

Sセンターは、支援記録や勤務実態を把握できる記録、その他関連する資料の提出など、事実確認に対して積極的に協力し、利用者、保護者、そして職員に対して今回の経緯の説明、経過報告を行った。入所施設の利用者だけでなく、Sセンターを利用されているすべての利用者とその家族に対しても、口頭、文章をもって謝罪と経緯の説明を行った。

Sセンターは、県からの改善命令を受けたことを契機に、これまでの取り組みを見直し、改めて「虐待のない事業所」を目指した組織づくりに着手することになり、そのことを県に提出した業務改善計画にも反映した。

これまでの虐待対応、虐待防止に向けた取り組みを行うにあたって、決して一人の職員が解決できることではない。支援事業所が組織として虐待防止に向けた役割を明確にし、施設長、サービス管理責任者、直接処遇職員、事務職員など非処遇職員が担うべき役割を明確にする必要がある。さらに、これらのことを支える虐待防止委員会などの組織が必要である。虐待を受けた利用者、家族への支援はもとより、通報した職員への心のケアを含め、その方たちが元通りの生活になるまでが虐待対応と考えなくてはならない。

4．法制度と今後の課題

近年、日本において共生社会の実現に向け急速に法整備が進んだ。障害者（児）の権利擁護に関する制度は、生活の全体を包括できる仕組みへとおおむね整えられてきたといえる。しかし、社会的に法整備が進んだ反面、国民の障害に対する理解が追いついていない状況としてとらえることができる。

たとえば、障害者（児）への「合理的配慮」は、国民の理解なしでは実現不可能である。法に明記された内容をどのように社会に浸透させるか、法の形骸化を避けるため啓発活動が、今後の大きな課題となるだろう。また、障

害者（児）の権利を守るうえで、当事者に対する特別措置といった方法論と、合理的配慮の提供により社会的障壁を除去し平等を図るという方法論を理解していただきたい。たとえば、障害者雇用促進法には、法定雇用率を用いて、障害者の雇用の量の確保と合理的配慮による質を確保する双方のアプローチが盛り込まれている。こうした支援の考え方について理解を深めてほしい。

　そして、共生社会の実現には、差別を禁止して取り締まることも大切であるが、そもそも差別を生まない風土や環境をつくるべきで、社会的障壁をなくすことや差別の発生予防を重視していくことを忘れてはならない。

本章のまとめ●障害者の権利擁護において果たすべき役割と責任●

　ソーシャルワーカーは、幅広い関係機関と連携し、さまざまな社会資源を活用しながら、障害者の権利を擁護しなくてはならない。前述した施設内虐待事件の背景には、障害の特性に対する知識や理解不足、障害者の人権に対する意識の欠如、施設の閉鎖性などが考えられる。また、虐待をしている本人に自覚がない場合や、虐待を受けている障害者自身が状況を説明できないことから、発覚されにくいという現状もある。虐待の予防には虐待のサインを逃さず、通報・相談することが望まれる。雇用率の問題は、社会的な障害者への経済的虐待ともとらえることができる。障害者に対する虐待の是正のみでなく、国民はともに生きる社会づくりを推進していかなくてはならない。そのためにも、障害者の人権はもちろん、当事者への合理的配慮に関しても理解を深め、障害者への支援に加え、地域社会への啓発をしていかなければならない。そうしたソーシャルワーカーの努力が、差別のない社会の実現に近づいていく原動力となるであろう。

【考えてみよう】
① 障害者の権利擁護に関する法律を整理してみよう。
② 障害者の権利擁護について現状と課題を考えてみよう。
③ 障害者の人権侵害に関する事件を調べてみよう。

【さらに学びを深めるための参考文献】
1）児玉勇二『知的・発達障害児の人権』現代書館　2014年
2）朝日雅也編『障害者雇用における合理的配慮』中央経済社　2017年
3）日本知的障害者福祉協会『知的障害者施設・事業所における苦情解決のあり方』危機管理委員会　2012年

【引用文献】
1 ）相澤譲治・橋本好市・直島正樹編『障害者への支援と障害者自立支援制度－障害者
　　ソーシャルワークと障害者総合支援法－』2013年　みらい　p.243
2 ）竹端寛『権利擁護が支援を変える－セルフアドボカシーから虐待防止まで－』現代書
　　館　2013年　p.9
3 ）竹端寛　同上書　p.66
4 ）日本弁護士連合会高齢者障害者の権利に関する委員会編『障害者虐待防止法活用ハン
　　ドブック』民事法研究会　2012年　pp.25－26
5 ）相澤譲治・橋本好市・直島正樹編　前掲書1 ）　p.246
6 ）相澤譲治・橋本好市・直島正樹編　前掲書1 ）　p.247
7 ）大口善徳・高木美智代・田村憲久・盛山正仁『成年後見 2 法－成年後見制度利用促進
　　法、民法及び家事事件手続法改正法の解説－』創英社　2016年　p.51
8 ）相澤譲治・橋本好市・直島正樹編　前掲書1 ）　p.248
9 ）阪田健嗣「福祉施設従事者の虐待防止の取り組み事例」『発達障害者研究』38（ 2 ）
　　日本発達障害学会　2016年　pp.197－202

【参考文献】
・佐々木信夫「知的障害者差別解消法活用の展望」日本知的障害者福祉協会『さぽーと』710
　号　第63巻第 3 号　日本知的障害者福祉協会　2016年
・又村あおい「障害者差別解消法の概要と支援者の役割」日本知的障害者福祉協会『さぽー
　と』710号　第63巻第 3 号　日本知的障害者福祉協会　2016年
・浜井浩一「触法障害者の支援－「司法と福祉の連携」を考える－」日本障害者リハビリ
　テーション協会『ノーマライゼーション　障害者福祉』第31巻　通巻357号　日本障害
　者リハビリテーション協会　2011年
・新井誠「成年後見制度利用促進法と円滑化法の意義」『実践　成年後見』No.63　民事法
　研究会　2016年

第11章

障害者の生活保障

● 障害者の生活保障制度とソーシャルワーク実践

　障害者の日常生活及び社会生活を総合的に支援するための法律（障害者総合支援法）の基本理念では、「全ての国民が、障害の有無によって分け隔てられることなく、相互に人格と個性を尊重し合いながら共生する社会を実現」するため、法に基づく日常生活・社会生活の支援が、社会参加の機会の確保および地域社会における共生、社会的障壁の除去に役立つよう、総合的かつ計画的に行われることを掲げている。

　ノーマライゼーションの理念を具現化し、障害者が日常生活において自立した生活を営めるような支援を行うためには福祉サービスの充実が必要である。少子高齢社会のわが国では今後も社会保障・社会福祉費用の増大は当然のごとく予想でき、その財源をどのように確保するかが課題となる。障害者自立支援法（現：障害者総合支援法）成立時には原則1割の利用者負担が設定され、サービス利用が抑制されるといった問題も発生したが、2010（平成22）年には利用者の収入にあわせた自己負担の設定へと改正され、応益負担から応能負担に立ち返ることができた。2016（平成28）年から障害者差別解消法も施行され、障害者への「合理的配慮」を行うこと等を通じて共生社会の実現をめざしている。しかし、今後も公的年金等の所得保障の充実だけでなく、意欲や能力を最大限発揮できる雇用・就労の促進や教育を受ける権利においても、さらなる制度拡充が必要である。ソーシャルワーカーは利用者に寄り添い、可能な限り身近な場所で、その個人が自立した生活を営めるよう実践していくことが重要である。

　本章では、少子高齢社会のもと、これまで以上にその対応が厳しい状況となる障害者の生活保障について、ソーシャルワーカーがその支援の際に必ず理解しておかなければならない所得保障や雇用・教育の観点からその施策について述べる。

1．所得保障と各種手当

(1)　公的年金制度

　公的年金制度は、老齢、障害、死亡により日常生活を維持するための収入が減少・中断・停止した場合の所得保障の一つであり、わが国では社会保険方式で行われている。わが国の公的年金制度には、国民年金（20歳以上60歳

未満のすべての国民が加入）、厚生年金保険（民間被用者が加入）、各種共済年金（国家公務員、地方公務員、私立学校教職員が加入）がある。1985（昭和60）年の年金制度改正によって新しい年金体制へと移行し、国民年金は20歳以上60歳未満の全国民が加入する制度として位置づけられた。

そこで、各年金により保障される障害年金について説明する。国民年金における障害基礎年金は被保険者であるときに初診日のある傷病により、その初診日から1年6か月を経過した日（その日までに症状が固定したときはその固定した日。障害認定日という）に一定の障害の状態（1級および2級）に該当するとき支給される。ただし、障害基礎年金を受給するためには、初診日前に保険料納付済期間（保険料免除期間を含む）が国民年金の加入期間の3分の2以上あることが条件である。また、20歳前に初診日のある障害については、保険料納付要件に関係なく20歳から支給され、また60歳以上65歳未満の間に障害者になった者も障害基礎年金を受給することができる。

年金受給額は定額で、国民年金法に定められている障害の程度（1級および2級）に応じて支給され、1級の年金受給額は2級（老齢基礎年金支給額に相当）の1.25倍である。また、受給権者に18歳到達年の年度末までの間に子がいるときは子の加算が行われる。

次に、厚生年金保険における障害厚生年金は、厚生年金保険の加入期間中に初診日のある傷病による障害が、国民年金の障害基礎年金（1級および2級）に該当する状態であるときに支給される。また、障害基礎年金（1級および2級）に該当しない障害の状態でも厚生年金保険の障害等級表（3級）に該当するときにも支給される。さらに、厚生年金保険の被保険者であるときに初診日のある傷病が初診日から5年以内に治り、一定の障害の状態にある場合には、障害手当金が支給される。

障害者に対する年金において問題となっていたのが、1985（昭和60）年改正以前の年金体制のもとで、国民年金未加入のまま障害者となった元学生や主婦が無年金者となっていることであった。この問題に対応するため「特定障害者に対する特別障害給付金の支給に関する法律」が2004（平成16）年12月3日に成立し、2005（同17）年4月から施行されている。本法の目的は、国民年金制度の発展過程において生じた特別な事情により、障害基礎年金等を受給していない障害者に対する特別な福祉的措置を講じるため特別障害給付金を支給し、障害者の福祉の向上を図ることである。「特定障害者」の対象には、①1991（同3）年度以前に国民年金任意加入対象であった学生、②1986（昭和61）年度以前に国民年金任意加入対象であった被用者の配偶者であって、任意加入していなかった者のうち、当該任意加入期間内に初診日があり、

現在、障害基礎年金1・2級相当の障害に該当する者として認定を受けた者である。2020（令和2）年度現在の基本月額は、1級は5万2,450円、2級は4万1,960円で（自動物価スライド制[*1]／所得制限等あり）、費用負担は全額国庫負担である。

＊1　自動物価スライド制
消費者物価の変動にあわせて年金額を改定する仕組み。

(2)　生活保護法・生活福祉資金貸付制度

1)　生活保護法

わが国の社会保障制度を根底から支えている制度には、公的扶助による生活保護制度がある。生活保護制度は日本国憲法第25条(生存権)をその根拠とし、困窮するすべての国民に対し健康で文化的な最低限度の生活保障を行い、その自立助長を目的としている。生活保護制度では、国民がその要件を満たす限り無差別平等に保護受給権を保障している。ただし、生活に困窮する者は有する資産・能力等を最低限度の生活維持のために活用し、かつ扶養義務者による扶養や他の法・施策が優先されることを定めている（他法優先）。

現在、生活保護制度による給付は8種類で、生活扶助・教育扶助・住宅扶助・医療扶助・介護扶助・出産扶助・生業扶助・葬祭扶助となっており、併給制限はなく必要な程度に応じて各扶助が支給される。

各扶助は原則として世帯単位で支給され、保護の基準は要保護者の年齢別、所在地別、その他保護の種類に応じて必要な事情を考慮し、最低限度の生活の需要を満たすに十分であり、かつ、これを超えないものとして厚生労働大臣が定めている。

食費・光熱水費などの支給を行う生活扶助では、世帯員の状態を考慮し、特別な事情がある場合にその状態に基づき加算が行われる。各種加算は、妊産婦加算・母子加算・障害者加算・介護施設入所者加算・在宅患者加算・放射線障害者加算・児童養育加算・介護保険料加算の8種類である。

障害者加算は、①身体障害者手帳1級、2級または国民年金法施行令別表1級のいずれかに該当する障害のある者、または②身体障害者手帳3級または国民年金法施行令別表2級のいずれかに該当する障害のある者を対象にしている。加算額は表11-1の通りである。

表11-1　障害者加算額（令和2年）

		①に該当する者	②に該当する者
在宅者	1級地	26,810円	17,870円
	2級地	24,940円	16,620円
	3級地	23,060円	15,380円

出典：生活保護制度研究会編『生活保護のてびき　令和2年度版』第一法規　p.59

＊2　特別児童扶養手
当等の支給に関する法
律施行令別表第1
1．両目の視力の和が
0.02以下のもの
2．両耳の聴力が補聴
器を用いても音声を識
別することができない
程度のもの
3．両上肢の機能に著
しい障害を有するもの
4．両上肢のすべての
指を欠くもの
5．両下肢の用を全く
廃したもの
6．両大腿を2分の1
以上失つたもの
7．体幹の機能に座つ
ていることができない
程度の障害を有するも
の
8．前各号に掲げるも
ののほか、身体の機能
の障害又は長期にわた
る安静を必要とする病
状が前各号と同程度以
上と認められる状態で
あつて、日常生活の用
を弁ずることを不能な
らしめる程度のもの
9．精神の障害であつ
て、前各号と同程度以
上と認められる程度の
もの
10．身体の機能の障害
若しくは病状又は精神
の障害が重複する場合
であつて、その状態が
前各号と同程度以上と
認められる程度のもの

さらに、特別児童扶養手当等の支給に関する法律施行令別表第1＊2に定める程度の障害の状態にあるため、日常生活において常時介護を必要とする者に対しては、重度障害者加算として月額1万4,880円（2020（令和2）年度現在）が支給される。加えて、①に該当する障害者で、当該障害により日常生活のすべてについて介護を必要とする者を、その者と同一世帯に属する者が介護する場合においては、重度障害者家族介護料として月額1万2,470円（2020（同2）年度現在）が支給される。また、介護者をつけるための費用を要する場合においては、在宅重度障害者他人介護料として月額7万360円（2020（同2）年度現在）の範囲内で必要な額を算定することとなっている。

2）　生活福祉資金貸付制度

低所得者や障害者、高齢者に対する支援として、生活福祉資金貸付制度がある。本制度は、低所得者、障害者（身体障害者・知的障害者・精神障害者）、高齢者、失業者の世帯に対し、その経済的自立と生活意欲の助長促進、在宅福祉と社会参加の促進を図り、安定した生活を確保するために、資金の貸付と民生委員による必要な援助指導を行うことを目的としている。実施主体は都道府県社会福祉協議会であるが、一部の業務を市町村社会福祉協議会へ委託でき、資金の貸付等に関する書類の交付や受付などの業務は市町村社会福祉協議会を経由して行われる。資金の種類には、総合支援資金（生活支援費、住宅入居費、一時生活再建費）、福祉資金（福祉費、緊急小口資金）、教育支援費、不動産担保型生活資金がある。特に福祉費は、生業を営むまたは技能習得に必要な経費、福祉用具等や障害者用の自動車の購入などに必要な経費などがあり、障害者に対する生活支援上の重要な役割を果たしている。

(3)　特別児童扶養手当等の支給に関する法律

わが国の社会保障制度では、社会保険で運営される公的年金制度および公的扶助である生活保護制度によって、障害者の生活に対する経済的な保障が行われているが、さらに重度障害者等に対する手当も整備している。

「特別児童扶養手当等の支給に関する法律」（1964（昭和39）年）は、精神または身体に障害を有する重度の障害者（児）に対して手当を支給し、福祉の向上を図ることを目的としている。本法で定める手当には、①特別児童扶養手当、②特別障害者手当、障害児福祉手当、経過的福祉手当がある。

1）　特別児童扶養手当支給制度

特別児童扶養手当の対象者は、精神または身体に障害を有する20歳未満の

障害児を監護している父もしくは母、また父母がいないか監護していない場合には養育者である。

　特別児童扶養手当支給制度は、1964（昭和39）年に重度知的障害児扶養手当として発足した。その後、重度の身体障害児まで支給対象を拡大し、1972（同47）年には内臓疾患等の内部障害、精神障害と身体障害の重複障害もその対象に含めた。また、1973（同48）年には対象障害児が障害を支給事由とする公的年金給付を受けている場合以外は、他の公的年金給付を受けていても手当が支給されるようになった。さらに、1975（同50）年には対象障害児の国籍要件の撤廃、対象障害児の障害範囲拡大（重度の障害を有するものだけでなく中程度の障害児も対象）が行われた。そして、1982（同57）年には受給者の国籍要件撤廃、1989（平成元）年には自動物価スライド制が導入された。

　手当の認定等の事務は都道府県知事が行うことになっているが、申請、届出の書類等は市町村長を経由して提出する。障害児1人について1級は月額5万2,500円、2級は月額3万4,970円（2020（令和2）年度現在）であるが、本人や扶養義務者の所得に応じて支給制限が設けられている。

2）　特別障害者手当・障害児福祉手当等支給制度

　特別障害者手当に類似する制度として、1974（昭和49）年の「特別児童扶養手当等の支給に関する法律」において特別福祉手当（重度の知的障害と重度の身体障害が重複している者に対して）が設けられたが、1975（同50）年に福祉手当制度が創設されたことにより発展的に解消された。その後、1985（同60）年の年金制度改正において国民年金に障害基礎年金が設けられることにあわせて、福祉手当制度も再編され特別障害者手当が支給されることとなった。特別障害者手当は、20歳以上であって日常生活に常時特別な介護を要する程度の在宅の重度障害者が対象である。そのため、20歳未満の重度の障害児に対しては、従来の福祉手当を障害児福祉手当と名称変更して存続することとなった。

　特別障害者手当の支給額は月額2万7,350円（2020（令和2）年度現在）で、障害児福祉手当は月額1万4,880円（2020（同2）年度現在）である。両手当とも、本人、配偶者および扶養義務者の所得に応じた支給制限を設けている。また、従来の福祉手当の受給者で、特別障害者手当の支給要件に該当せず、かつ障害基礎年金等も支給されない者に対しては、経過措置として福祉手当（経過的福祉手当）が月額1万8,880円（2020（同2）年度現在）支給されている。

⑷　労働者災害補償保険法

　労働者災害補償保険制度とは、業務上または通勤での災害を被った労働者および遺族に補償を行う制度であり、わが国では1947（昭和22）年の労働基準法制定に伴い、同年4月に「労働者災害補償保険法」（労災保険法）が公布された。

　労災保険法の目的は、業務上の事由または通勤による労働者の負傷、疾病、障害または死亡について保険給付を行い、あわせて被災労働者の社会復帰の促進、被災労働者や遺族の援護、適正な労働条件の確保などを図り、労働者の福祉の増進に寄与することである。給付の対象者は、適用事業所に使用されている労働者と特別加入者で、労災保険に加入している事業所に雇用されている労働者はすべて保険が適用される（日雇労働者・パートタイム労働者などにも適用）。ただし、公務員は国家（地方）公務員災害補償法、船員は船員保険法に基づいて運営されるため、労災保険からは適用除外となる。給付では障害が残った場合などその程度に応じ、業務災害の場合は障害補償年金、障害補償一時金、通勤災害の場合は障害年金、障害一時金が支給される。

⑸　その他の補償・優遇措置

1）　その他の補償

　戦傷病者の援護として、「戦傷病者戦没者遺族等援護法」（1952（昭和27）年）により軍人軍属等の公務上の負傷もしくは疾病または死亡に関し、軍人軍属等であった者またはこれらの遺族に対して障害年金や障害一時金の支給が行われている。また、軍人軍属等であった者の公務上の傷病に関し、特に療養給付等の援護を行うため、「戦傷病者特別援護法」（1963（同38）年）も定められている。さらに、その他の特別な被害にあって障害を受けた場合に、予防接種健康被害救済制度や公害健康被害補償制度等から諸手当等が支給されている。

2）　障害者に対する優遇措置・優遇税制

　障害者に関する割引・減免などの優遇措置として、JR等の旅客運賃・航空旅客運賃の割引、有料道路の通行料金の割引、NHK放送受信料の免除、点字郵便物等の郵便料金の減免、公営住宅の優先入居、住宅金融支援機構による割増融資などがある。

　また、所得税、相続税の障害者控除や特別障害者に対する贈与税の非課税、自動車税・軽自動車税・自動車取得税の減免など、障害者本人や扶養者に対

して、経済的負担を軽減するための優遇税制も行われている。

2．雇用・就労

(1)　一般雇用

　ノーマライゼーションの理念のもとで、障害者が自立した生活を営むためには、障害を抱えながらも個々人の能力や意欲を生かして就労することは非常に意義のあることである。

　「障害者の雇用の促進等に関する法律」（障害者雇用促進法）は、1960（昭和35）年制定の「身体障害者雇用促進法」がもとになっている。身体障害者雇用促進法は、わが国の障害者雇用施策の基本となる法律であり、身体障害者雇用率制度（国、地方公共団体および民間企業等に一定割合の身体障害者の雇用を義務づける制度。ただし、創設当初は事業主の努力義務）などを創設し、身体障害者の雇用促進を図った。その後、1976（同51）年の同法の改正では、身体障害者雇用率制度を法的に義務化、重度障害者のダブルカウントや雇用率達成指導にしたがわない場合の公表措置を創設した。また、身体障害者の雇用に伴う経済的負担を調整するため、身体障害者雇用納付金制度（①身体障害者雇用納付金、②身体障害者雇用調整金、③助成金、④報奨金）も創設された。あわせて、知的障害者への対応も拡大されたが、それは知的障害者の雇用を義務として事業主に課したのではなく、雇用した際には身体障害者を雇用したのと同様にみなして雇用率に算入するという取り扱いであった。

　1980年代に入り、国際連合による1981年の国際障害者年（テーマ：完全参加と平等）、1983年には国連・障害者の十年（〜1992年）、国際労働機関（ILO）の「職業リハビリテーション及び雇用（障害者）に関する条約」（日本は1992（平成４）年に批准）の採択など、世界的にも障害者に対して関心が高まる状況となった。わが国でも、1987（昭和62）年には身体障害者雇用促進法の改正によって、①「障害者の雇用の促進等に関する法律」への名称変更、②対象の拡大（身体障害者のみから全障害者へ）、③知的障害者も雇用率にカウント（雇用納付金制度においても同様の扱い）、④職業リハビリテーションの推進を法的に位置づけ、⑤特例子会社制度[*3]の創設が行われた。しかし、対象は全障害者へと拡大されたが、精神障害者は雇用率制度の対象とはされないという課題なども残していた。1992（平成４）年改正において、①重度の知的障害者のダブルカウント、②重度障害者（身体・知的）である短時間労

＊3　特例子会社制度　障害者雇用率による義務は個々の事業主ごとに課せられるが、事業主が障害者の雇用に特別の配慮をした子会社を設立し、一定の要件を満たしているとの厚生労働大臣（公共職業安定所長）の認定を受けた場合には、その子会社に雇用されている労働者を親会社に雇用されているものとみなし、実雇用率を計算できる制度。

189

＊4　短時間労働者
1週間の所定労働時間が当該事業主の事業所に雇用する通常の労働者の1週間の所定労働時間に比べて短く、かつ20時間以上30時間未満である常時雇用する労働者をさす。

働者＊4も雇用率にカウント、③精神障害者への助成金支給が行われた。

　1997（平成9）年改正では、①知的障害者の雇用義務化（身体障害者と知的障害者をあわせた法定雇用率の設定）と、法定雇用率の引き上げ、②精神障害者である短時間労働者の雇用における助成措置の適用が行われた。

　2002（平成14）年には、経済環境および職場環境の変化、就職を希望する障害者の増加を受け、職場の拡大を図るべく、次の改正が行われた。

---

① 障害者雇用率算定方式の見直し
・除外率制度の原則廃止（2004（平成16）年～）
・企業グループでの雇用率制度の適用を認める
　障害者雇用のために設けられた特例子会社を保有する企業が、関係する子会社も含めて障害者雇用を進める場合に、企業グループでの雇用率算定を可能とする。
② 障害者就業・生活支援センター事業の実施
③ 職場適応援助者（ジョブコーチ）事業の実施

　また、「経済財政運営と構造改革に関する基本方針2004（骨太方針2004）」においても、「障害者の就労支援等の施策について充実強化を図る」としており、2004（平成16）年2月には厚生労働省内に「障害者の就労支援に関する省内検討会議」を設置し、同年7月に「障害者の就労支援に関する今後の施策の方向性」が取りまとめられた。そして、2005（同17）年には、働く障害者、働くことを希望する障害者を支援するため、障害者の就業機会拡大を目的とした各種施策を推進するべく、次の改正が行われた。

---

① 精神障害者に対する雇用対策の強化
・精神障害者（精神障害者保健福祉手帳所持者）を雇用率の算定対象とする
② 多様な形態による障害者の就業機会の拡大
・在宅就業障害者に対する支援
　自宅等で就業する障害者を支援するため、発注元企業に障害者雇用納付金制度において、特例調整金、特例報奨金を支給し、企業が仕事を発注することを奨励するなど。
③ 雇用と福祉の連携による障害者施策の推進
・地域障害者就労支援事業の創設（2005（平成17）年度から実施）
　公共職業安定所（ハローワーク）が福祉施設等と連携して、就職を希望する個々の障害者に応じた支援計画に基づき、一貫して就職支援を行うモデル事業を実施。
・ジョブコーチ助成金制度の創設（2005（平成17）年10月施行）
・障害者就業・生活支援センター事業の拡充
・社会福祉法人等を活用した多様な委託訓練の実施

　2008（平成20）年には、中小企業における障害者雇用の促進、障害者の短時間労働への対応を図り障害者の雇用機会を拡大するため、次の障害者雇用促進法の改正が行われ、2009（同21）年から段階的に施行されている。

---

① 中小企業における障害者雇用の促進
・障害者雇用納付金制度の対象範囲を101人以上の中小企業まで段階的に拡大
・事業協同組合等にかかる雇用率算定の特例

> 　2009（平成21）年4月から、中小企業が事業協同組合等を活用して協同事業を行い、一
> 定の要件を満たすものとして厚生労働大臣の認定を受けたものについて、事業協同組合等
> とその組合員である中小企業で実雇用利率を通算可能とする。
> ②　障害者の短時間労働への対応
> 　2010（平成22）年7月から、障害者雇用率制度における実雇用障害者数や実雇用率の算
> 定対象に、身体障害者および知的障害者の短時間労働者（週所定労働時間20時間以上30時
> 間未満）を加える。カウント数は0.5人分とする。
> ③　企業グループ算定特例の創設
> 　2009（平成21）年4月から、一定の要件を満たす企業グループとして厚生労働大臣の認
> 定を受けたものについては、特例子会社がない場合であっても、企業グループ全体で実雇
> 用率を通算可能とする。

　また、2006年12月に国連で「障害者の権利に関する条約」（障害者権利条約）が採択され（わが国は2007（平成19）年に署名）、本条約批准への対応として2013（同25）年6月に障害者雇用促進法の改正が行われた。この改正は、「障害者を理由とする差別の解消の推進に関する法律」（障害者差別解消法）の成立と関連して、雇用分野における障害者差別の禁止、および障害者が職場で働くにあたっての支障を改善するための措置（合理的配慮の提供義務）を定めた。

> ①　障害者の権利に関する条約の批准に向けた対応
> 　（1）障害者に対する差別の禁止
> 　　雇用の分野における障害を理由とする差別的取扱いを禁止する。
> 　（2）合理的配慮の提供義務
> 　　事業主に、障害者が職場で働くに当たっての支障を改善するための措置を講ずることを
> 　義務付ける。ただし、当該措置が事業主に対して過重な負担を及ぼすこととなる場合を除く。
> 　（3）苦情処理・紛争解決援助
> 　　事業主に対して、（1）（2）に係るその雇用する障害者からの苦情を自主的に解決する
> 　ことを努力義務化。
> 　　（1）（2）に係る紛争について、個別労働関係紛争の解決の促進に関する法律の特例
> 　（紛争調整委員会による調停や都道府県労働局長による勧告等）を整備。
> ②　法定雇用率の算定基礎の見直し
> 　　法定雇用率の算定基礎に精神障害者を加える。ただし、施行（H30）後5年間に限り、
> 　精神障害者を法定雇用率の算定基礎に加えることに伴う法定雇用率の引上げ分について、
> 　本来の計算式で算定した率よりも低くすることを可能とする。
> ③　その他
> 　　障害者の範囲の明確化その他の所要の措置を講ずる。

　2017（平成29）年から2018（同30）年には国や地方公共団体の多くの機関において、障害者雇用促進法の対象障害者に関する不適切な計上が発覚し、法定雇用率が達成されていない状態であることが明らかになった。また、民間企業では障害者雇用が着実に進展している一方で、精神障害者の雇用者数や中小企業における障害者雇用の促進が課題となっていたことから、2019（令和元）年6月に次の改正が行われた。

① 障害者の活躍の場の拡大に関する措置
　(1) 国及び地方公共団体に対する措置
　　・国等が率先して障害者を雇用する責務の明確化
　　・「障害者活躍推進計画」の作成・公表の義務化
　　・障害者雇用推進者・障害者職業生活相談員の専任の義務化
　(2) 民間の事業主の対する措置
　　・週20時間未満の障害者を雇用する事業主に対する特例給付金の新設
　　・中小事業主（300人以下）の認定制度の新設
② 国及び地方公共団体における障害者の雇用状況についての的確な把握等に関する措置
　(1) 報告徴収の規定の新設
　(2) 書類保存の義務化
　(3) 対象障害者確認方法の明確化

　また、障害者総合支援法の改正によって、2018（平成30）年4月から新しい障害福祉サービスとして「就労定着支援」が実施されている。対象は、生活介護、自立訓練、就労移行支援または就労継続支援の利用を経て、一般就労した者で、支援内容は就労に伴う環境変化により生じた生活面・就業面の課題解決等に向けて、企業、障害福祉サービス事業者、医療機関等との連絡調整等の必要な支援を行うものである。サービスの利用期間は最大3年間で、前年度の世帯所得に応じて変動する。

⑵　障害者雇用促進法の概要

　以上のような改正を重ねて、現在、障害者雇用促進法は「身体障害者又は知的障害者の雇用職務等に基づく雇用の促進等のための措置、職業リハビリテーションの措置その他障害者がその能力に適合する職業に就くこと等を通じてその職業生活において自立することを促進するための措置を総合的に講じ、もつて障害者の職業の安定を図ること」を目的とし、障害者雇用の促進に向けてさまざまな取り組みが行われている。
　以下、障害者雇用促進法の概要をみていく。

1）　職業リハビリテーションの推進

　障害者雇用促進法では、障害者一人ひとりの特性に配慮した職業指導、職業紹介等の職業リハビリテーションを、保健・医療、福祉、教育等の関係機関の連携のもとに実施する体制を整えている。
　たとえば、2002（平成14）年には従来の職域開発援助事業に代わって、職場適応援助者（ジョブコーチ）支援事業を制度化した。本事業は、就職や職場適応に課題のある知的障害者、精神障害者等の雇用の促進と職業の安定を図るため、事業所に職場適応援助者（以下、ジョブコーチ*5）を派遣し障害

*5
第12章p.213参照。

者と事業主に対して雇用の前後を通じて障害特性をふまえた直接的、専門的な援助を行うものである。さらに2005（同17）年改正では、障害者の就労支援に実績がある社会福祉法人等がノウハウを生かし、より効果的な職場適応援助を行うためにジョブコーチを設置する場合に対して支給されるジョブコーチ助成金制度が創設された。

そして、障害者雇用対策基本方針（平成21年厚生労働省告示第55号）では、「職業リハビリテーションの措置の総合的かつ効果的な実施を図るため講じようとする施策の基本となるべき事項」において、「障害者の就労意欲の高まりの中で、福祉、保健・医療、教育等の関係機関と連携しながら、障害の種類及び程度に応じた職業リハビリテーションの措置を総合的かつ効果的に実施していくことが重要」であるとし、次の6つの柱を提示している。それは、①障害の種類及び程度に応じたきめ細やかな措置の開発、推進、②きめ細かな支援が必要な障害者に対する職業リハビリテーションの推進、③職業能力開発の推進、④実施体制の整備、⑤専門的知識を有する人材の育成、⑥進展するITの積極的活用である。

2）　障害者雇用率

障害者雇用促進法では、民間企業、国、地方公共団体等に対して、障害者の職場を確保するため除外率によって控除した常用労働者の数に対する割合（障害者雇用率）を設定し、身体障害者、知的障害者および精神障害者の雇用を義務づけている。先の改正により2018（平成30）年度からの法定雇用率は以下の通りである[6]。

民間企業

一般の民間企業	＝	法定雇用率2.2%
特殊法人等	＝	法定雇用率2.5%

国および地方公共団体

国、地方公共団体	＝	法定雇用率2.5%
都道府県等の教育委員会	＝	法定雇用率2.4%

なお、重度身体障害者または重度知的障害者を雇用した場合には1人を2人（ダブルカウント）としてカウントされる（短時間労働者として雇用した場合でも1人としてカウントされる）。また、これまで重度以外の身体障害者または知的障害者の短時間労働者は、原則的に実雇用障害者数や実雇用率にカウントされないでいた。しかし、障害の特性や程度等によっては「長時間

*6
前回は2012（平成24）年の同法改正により法定雇用率は引き上げられた。政令で少なくとも5年ごとに見直すこととされている。また、法定雇用率は2021（令和3）年4月までにさらに0.1%引き上げることになっている。

労働が難しい」「福祉的就労から一般雇用へと移行するための段階的な就労形態として有効である」など、短時間就労の形態に一定のニーズがあることから、2010（平成22）年7月から重度以外の身体障害者または知的障害者の短時間労働者（週所定労働時間20時間以上30時間未満）についても雇用1人につき0.5人分としてカウントできることになった。そして、2018（平成30）年4月からは、障害者雇用義務の対象者に精神障害者を加えることになった。

　内閣府編『令和2年版障害者白書』から、障害者における一般雇用の現状をみると、2019（令和元）年6月1日現在、一般の民間企業において雇用されている障害者の実数は46万1,811人である。このうち、身体障害のある人は35万4,134.0人、知的障害のある人は12万8,383.0人、精神障害のある人は7万8,019.5人で、実雇用率は2.11%、法定雇用率達成企業割合は48.0%であった。また、企業規模別にみると雇用されている障害者数はすべての企業規模で前年より増加し、実雇用率は、50〜100人未満規模企業では1.71%、100〜300人未満規模企業では1.97%、300〜500人未満規模企業では1.98%、500〜1,000人未満規模企業では2.11%、1,000人以上規模企業では2.31%であった。

　国の機関に雇用されている障害者数は7,577.0人で実雇用率は2.31%、都道府県の機関は9,033.0人で実雇用率は2.61%、都道府県等の教育委員会は2万8,978.0人で実雇用率は2.41%であった。

3）　障害者雇用納付金制度

　障害者雇用促進法では、障害者の雇用に関する事業主の社会連帯責任の円滑な実現を図る観点から、障害者を雇用するための作業施設や設備の改善、特別の雇用管理等を行った事業主とそうでない事業主の経済的負担を調整するとともに、障害者の雇用の促進等を図るため、事業主の共同拠出による「障害者雇用納付金制度」を設けている。

　この制度は、障害者雇用率未達成の事業主は法律上雇用しなければならない障害者数に不足する人数に応じて不足分1人につき月額5万円の障害者雇用納付金を納めなければならないというものである。これまで、常用雇用労働者数が300人以下の事業主からは、障害者雇用納付金を徴収しないことになっていたが、2008（平成20）年の改正において障害者雇用納付金制度の対象が拡大され、常用労働者数について、2010（同22）年7月からは201人を超える企業、2015（同27）4月からは101人を超える企業にまで拡大された。そして、この障害者雇用納付金を財源として、障害者雇用率を上回って障害者を雇用している事業主に対しては、その超えて雇用している人数に応じて1人につき月額2万7,000円の障害者雇用調整金が支給される。その他にも、常

用雇用労働者数が100人以下の事業主で一定数を超えて障害者を雇用している場合は、その一定数を超えて雇用している障害者の人数に応じて1人につき月額2万1,000円の報奨金が支給される。

さらに、在宅就業障害者に対する特例調整金、特例報奨金の制度、作業施設や設備の改善、職場環境への適応や仕事の習熟のためのきめ細かい指導を行う場合の経済的負担の軽減を図ることを目的とした障害者雇用納付金制度に基づく各種助成金がある。

(3)　福祉的就労

一般企業等への就職が困難な障害者を対象とした施設には、授産施設、福祉工場、小規模通所授産施設、小規模作業所があげられる。

授産施設および福祉工場の原型は、1949（昭和24）年に制定された身体障害者福祉法に基づいて設置された身体障害者授産施設である。その後、知的障害者福祉法や精神保健法（現：精神保健及び精神障害者福祉に関する法律）においても、各種の授産施設や福祉工場が随時制度化されてきた。

しかし、一般雇用に比べて授産施設や福祉工場では賃金・工賃の平均金額は低く、授産施設の工賃は極めて低い水準であった。このような現状のもと、働く意欲があっても一般雇用での働き口がない、また障害によって一般雇用での就職は難しい障害者が授産施設や福祉工場で働いても自立した生活が維持できるような収入が得られない状況であった。

そこで、2006（平成18）年施行の障害者自立支援法（現：障害者総合支援法）では、改革の一つとして「障害者がもっと『働ける社会』に」という柱を掲げ、一般雇用へ移行することを目的とした事業を創設するなど、働く意欲と能力のある障害者が企業等で働けるよう、福祉行政サイドからの就労支援の抜本的強化を図ることがめざされた。そして、これまで各障害種別に授産施設や福祉工場が制度化されてきたが、同法により障害福祉のサービスが一元化され、訓練等給付内の就労移行支援事業と就労継続支援事業に再編成されることとなった[*7]。

就労移行支援事業とは、就労を希望する障害者に有期限で生産活動その他の活動の機会を通じて、就労に必要な知識および能力の向上のために必要な訓練等を行う事業である。具体的な対象者は65歳未満で一般企業へ就労を希望する者や技術を習得し在宅で就労等を希望する者で、利用者ごとに標準期間（24か月）内で利用期間を設定する。また、就労継続支援事業とは、通常の事業所に雇用されることが困難な障害者に、就労の機会を提供するとともに、生産活動その他の活動の機会の提供を通じて、その知識および能力の向

*7
小規模作業所は、地域活動支援センターⅢ型へ移行。地域生活支援事業の一つである地域活動支援センターは「障害者等を通わせ、創作的活動又は生産活動の機会の提供、社会との交流の促進その他の厚生労働省令で定める便宜を供与する施設」である（障害者総合支援法第5条25）。Ⅰ型（精神保健福祉士等の専門職員を配置し、創作的活動等の機会の提供、社会との交流促進等を行う事業）、Ⅱ型（入浴や食事の提供、機能訓練、介護方法の指導、レクリエーション等を行う事業）、Ⅲ型（地域の障害者のための援護対策として地域の障害者団体等によって、適所での援護事業）に分かれる。

上のために必要な訓練を行う事業で、利用期間の制限はなく、Ａ型（雇用型）とＢ型（非雇用型）の２つのタイプがある。

　Ａ型（雇用型）は、企業等に就労することが困難な者であって、就労機会の提供を通じ、生産活動にかかる知識および能力の向上を図ることにより雇用契約に基づく就労が可能な65歳未満の者を対象としている。具体的には、①就労移行支援事業を利用したが、企業等の雇用に結びつかなかった者、②特別支援学校を卒業して就職活動を行ったが、企業等の雇用に結びつかなかった者、③企業等を離職した者等就労経験のある者で、現に雇用関係がない者である。一方、Ｂ型（非雇用型）の対象は、就労移行支援事業等を利用したが一般企業等の雇用に結びつかない者や、一定年齢に達している者であって、就労の機会等を通じ、生産活動にかかる知識および能力の向上や維持が期待される者である。具体的には、①就労経験がある者であって、年齢や体力の面で一般企業に雇用されることが困難となった者、②就労移行支援事業（暫定支給決定での利用を含む）した結果、Ｂ型の利用が適当と判断された者、③「①、②」に該当しない者であって、50歳に達している者または障害基礎年金１級受給者である。

　近年、障害者に対する就労支援においては、農業と福祉の連携（「農福連携」）が全国的に注目され、実践がはじまっている。障害者支援施設（サービス事業所など）が自然栽培によって付加価値の高い農作物の生産を行い、その生産物の加工・販売まで手掛けること（６次産業化）によって、高い工賃水準を実現している事例もある。たとえば、2009（平成21）年度から神戸市北区で「障がい者、農家、地域社会が楽しく共生できる福祉のまちづくり」をめざして、障害者就労支援事業所等がネットワークを組んで活動している「きたベジねっと」では、各事業所が協力して生産から加工・販売までを行う（図11－1）。加盟事業所の一つ、社会福祉法人Ａ学園Ｂ施設ではレストランを市内に２つ運営（2020（令和２）年２月現在は１か所の運営）し、きたベジねっとで収穫した野菜を毎朝仕入れ、食事を提供し成功を収めている。そして、このきたベジねっとの活動によって、地元農家との協力体制が構築されることで、神戸市北区の農業関連への就労が推進し（約100名の障害者が就労）、その結果、同区の農地保全（約10万㎡の農地を耕作）が実現している。厚生労働省は、このような農福連携の推進に向けた支援を実施し、農業分野に取り組もうとする就労継続支援事業所に対して専門家を派遣し、助言や指導の取り組みを行っている。

　以上のように、障害者の就労機会拡大に向けてさまざまな取り組みが行われており、少しずつではあるが、成果は表れている。厚生労働省「障害者の

図11−1　障害者の就労支援の例（「きたベジねっと」による取り組み）

出典：神戸市北区地域自立支援協議会「きたベジねっと」パンフレット

就労支援対策の状況」をみると、特別支援学校から一般企業への就労が約
30.1％である一方、障害福祉サービスから一般企業への就職は年間4.3％（就
労移行支援からは27.0％）となっている（図11−2）。また、2007（平成19）
年2月に取りまとめられた「成長力底上げ戦略」に基づく「『福祉から雇用
へ』推進5か年計画」の一環として、福祉施設で働く障害者の工賃水準を引
き上げるための取り組みを推進してきた。しかし、工賃倍増5か年計画の対
象施設（就労継続支援B型事業所、入所・通所授産施設、小規模通所授産施
設）の平均工賃（一人当たり月額）の比較では、2008（平成18）年度は1万
2,222円、2012（同22）年度では1万3,079円とその伸びは微増であった。そ
して、工賃向上については、引き続き「工賃向上計画」（2012（同24）～
2014（同26）年度）が策定され、2015（同27）～2018（同29）年度も継続的
に取り組みが実施された。さらに、2019（同30）年度以降も地域課題の把握
と他部局との連携を推進しつつ取り組みを実施するとされた。2019年（同

図11-2 就労支援施策の対象となる障害者数／地域の流れ

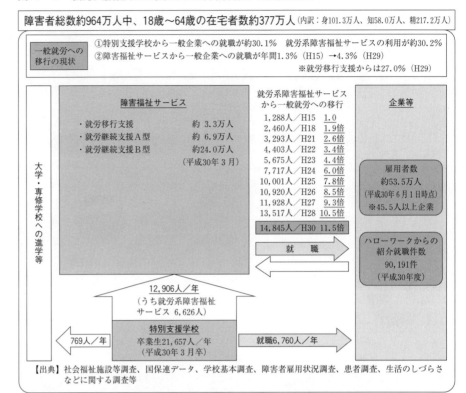

資料：生活のしづらさなどに関する調査、社会福祉施設等調査、学校基本調査（文部科学省）、厚生労働省
　　　調べ等

出典：厚生労働省ホームページ：障害者の就労支援対策の状況
　　　http://www.mhlw.go.jp/stf/seisakunitsuite/bunya/hukushi_kaigo/shougaishahukushi/service/shu
　　　rou.html

表11-2 2018（平成30）年度平均工賃（賃金）月額の実績について

平成30年度平均工賃（賃金）

施設種別	平均工賃（賃金）		施設数（箇所）	平成29年度（参考）	
	月額	時間額		月額	時間額
就労継続支援B型事業所（対前年比）	16,188円（103.3%）	214円（104.5%）	11,750	15,603円	205円
就労継続支援A型事業所（対前年比）	76,887円（103.8%）	769円（103.4%）	3,554	74,085円	818円

出典：図11-2に同じ

30）年度の平均工賃（月額）は、就労継続支援B型事業所では1万6,118円、
就労継続支援A型事業所では7万6,887円と前年度より微増している（表11
-2）。少しずつではあるが工賃は上昇しているとはいえ、就労機会の拡大

とあわせてさらなる賃金の向上に取り組むことは喫緊の課題である。

3．教　　育

　戦後、「学校教育法」の制定（1947（昭和22）年）により、特殊教育が学校教育体系の一環として統合され、障害児にも等しく教育を受ける権利を保障するなどの近代的な特殊教育制度が成立した。しかし、盲・聾・養護学校教育の義務制の延期や就学義務猶予・免除制度などにより、障害児の教育権保障は思うようには進まなかった。

　そして、わが国は高度成長期を迎え、一方では文部省（現：文部科学省）は職業訓練を中心とした特殊教育を行う特殊教育振興策を推進し、他方では不就学をなくしすべての障害児に学習権の保障を進めるための運動が全国で展開された。このような全国的な運動を背景に、中央教育審議会答申（1971（昭和46）年）では、延期されてきた養護学校の義務教育実施などを提示し、文部省は「特殊教育拡充整備計画」を策定（1972（同47）年）し、養護学校教育義務制実施・障害のため通学することが困難な盲・聾・養護学校小学部と中学部の子どもに対する、養護学校等の教員が家庭や医療機関等を訪問して教育を行う訪問事業が実施されることとなった（1979（同54）年）[8]。

　その後、1980年代に入り、障害児の学習権保障の課題は実質的な保障の充実へと移り、教育年限延長や訪問教育制度の整備、教育と医療の連携などが課題となった。さらに、1990年代にはノーマライゼーションやインテグレーションの国際動向を背景に、障害児の教育的統合の可能性や推進方法が課題となり、1994年にユネスコ「特別ニーズ教育世界会議」で採択された「サマランカ宣言」では、特別ニーズの保障はやむを得ない理由がない限りは普通教育のなかで行うべきであるとの原則が示された。

　また、1993（平成5）年には通常学級在籍の多様なニーズをもつ子どものサポートに対して通級による指導も制度化された。その後、2001（平成13）年には、文部科学省の特殊教育課を特別支援教育課へ改組、また「21世紀の特殊教育の在り方に関する調査研究協力者会議」を設置し、「21世紀の特殊教育の在り方について（最終報告）－一人一人のニーズに応じた特別な支援の在り方について－」を取りまとめた。この最終報告では、これからの特殊教育は、障害のある児童生徒等の視点に立って一人ひとりのニーズを把握し、必要な支援を行うという考えに基づいて対応を図る必要があると述べている。

　2003（平成15）年には、「特別支援教育の在り方に関する調査研究協力者会議」が「今後の特別支援教育の在り方について（最終報告）」を取りまとめた。

*8
訪問事業は高等部についても1997（平成9）年より試行的に始まり、2000（同12）年から本格的に実施となった。

この報告では、障害の程度等に応じ特別の場で指導を行う「特殊教育」から障害のある児童生徒一人ひとりの教育的ニーズに応じて適切な教育的支援を行う「特別支援教育」への転換を図るとし、今後は柔軟で弾力的な制度の再構築、教員の専門性の向上と関係者・機関の連携による質の高い教育のためのシステムづくりが必要であると提示している。

さらに、中央教育審議会では2004（平成16）年に初等中等教育分科会に特別支援教育特別委員会を設置し、同委員会において特別支援教育を一層推進すべきであるとの認識のもと、学校制度等の在り方について検討を重ね、翌2005（同17）年12月に「特別支援教育を推進するための制度の在り方について（答申）」を取りまとめた（表11－3）。この答申で特別支援教育とは、「障

表11－3　特別支援教育を推進するための制度の在り方について（答申）の概要

⎿特別支援教育の理念と基本的な考え方⏌
○障害のある幼児児童生徒の教育の基本的な考え方について、特別な場で教育を行う「特殊教育」から、一人一人のニーズに応じた適切な指導及び必要な支援を行う「特別支援教育」に発展的に転換。
⎿盲・聾・養護学校制度の見直しについて⏌
○幼児児童生徒の障害の重度・重複化に対応し、一人一人の教育的ニーズに応じて適切な指導及び必要な支援を行うことができるよう、盲・聾・養護学校を、障害種別を超えた学校制度（「特別支援学校（仮称）」）に転換。
○「特別支援学校（仮称）」の機能として、小・中学校等に対する支援を行う地域の特別支援教育のセンターとしての機能を明確に位置付ける。
⎿小・中学校における制度的見直しについて⏌
○通級による指導の指導時間数及び対象となる障害種を弾力化し、LD（学習障害）、ADHD（注意欠陥／多動性障害）を新たに対象とする。
○特殊学級と通常の学級における交流及び共同学習を促進するとともに、特殊学級担当教員の活用によるLD、ADHD等の児童生徒への支援を行うなど、特殊学級の弾力的な運用を進める。
○「特別支援教室（仮称）」の構想については、研究開発学校やモデル校などを活用し、特殊学級が有する機能の維持、教職員配置との関連や教員の専門性の向上等の課題に留意しつつ、その法令上の位置付けの明確化等について、上記の取組の実施状況も踏まえ、今後検討。
（注）「特別支援教室（仮称）」とは、LD・ADHD・高機能自閉症等も含め障害のある児童生徒が通常の学級在籍した上で、一人一人の障害に応じた特別な指導を必要な時間のみ特別の場で行う形態。
⎿教員免許制度の見直しについて⏌
○盲・聾・養護学校の「特別支援学校」（仮称）への転換に伴い、学校の種別ごとに設けられている教員免許状を、障害の種類に対応した専門性を確保しつつ、LD・ADHD・高機能自閉症等を含めた総合的な専門性を担保する「特別支援学校教諭免許状（仮称）」に転換。

出典：文部科学省ホームページ：特別支援教育について（答申の概要）
　　　www.mext.go.jp/a_menu/shotou/tokubetu/material/021/018.htm

害のある幼児児童生徒の自立や社会参加に向けた主体的な取組を支援すると
いう視点に立ち、幼児児童生徒一人一人の教育的ニーズを把握し、その持て
る力を高め、生活や学習上の困難を改善又は克服するため、適切な指導及び
必要な支援を行うもの」とし、今後の特別支援教育のあり方について提言し
ている。

　同答申をふまえて、2006（平成18）年4月にはLD、ADHDが通級による指
導の対象に新たに加えられた。同年6月には「学校教育法」が改正され、盲・
聾・養護学校の区分をなくして特別支援学校とし、特別支援学校の教員の免
許状を改めるとともに、小・中学校等において特別支援教育を推進すること
を位置づけ、2007（同19）年4月から施行された[9]。

*9
第7章p.117参照。

　2006（平成18）年12月には「教育基本法」が改正され、国や地方公共団体
に障害者（児）教育への支援を義務づけることなどが規定された[9]。

　なお、特別支援教育の現状（文部科学省「特別支援教育資料（平成29年度）」
2018年）について概観すると、特別支援学級の在籍児童生徒数中では「知的
障害」と「自閉症・情緒障害」で9割を占める。そして、その需要が増して
いる「通級による指導」とは、小・中学校の通常学級に在籍している障害の
軽い子どもが、ほとんどの授業を通常の学級で受けながら、言語障害、情緒

図11－3　特別支援教育の対象の概念図

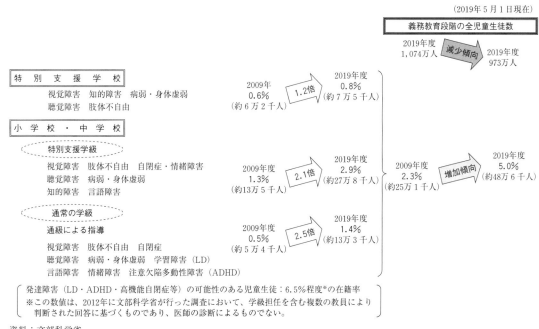

資料：文部科学省
出典：内閣府編『令和2年版障害者白書』2020年

障害、弱視、難聴などといった障害の状態等に応じた特別な指導を特別な場（通級指導教室）で受ける指導形態で、2017（同29）年5月1日現在、小学校の対象児童数は9万6,996人、中学校の対象児童生徒数は1万1,950人とその数は年々増えてきている（図11−3）。また、特別支援学校中学部および中学校特別支援学級の卒業後の状況をみると、「進学者」が9割強となっており、ほぼ大部分が高等部へ進学している。一方で、高等部（本科）卒業後の状況をみると、「社会福祉施設等入所・通所」が最も多く6割に上り、次いで「就職者」が3割となり、「進学者」「教育訓練機関等」はわずかにみられる程度であった。今後も就労へどのように結びつけていくかさらなる支援が必要といえよう。

本章のまとめ●障害者の生活基盤の安定をめざした生活保障制度の充実に向けて●

2000（平成12）年に施行された介護保険制度は、戦後から維持してきた社会福祉体制の根幹部分である措置制度を社会保険方式へと転換し、わが国の社会保障構造改革の第一歩とされる制度である。この介護保険制度導入を皮切りに、障害者福祉分野においても2003（同15）年には支援費制度の実施、2006（同18）年には障害者自立支援法（現：障害者総合支援法）が施行され、わが国の社会保障・社会福祉体制は21世紀を迎えて大きく変化を遂げた。

これらの改革のなかで、特にその特徴としてあげられるのが、①運営主体が市町村であること、②サービスの一元化、③ケアマネジメント技術の導入、④経済的負担の増大などである。福祉関係八法改正からの流れのなかで利用者にとって身近である市町村が運営主体となり、利用者がその地域で生活を送るための基盤整備を進めることはノーマライゼーション実現に他ならない。また、介護保険制度において高齢者の自立支援は、保健・医療・福祉サービスが一体的に提供されることによって実現されるとし、障害者自立支援法はこれまで縦割りで提供されてきた身体障害・知的障害・精神障害のサービスを一元化、一貫した効率的なサービス提供が可能な体制への再構築をめざした。また、ケアマネジメントの技術を導入し、利用者本位のサービス利用が行える仕組みも組み込まれた。このような改革は未だ残された課題も多いが、福祉ニーズが多様化・複雑化するなかで、ノーマライゼーションの実現への基盤となるものといえよう。しかしその一方で、介護保険制度の施行以降、利用者負担もこれまでの応能負担とは異なる応益負担（定率負担）が導入され、利用者にとって非常に重い経済的負担となる現状もみられた。2013（平成25）年4月施行の障害者総合支援法では利用者負担は原則応能負担となっ

ているが、その財源問題は今後も大きな課題として残されている[10]。そして、障害者の経済的自立を促進するための就労機会拡大に向けた政策が行われているが、一般雇用への就労は依然として厳しく、工賃も非常に低い水準にとどまっている。

　以上のように、少子高齢社会のもと、わが国の社会保障・社会福祉体制が大きく変革していくなかで、今こそ障害者だけでなく「全ての国民が、障害の有無によって分け隔てられることなく、相互に人格と個性を尊重し合いながら共生する社会」の実現に向けた本格的な取り組みが何よりも必要である。そのためには、障害者に対する社会参加の機会の確保や社会的障壁の除去などをはじめとし、今まで以上に障害者の生活基盤を安定・向上させることが重要であるといえよう。

*10
障害者自立支援法施行時の利用者負担は応益負担とされたが、2010（同22）の改正により、応能負担に戻された。第 2 章 p.41、第 7 章 p.104、第 8 章 p.130 参照。

【考えてみよう】

①　障害者の雇用・就労に関して、一般企業の取り組みを具体的に調べてみよう。

②　福祉的就労における工賃や農福連携の取り組みについて調べてみよう。

③　介護保険法や障害者総合支援法における低所得者支援や生活福祉資金貸付制度について調べてみよう。

【さらに学びを深めるための参考文献】

1 ）田中智子『知的障害者家族の貧困－家族に依存するケア－』法律文化社　2020年

2 ）眞保智子『障害者雇用の実務と就労支援－「合理的配慮」のアプローチ－』日本法令　2019年

【引用・参考文献】

・厚生労働統計協会編『国民の福祉と介護の動向　2020／2021』厚生労働統計協会　2020年

・社会福祉士養成講座編集委員会編『就労支援サービス（第 4 版）』中央法規出版　2016年

・山下幸子・竹端寛・尾﨑剛志・圓山里子『障害者福祉（第 3 版）』ミネルヴァ書房　2017年

・内閣府編『令和 2 年版障害者白書』2020年

第**12**章 障害者福祉を支える人々

●障害者福祉を支える人々とソーシャルワーク実践

> 　障害者支援は、障害当事者の抱える多種多様なニーズに適切に対応していくために、ソーシャルワーカーをはじめとする福祉、保健・医療、教育などの関係者の連携による取り組みが必要となる。また、幼少期、青年期、壮年期、高齢期と区切って行うものではなく、ライフステージ全体を通した継続性のある支援が求められる。もちろん、それぞれの時期によって支援者は異なるが、これらの専門職等のつながりがなければ継続性のある支援は行えない。したがって、ソーシャルワーカーとしてスムーズに他の専門職と連携していくためには、それぞれの専門職が有する機能、障害者支援において可能な役割などの知識を習得していなければならない。もちろん、障害者の多様なニーズに対応するためには、専門職のみならず、家族をはじめ、地域住民、ボランティアなどさまざまな人が支援にかかわることも考えられる。そこで、本章においては、幅広く障害者の支援にかかわる人々について紹介する。

1．障害者福祉にかかわる専門職

(1)　ソーシャルワークの専門職

1)　社会福祉士[*1]

　社会福祉士は「社会福祉士及び介護福祉士法」に規定される国家資格である。

　業務内容は、「専門的知識及び技術をもつて、身体上若しくは精神上の障害があること又は環境上の理由により日常生活を営むのに支障がある者の福祉に関する相談に応じ、助言、指導、福祉サービスを提供する者又は医師その他の保健医療サービスを提供する者その他の関係者との連絡及び調整その他の援助を行うこと」とされ、高齢者、障害者、子ども、あるいはその家族等が自立した日常生活を送ることができるよう、ニーズを把握し、さまざまな社会資源を調整しながら支援にあたる。そのための専門的知識および技術、社会資源に関する理解とそれをコーディネートする専門性が要求される。

　一口に「日常生活を支援する」といっても、人それぞれにライフヒストリー

*1
社会福祉士および精神保健福祉士は名称独占の資格であって、業務独占の資格ではない。つまり、これらの資格がなくても、ソーシャルワーカーとして仕事をすることは可能である。名称独占資格とは、有資格者でなければその肩書きを名乗ってはいけないと法律で規定されている国家資格・公的資格のことで、業務独占資格とは、医師、看護師、弁護士、公認会計士、税理士など有資格者しか行うことができない業務が法律で規定されている国家資格のことである。

205

があり、現在の生活、未来の生活に対する思いがあるため、社会福祉士には、支援の基本である「その人を理解する」という要素が求められる。また、目の前の相手を、かけがえのない存在としてかかわっていくという福祉専門職としての価値観も身につけなければならない。さらに、利用者の権利が侵害されている、あるいは侵害される恐れのある場合には、権利擁護にも努めなければならない。また近年は、地域包括支援センター*2に社会福祉士が必置とされるほか、子育て世代包括支援センター*3にも配置されるなど、活躍の場が増えている。

2） 精神保健福祉士*1

精神保健福祉士は「精神保健福祉士法」に規定される国家資格である。社会福祉士はその支援の対象者が特定されていないのに対し、精神保健福祉士は精神障害者が対象となっている。社会福祉士も精神保健福祉士も同じソーシャルワーカーであり、求められる価値・倫理、知識や技術は共通している。

業務内容は、「精神障害者の保健及び福祉に関する専門的知識及び技術をもって、精神科病院その他の医療施設において精神障害の医療を受け、又は精神障害者の社会復帰の促進を図ることを目的とする施設を利用している者の地域相談支援の利用に関する相談その他の社会復帰に関する相談に応じ、助言、指導、日常生活への適応のために必要な訓練その他の援助を行うこと」とされている。

支援においては、精神障害者を精神医療の対象、つまり患者としてだけではなく、生活者としてとらえることが重要となる。また、精神障害者の地域移行や就労に際しては、地域住民や職場の偏見が問題とされることが多いため、両者の関係調整を図り、正しい理解を促す働きかけが重要となる。

なお、2020（令和2）年3月末の社会福祉士、精神保健福祉士および介護福祉士の3つの専門職の資格登録者は、表12-1の通りである。

表12-1　福祉専門職の資格登録者　（令和2年3月末）

社会福祉士	介護福祉士	精神保健福祉士
245,181人	1,694,630人	89,121人

資料：厚生労働省
出典：内閣府『令和2年版障害者白書』p.138
　　　https://www.8.cao.go.jp/shougai/whitepaper/r02hakusho/zenbun/pdf/s3_1-6.pdf

＊2　地域包括支援センター
介護保険法で規定している、住民の健康の保持および生活の安定のために必要な支援を行うことにより、その保健医療の向上および福祉の増進を包括的支援することを目的とする施設（第115条の46第1項）。

＊3　子育て世代包括支援センター
母子保健法で「母子健康包括支援センター」として規定されており、地域の特性に応じた妊娠期から子育て期にわたる切れ目のない支援を提供する体制を構築することを目的とする事業所。必須業務として、①妊産婦・乳幼児等の実情を把握すること、②妊娠・出産・子育てに関する各種の相談に応じ、必要な情報提供・助言・保健指導を行うこと、③支援プランを策定すること、④保健医療または福祉の関係機関（市町村の関係部署、医療機関や助産所、保健所、児童相談所、児童発達支援センター等）との連絡調整を行うこととされている（第22条）。

⑵　ケアワークの専門職

1）　介護福祉士

　介護福祉士は「社会福祉士及び介護福祉士法」に規定される国家資格である。業務内容は、「専門的知識及び技術をもつて、身体上又は精神上の障害があることにより日常生活を営むのに支障がある者につき心身の状況に応じた介護（喀痰吸引その他のその者が日常生活を営むのに必要な行為であつて、医師の指示の下に行われるものを含む。）を行い、並びにその者及びその介護者に対して介護に関する指導を行うこと」である。高齢者や障害者の介護（ケア）を中心に、要介護者やその家族からの介護に関する相談・指導に応じる。なお、介護福祉士も名称独占資格である。

2）　保育士

　保育士は「児童福祉法」第18条の４に規定される国家資格である。業務内容は、「専門的知識及び技術をもつて、児童の保育及び児童の保護者に対する保育に関する指導を行うこと」である。保育所の他、児童養護施設、児童発達支援センター、障害児入所施設等児童福祉施設で有効な資格である。

⑶　行政機関等の相談支援にかかわる専門職

1）　身体障害者福祉司

　身体障害者福祉司は「身体障害者福祉法」第11条の２に規定される。都道府県（身体障害者更生相談所[*4]）に必置となる身体障害者福祉司は、市町村間の連絡・調整や市町村に対する情報の提供および身体障害者に関する相談のうち、専門的な知識および技術を必要とする業務を行う。また、市町村（福祉事務所[*5]）に任意で置かれる身体障害者福祉司の業務は、福祉事務所の他の職員に対する技術的指導や、身体障害者の相談に応じ、生活の実態と支援の必要性を把握し、助言等を行うことである。

＊4　身体障害者更生
相談所
第7章p.120参照。

＊5　福祉事務所
第7章p.122参照。

2）　知的障害者福祉司

　知的障害者福祉司は「知的障害者福祉法」第13条に規定される。都道府県（知的障害者更生相談所[*6]）に必置となる知的障害者福祉司は、市町村間の連絡・調整や市町村に対する情報の提供および知的障害者に関する相談のうち、専門的な知識および技術を必要とする業務を行う。また、市町村（福祉事務所）に任意で置かれる知的障害者福祉司の業務は、福祉事務所の他の職員に対する技術的指導や、知的障害者の福祉に関する相談に応じ、生活の実

＊6　知的障害者更生
相談所
第7章p.120参照。

態を把握し、助言等を行うことである。

3） 児童福祉司

＊7　児童相談所
第7章p.121参照。

児童福祉司は「児童福祉法」第13条に規定される。児童相談所＊7に必置となる児童福祉司は、児童の福祉に関する相談に応じ、課題解決のために必要な支援を行う等、児童の福祉増進に努めることを業務としている。相談内容は、心身の障害に関する相談、養護相談、育成相談、非行相談、保健相談など幅広い。

4） 精神保健福祉相談員

精神保健福祉相談員は、「精神保健及び精神障害者福祉に関する法律」（精神保健福祉法）第48条に規定されており、精神保健福祉センター＊8や保健所、

＊8　精神保健福祉センター
第7章p.121参照。

その他これらに準ずる施設において、精神保健や精神障害者の福祉に関する相談に応じたり、精神障害者やその家族等を訪問したりして必要な支援を行う。ただし、任意設置である。

⑷　障害者総合支援法に基づく主な職種

「障害者の日常生活及び社会生活を総合的に支援するための法律」（障害者総合支援法）における指定事業所で障害福祉サービスに携わる専門職種は次のようになる。これらの職種は、2006（平成18）年の障害者自立支援法施行に伴い配置されたものである。

1） 相談支援専門員

＊9　相談支援専門員
障害者の日常生活及び社会生活を総合的に支援するための法律に基づく指定計画相談支援の事業の人員及び運営に関する基準において、その責務や要件等が規定されている。

相談支援専門員＊9は、障害者およびその家族の状況やニーズを把握し、障害者が地域で自立した生活を送ることができるように関係機関と連携しながら相談、助言等を行う。

基本相談支援と計画相談支援を行う指定特定相談支援事業者には「相談支援専門員および管理者」を、基本相談支援と地域相談支援を行う指定一般相談支援事業者のうち、指定地域移行支援事業者は「地域移行支援従事者および管理者」を、指定地域定着支援事業者は「地域定着支援従事者および管理者」を置かなければならない。また、地域移行支援従事者、地域定着支援従事者のうち1人以上は「相談支援専門員」でなければならない（表12－2）。相談支援専門員の業務は、これら相談支援事業者によって異なる。

表12－2　相談支援事業者における専門職の配置

	指定特定相談支援事業者	指定一般相談支援事業者
相談支援の種類	基本相談支援 計画相談支援	基本相談支援 地域相談支援
配置される専門職	相談支援専門員 管理者	地域移行支援従事者（1人以上は相談支援専門員） 地域定着支援従事者（1人以上は相談支援専門員） 管理者

＊児童福祉法に基づく指定障害児相談支援事業者についても、「相談支援専門員および管理者」を置かなければならないとしている。

2）　サービス管理責任者

　サービス管理責任者[10]は、療養介護、生活介護、共同生活援助、自立訓練、就労移行支援、就労継続支援A型、就労継続支援B型[11]、就労定着支援、自立生活援助、施設入所支援を実施する事業所に配置（必置）される。アセスメント、個別支援計画の作成・説明および交付・モニタリング・修正といった個別支援計画に関する業務を中心に、関係機関との連絡調整や従業者への技術指導や助言等を行う。

3）　サービス提供責任者

　サービス提供責任者は、居宅介護、重度訪問介護、同行援護、行動援護、重度障害者等包括支援を実施する事業所に配置（必置）される。居宅介護を例にすると、その業務は、アセスメント、居宅介護計画の作成・説明および交付・モニタリング・修正といった業務を中心に、居宅介護の利用の申込みにかかる調整や従業者への指導や助言等を行う。

4）　居宅介護等従業者

　居宅介護等従業者は居宅介護、重度訪問介護、同行援護、行動援護を実施する事業所に配置される。サービス提供責任者の作成する計画に基づき、利用者の日常生活における必要な支援を行うことを業務としている。それら支援を行うためのサービスには、ホームヘルプサービスとガイドヘルプサービス[12]がある。障害者総合支援法では、前者が介護給付の居宅介護に相当する。後者は介護給付の同行援護、行動援護等に相当するが、市町村の地域生活支援事業[13]の移動支援事業として実施される場合もある。

　各事業の実施にかかる従業者の養成研修が行われており、修了者は居宅介

[10]　サービス管理責任者
障害者の日常生活及び社会生活を総合的に支援するための法律に基づく障害福祉サービス事業の設備及び運営に関する基準、障害者の日常生活及び社会生活を総合的に支援するための法律に基づく障害者支援施設の設備及び運営に関する基準において、その責務や利用者数に応じた配置が規定されている。

[11]
「2）〜6）」であげられる障害福祉サービスのそれぞれの概要は第8章表8－1（p.130）、表8－2（p.131）参照。

[12]
ホームヘルプサービスとは、居宅における入浴、排せつ、食事等の介護や、調理、洗濯、掃除等の家事援助にかかわるサービスの通称である。ガイドヘルプサービスとは、移動に必要な情報の提供や移動中の排せつ等、食事等の介護等、外出時における移動を支援するサービスの通称である。

[13]　地域生活支援事業
第8章p.138参照。

護従業者、重度訪問介護従業者等としてそれぞれ認定されることになる。

5）　生活支援員

　生活支援員は、療養介護、生活介護、共同生活援助、自立訓練、就労移行支援、就労継続支援A型、就労継続支援B型、自立生活援助、施設入所支援を実施する事業所に配置される。個別支援計画に基づいた利用者の支援を行うことを業務としており、具体的には、食事、入浴、排せつ等の介護、生産活動、訓練における支援、日常生活上の相談支援、健康管理の支援等を行う。

6）　就労系事業所に配置される職種

　就労系事業所に配置される職種として、就労支援員、職業指導員、就労定着支援員がある。

　就労支援員は就労移行支援を実施する事業所に配置され、職場実習のあっせん、求職活動の支援、就職後の職場定着のための支援等を行う。

　職業指導員は就労移行支援、就労継続支援A型、就労継続支援B型を実施する事業所に配置され、生産活動の実施や職場規律の指導等を行う。

　就労定着支援員は就労定着支援を実施する事業所に配置され、勤務先や関係機関との連絡調整、就労に伴い生じる問題に関する相談等を行う。

2．障害者福祉の関連分野における専門職

⑴　リハビリテーションの専門職

　リハビリテーションの専門職として、理学療法士（PT：Physical Therapist）、作業療法士（OT：Occupational Therapist）、言語聴覚士（ST：Speech-Language-Hearing Therapist）、義肢装具士（PO：Prosthetist and Orthotist）、視能訓練士（ORT：Orthoptist）があげられる。これらの専門職は、広くリハビリテーションにかかわるものである（リハビリテーションの理念については第3章第2節参照）。

1）　理学療法士・作業療法士

　理学療法士と作業療法士は、「理学療法士及び作業療法士法」に基づく国家資格である。理学療法士は運動療法や物理療法を中心に基本的動作能力の回復を目的とし、作業療法士は手芸や工作といった作業を中心に応用的動作能力や社会的適応能力の回復を目的としている。

　理学療法の対象は、主に身体障害者であるが、作業療法は身体障害者だけでなく、知的障害者や精神障害者も対象としている。

２）　言語聴覚士

　言語聴覚士は、「言語聴覚士法」に基づく国家資格である。音声機能、言語機能、聴覚、摂食、嚥下に障害のある人に対し、その機能の維持向上を図ることを目的とした訓練や検査を行うとともに、コミュニケーションに関するアドバイスを行う。「聞こえない、聞こえにくい」「発音できない、発音しにくい」といった状態は、周囲と円滑なコミュニケーションに支障が生じ、人間関係上のストレスや生活上の困難が考えられる。そのため、言語聴覚士は本人のみならず、家族を含めた周囲の環境も視野に入れた支援を行うことが必要となる。

３）　義肢装具士

　義肢装具士は、「義肢装具士法」に基づく国家資格であり、義肢および装具[*14]の装着部位の採型、義肢および装具の製作、身体への適合を行う。

４）　視能訓練士

　視能訓練士は、「視能訓練士法」に基づく国家資格であり、視覚機能に障害のある人を対象に、機能回復のための矯正訓練や検査を行う。

　リハビリテーション従事者の資格登録者は表12－3の通りである。

表12－3　リハビリテーション従事者の資格登録者（令和元年12月末）

理学療法士	作業療法士	視能訓練士	義肢装具士	言語聴覚士
172,252人	94,420人	16,166人	5,516人	32,833人

資料：厚生労働省
出典：表12－1に同じ　p.139を一部改変

(2)　保健・医療分野の専門職

　ソーシャルワーカーが障害者支援を行ううえで、保健・医療分野の専門職である医師、看護師、保健師等との連携が重要となる。医師は、障害者の心身の状態について診断や治療をはじめ、障害者総合支援法における障害支援区分を認定する際に必要となる「意見書」の作成を行う。また、自立支援医療について医師との連携が必要となる。

＊14　義肢および装具
義肢とは、上肢や下肢の欠損部位に装着して、その欠損の補てん・機能の代替のための器具・器械のことである。また、装具とは、上肢や下肢、体幹の機能の障害に装着し、機能回復や機能の低下を抑制したり、機能を補完したりするための器具・器械のことである。

看護師および保健師は、「保健師助産師看護師法」に基づく国家資格である。看護師は、病院および施設における当事者の健康管理などの日々の健康状態の把握に加え、服薬管理、救急時対応などの役割を担う。

保健師は、地域住民の心身の健康状態把握という観点から支援にかかわることが多く、乳児検診や健康相談等で障害の早期発見・対応につながることがある。特に障害児に関しては「早期発見・早期療育」が重要であり、保健師の果たす役割は大きい。また、障害者（児）のいる家庭を訪問し、心身の状態や生活課題を把握することも重要な役割の一つである。

(3)　教育分野の専門職

従来、障害児の教育の場は、盲学校、聾学校、養護学校、小学校・中学校の特殊学級、あるいは通級による指導といった形態で行われた。2006（平成18）年の学校教育法の改正により、盲学校、聾学校、養護学校は障害種別を超えて特別支援学校に一本化され、特殊学級は特別支援学級へと再編された。それに伴い、各種学校で教育に携わるための免許が各々必要であったが、特別支援学校教諭免許状に総合化されることになった[*15]。

また、小・中学校および特別支援学校に特別支援教育コーディネーターが配置されることになり、保護者や担任等の相談窓口として、学校内外の関係者や関係する学外機関との連絡調整を行いながら特別支援教育の体制づくりを進める役割を担う。

障害児に対する教育的支援を行うにあたり、特別支援教育コーディネーターを中心とした体制づくりが今後進められていくが、障害児の支援という視点からこれまで述べてきた福祉専門職に加え、スクールソーシャルワーカーの果たす役割も大きく、教育関係者と福祉専門職との連携がますます重要になってくる。

(4)　労働分野の専門職

障害者の支援において重視されるものの一つに就労支援がある。一般雇用の強化、働く場の拡大、雇用施策と連動した福祉施策の再編と機能強化が行われており、福祉分野と労働分野との専門職の連携が必要とある。

障害者の就労を支援する専門職として、職能判定員、職業カウンセラー、職場適応援助者（以下、ジョブコーチ）を取り上げる。

1）　職能判定員

職能判定員は、障害者職業センターや身体障害者更生相談所等に配置され、

*15
第11章p.201参照。

障害者の職業能力の判定を行う。具体的には、面接や心理学的諸検査を通して、就労の可能性や作業技術の程度および修得期間を判定し、職業リハビリテーションを行う。

２）　障害者職業カウンセラー

　障害者職業カウンセラーは、地域障害者職業センター[*16]等に配置され、障害者の就職、仕事や職場への適応のための支援を行う。具体的には、障害者の職業に関する相談に応じ、職業能力等のアセスメントを行い、職業リハビリテーション計画の策定および実施を行う。当事者が基本的な労働習慣や職業に関する知識を身につけるための支援なども行う。

　就職および職場適応などには事業主の理解も必要であるため、障害者に対する支援だけではなく、事業主に対する支援も行う。さらには、障害者の雇用に関する相談や情報提供、採用に際しての具体的なアドバイスや関係諸機関との連絡調整、採用後のジョブコーチの派遣などを行い、事業主が障害者を継続的に雇用できるよう支援をする。

３）　職場適応援助者（ジョブコーチ）

　ジョブコーチは、障害者の職場に出向き、障害者が仕事や職場に適応し、職場定着できるよう支援を行う。

　具体的には、障害者には、職場適応のための支援や対人関係を調整するための支援、事業主には、障害に関する正しい理解を促すための支援と仕事内容や指導方法を障害者本人に合致したものにするための助言・提案を行う。また、家族に対しては障害者の職業生活を支えるための助言などを行う。

　障害者が職場に定着するためには、職場の人々による障害者への支援が根づく必要があるため、ジョブコーチによる支援の終了後も、職場内で継続的に支援を行う環境を整えていく必要がある。これがジョブコーチによる支援の最終的な目標である。

(5)　心理分野の専門職

　心理分野の専門職としては、臨床心理士があげられる。障害者福祉にかかわる職域としては、療育施設、精神保健福祉センター、リハビリテーションセンター、公共職業安定所（ハローワーク）や地域障害者職業センターなどで、発達相談、職業相談、心の問題で不適応に陥った人の支援や、障害を受容するときなどの支援を心理学的な見地から行う。

　臨床心理士は、臨床心理学を学問的基盤に置き、面接や心理検査等による

*16　地域障害者職業センター
第7章p.123参照。

アセスメントをふまえて心理療法を行う。心の問題というとらえがたい領域にかかわるため、的確にアセスメントを行い、適切に心理療法を行う知識と技術が求められる。また、人の心に向き合う職業であり、心を開いてもらえるような関係形成の力も問われる。

臨床心理士をはじめ、臨床発達心理士等の心理専門職の資格は、民間の協会・団体による認定資格のみであったが、2017（平成29）年施行の「公認心理師法*17」により、公認心理師が国家資格として誕生した。とはいえ、臨床心理士等の民間資格が不認可になるわけではないため、今後は公認心理師、臨床心理士等の資格保持者が、心理学に関する専門的知識・技術が必要とされる保健・医療、福祉、教育等の分野で活躍することが予想される。

3．障害者を支援するその他のマンパワー

障害者支援にかかわるのは、上述のフォーマルな専門職ばかりではない。地域住民をはじめ、多くの人々の協力による、インフォーマルな支援も重要となる。

たとえば、障害福祉サービス事業所等における日常的な生活の補助、行事開催時の補助、外出・旅行時の介助、講演会などでの手話通訳や要約筆記、本の点訳や音訳、自助具の製作等において、ボランティアが障害者支援にかかわる場面は数多くある。

⑴　ピア・ボランティア

障害者とボランティアの関係についてみてみると、ボランティアの支援を受ける立場だけでなく、障害者自身がボランティアになることもある。久野研二は、障害者による障害者に対するボランティアを「ピア・ボランティア」として、その意義について「障害者一人ひとりに『自分もこうなりたい・こう生きたい』という意志を導き出すロール・モデルもしくは触媒（ファシリテーター）だったのではないでしょうか」[1)]、「障害者は『助けられるべき存在』と思っていた障害者の家族や関係者にとっては…（中略）…『助けられる存在から社会を変えていく存在へ』という役割転換の事実の一つひとつが目に見える存在として目の前にいることは、それが実現できるということの事実に他なりません。この事実は、周りにいる人間が具体的に何をどうしていかなくてはいけないかと考えさせ、社会や環境を変えるきっかけとなっていきます」[2)]と述べている。

このように、ピア・ボランティアは障害者のみならず、家族や関係者にも

*17　公認心理師法
公認心理師の資格を定めて、その業務の適正を図り、国民の心の健康の保持増進に寄与することを目的に2015（平成27）年に成立（2017（同29）年施行）。公認心理師の業務内容は、①心理に関する支援を要する者の心理状態の観察、その結果の分析、②心理に関する支援を要する者に対する、その心理に関する相談および助言、指導その他の援助、③心理に関する支援を要する者の関係者に対する相談および助言、指導その他の援助、④心の健康に関する知識の普及を図るための教育および情報の提供である。2020（令和2）年12月末現在の登録者数は、35,529人である。

影響を与え、それが社会や環境の変化につながることを指摘している。

(2)　行政委嘱型ボランティア

1）　身体障害者相談員・知的障害者相談員
　身体障害者相談員と知的障害者相談員は、それぞれ「身体障害者福祉法」「知的障害者福祉法」に基づく相談員制度により設置される地域ボランティアである。身体障害者の生活上の相談、知的障害者自身や保護者からの在宅での療育や生活に関する相談に応じ、福祉事務所等の関係機関との連絡調整等が役割となっている。市町村から委託され、社会的信望があり身体障害者や知的障害者の支援に熱意と識見をもっていることが条件である。

2）　民生委員・児童委員
　民生委員は「民生委員法」、児童委員は「児童福祉法」に規定されているが、民生委員が児童委員を兼ねることになっている。
　民生委員は、①住民の生活状態を把握する、②要支援者が自立した生活を送れるよう相談に応じ、助言等を行う、③要支援者が福祉サービスを適切に利用できるよう必要な情報の提供等を行う、④社会福祉を目的とする事業の経営者や社会福祉に関する活動の従事者と連携し、その事業や活動を支援する、⑤福祉事務所等関係行政機関の業務に協力する、⑥必要に応じて住民の福祉の増進を図るための活動などを行う。
　児童委員は、①児童および妊産婦の生活や取り巻く環境を把握する、②児童および妊産婦が、サービスを適切に利用できるよう必要な情報の提供等を行う、③児童および妊産婦に係る社会福祉を目的とする事業の経営者や児童の健全育成に関する活動の従事者と連携し、その事業や活動を支援する、④児童福祉司または福祉事務所の社会福祉主事の行う職務に協力する、⑤児童の健全育成に関する気運の醸成に努める、⑥必要に応じて児童および妊産婦の福祉の増進を図るための活動などを行う。

(3)　家族・当事者

1）　家　　族
　障害者（児）の周りにいる人々のなかで、最も身近な存在が家族である。まさしくインフォーマルな立場であるが、家族は当事者のライフスタイルやライフヒストリーを周知しており、専門職による支援を受ける際に、家族が橋渡し役を担うことがある。
　障害者（児）の支援はライフステージ全体でとらえていく視点が求められ

る。その意味で家族はライフステージ全体にかかわる支援者といえる。ソーシャルワーカーとして当事者支援にかかわる場合には、家族との関係性や連携までを視野に入れた支援体制の構築が必要となる。

2） 当事者

当事者相互による支援形態の一つにピア・カウンセリングがあげられる。「ピア」とは仲間や共通点をもつ人を意味し、ピア・カウンセリングとは、同じような環境にある、同じような体験をしたなど、何らかの共通点をもち痛みや喜びを共有する立場から、生活上の悩みや思いを聴き、精神的安定や自分に自信がもてるように支援し、生活課題の解決に向けたアドバイスや情報提供等を行うことである。障害という共通点をもつ仲間から、これまでの生活での実体験に基づく具体的なアドバイスや情報を得ることができ、また同じ仲間だからこそ共感し合えることも多い。

3） 当事者組織

障害当事者組織については、障害の種類や年齢、障害者本人、またその家族など、さまざまな観点から多様な組織が設立されている。それぞれの組織では、自分たちの障害や置かれている環境について正しい理解を求めるべく広報・啓発活動を行い、現状の改善に向けて法制度について提言するなどのソーシャルアクションを実施している。また、このような組織では、メンバー同士が悩みや思いを分かち合う場が設けられることもあり、「人に話せた」「人に聴いてもらえた」「自分だけじゃない」という自信や安心感をもつことができ、それが生活意欲の向上や行動を起こそうというエネルギーにつながるエンパワメント効果も期待できる。

当事者組織として、セルフヘルプグループがよく知られている。セルフヘルプグループとは、同じ問題や課題をもつ当事者がその解決、克服に向けてお互いに援助し合ったり、改善、対応策を構築したりするために自発的に結成する集団・組織のことで、患者会、家族会、介護者の会などがある。特に、精神疾患の人たちの活動は活発で、全国組織として全国精神保健福祉会連合会があり、各地に断酒会や薬物依存症者の会などのセルフヘルプグループがある。

⑷ 日常生活自立支援事業における専門員および生活支援員

＊18　日常生活自立支援事業
第10章p.173参照。

日常生活自立支援事業＊18の利用希望者は、社会福祉協議会に相談や申込みをする。社会福祉協議会の職員である専門員が相談を受け、利用希望者の生

活の状況や希望、意向を把握したうえで、支援計画を策定し同意が得られれば契約となり、支援計画に基づく生活支援員による支援が行われる。ここでの生活支援員は、専門員と同様に社会福祉協議会の職員であり、先述した障害福祉サービス事業所に配置される生活支援員とは異なる。生活支援員は契約内容や支援計画に基づき、定期的に利用者のもとへ訪問し、福祉サービスの利用に関する支援や日常生活上の金銭管理等の支援を行う。

(5)　障害者福祉分野におけるNPO活動等

　障害者支援にかかわるものとして、民間サービス・組織もあげられる。「民間」という特徴に着目し行政と比較すると、行政が公平平等でなければならないのに対し、民間は自由度の高い活動ができるといえる。新たな組織を立ち上げることや組織内での調整を柔軟かつ迅速に行うことができるという点で新規サービスの創出につながる。つまり、行政、あるいは社会福祉法人が提供する公的サービスでは補うことのできない利用者のニーズに応じた福祉サービスを提供することが可能である。

　障害者福祉領域における民間サービス・組織の活動例として、民間非営利組織（NPO）*19について取り上げる。

　障害者福祉分野におけるNPO活動として、「親睦・交流の場・機会の提供」「人や労力を動員（派遣）してのサービス」「相談活動（電話・窓口等）」「物産品等の製造製作および提供」「施設等の設置や運営」などがある[3]。

　近年、障害者の再犯リスクへの対応として司法と福祉の連携が重視されるなか、福祉事務所や地域生活定着支援センター*20と連携し、矯正施設退所者の支援を行っているNPO法人もある[4]。また、「農福連携」（第11章p.196参照）という言葉にみられるように、障害者や生活困窮者の農業分野への就労支援が注目を集め、社会福祉法人だけでなくNPO法人や株式会社による取り組みが進められている[5][6][7]。

　このように多様な事業体が障害者の支援にかかわっていることがわかる。このことは、人がさまざまな人々とのかかわりのなかで生きている存在であることの証左でもある。そして支援においては、障害者福祉にかかわる人々・組織がいかにネットワークを形成していくかが問われるが、その人生の主人公である障害者本人が中心であるとの認識は欠かせない。

4．障害者福祉を支える人同士の連携

　障害者支援は、障害当事者の「自分らしく」「主体的な」生活の実現を目的

*19　NPO
Non Profit Organizationの略で、一般に民間非営利組織のこと。内閣府では「様々な社会貢献活動（事業も含む）を行い、団体の構成員に対し収益を分配することを目的としない団体の総称」と定義される。1998（平成10）年制定の「特定非営利活動促進法」のもと、NPO団体が法人格を容易に取得できるようになるなど、活動の発展が促進されている。

*20　地域生活定着支援センター
高齢、または障害のある矯正施設退所者に対し、関係機関と連携し、退所後に必要な福祉サービスを受けられるよう支援する機関。主な業務としては、①保護観察所からの依頼に基づき、福祉サービスに関するニーズの把握を行い、受け入れ先施設等のあっせんや福祉サービスの申請支援等を行うコーディネート業務、②コーディネート業務を経て矯正施設退所後、受け入れ先施設等に対して必要な助言を行うフォローアップ業務、③懲役・禁錮の刑の執行または保護処分を受けた後、矯正施設退所者の福祉サービスの利用に関して、本人や関係者からの相談に応じ、助言等必要な支援を行う相談支援業務の3つがある。

として実践され、ソーシャルワーカーは障害者の要求と期待に応えるべくその専門的機能を駆使する。

　生活には、健康、労働（雇用）、教育、家庭生活などのさまざまな側面からとらえる考え方や、これらの側面の相互関連から生活は生じるとする考え方などがある。そして障害者の生活ニーズは、生活を遂行するにあたって何らかの福祉的支援を必要としている状態として理解でき、それらの生活ニーズは相互に関連し合っていると考えられる。

　生活ニーズを構成する一つひとつの側面（労働、教育など）に対しての支援は理解しやすいが、現実にはこれらの側面が相互に関連し合っているため、障害者ソーシャルワークは、障害者（児）のニーズのアセスメントや障害者自身のエンパワメントを支援する自立支援、そしてよりよい共生のための環境整備としてのコミュニティワークなどの実践も不可欠である。そのためには、各種専門職や当事者を取り巻く人々との連携や協力が重要となる。

(1)　多職種（間）連携

1）　連携の体制－ネットワークを支えるシステム－

　チームワークが専門職を中心とした職種間連携であるのに対し、ネットワークは、メンバーの独立性が高く合意の程度は緩やかで、ボランティアや近隣などインフォーマルな人々もメンバーとなる。地域を基盤とした公私の組織間協働や専門職・非専門職を含む職種間協働は、障害者の地域生活に不可欠なネットワークである。なお、ネットワーキングは、有機的な連携として法制上で規定*21されている。

　障害者総合支援法では、障害者（児）のニーズを満たすためにさまざまなサービスや資源を結びつけ調整する、ケアマネジメントを導入している。ケアマネジメントは、専門職・機関の連携によるチームアプローチの基盤となる。そして、サービス利用者のよりよい地域生活を実現するため、制度（フォーマルサービス）だけでなく、家族、近隣やボランティアの支援などインフォーマルサービスを含めた社会資源を効果的に活用できるよう、ネットワークシステムの構築が求められる。システムの構築にあたっては、相談支援事業者、基幹相談支援センター、後述する協議会をはじめ、福祉サービス支給決定のプロセスにおけるサービス担当者会議、個別支援計画の作成等にかかる個別支援会議等が中心を担うことになる。

　障害による暮らしづらさをもつ人々に対する支援として、個別支援と地域へのアプローチを結びつけたコミュニティソーシャルワークの活用や、当事者を取り巻くフォーマル・インフォーマルサービスの連携を進めるソーシャ

*21　ネットワーク、ネットワーキング
ネットワーキングは、個別のニーズと思われたものでも地域に共通するものがあるという視点でとらえるモデル、地域福祉の視点で住民参加による助け合い、協働などを進めていくモデル、専門職、関係機関等のネットワーキング等の形態があるとされる8)。また、「個人と個人、集団と集団が共存・共生していくためのインフォーマルな結びつき、つながりを再組織していく運動プロセスである」9)とされ、地域福祉領域と深いかかわりがある。なお、社会福祉法第5条において、連携による福祉サービス提供の原則を規定している。

図12-1　協議会を構成する関係者

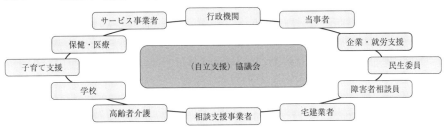

出典：厚生労働省ホームページ：参考資料　障害保健福祉施策の動向　p.108から一部抜粋
　　　http://www.mhlw.go.jp/file/06-Seisakujouhou.12200000-shakaiengokyokushougaihokenfukushibu/
　　　0000044482.pdf

ルサポートネットワーク[*22]の活用が有効である。

　ソーシャルサポートネットワークの構築により、福祉サービスや制度の情報入手における不平等の是正や効率化、相談支援専門員やケアマネジメント担当者の孤立化の予防、さらには多様なニーズへの対応やサービスの質の向上が期待できる。そして、障害者の抱えるニーズや課題は、その人だけのものではなく、多くの人が抱える共通課題であるという視点でとらえることが可能になる。さらに、新しいサービスの開拓や行政と民間のサービス提供者の協働など、地域包括ケアシステムの整備を含めたソーシャルアクションへの可能性も拡がる[*23]。

　協議会[*24]は、障害者への支援体制の整備を図るため、都道府県および市町村に設置される（障害者総合支援法第89条の3）。障害者にかかる関係機関や団体、障害者の福祉、医療、教育、雇用分野の関係者等が参加し、地域の障害者に対する支援体制の課題に関する情報共有や、関係機関等の連携の緊密化を図るとともに、地域の実情に応じた体制の整備について協議を行っている（図12-1）[11]。

　協議会の機能を存分に発揮させるためには、協議会構成員間における支援の方向性などの共通認識は元より、水平的関係においてさまざまな障害の知識や情報についても提供・共有し合い、問題意識を高め合うことが必要である。ソーシャルワーカーは「支援者に対して支援する役割」についても自覚し、支援対象者の地域生活の向上のために、構成員間のよりよい連携・協働への努力を怠ってはならない[*25]。

2）　多職種（間）連携を支えるシステム

　多職種（間）連携は当事者の「自分らしく生きる」を支援するという共通認識のもとに、それぞれの専門性を存分に発揮し、効果的で多面的な支援を実現することが目的である。この場合、支援にあたる各メンバーが単独では

＊22　ソーシャルサポートネットワーク
在宅ケアやコミュニティケアの発展とともに注目されてきたソーシャルサポートネットワークは、エコマップとして視覚化でき、利用者の人と環境の交互作用の実態やその構成要因が把握できる。ソーシャルサポートネットワークの形成は、利用者を中心としたさまざまなサービスの連携を深め、地域支援を進める重要な方法である[10]。

＊23
高齢聴覚障害者が多く利用する特別養護老人ホームと地元の地区連合町内会の協働により、閉校した中学校を利用した「高齢者・障がい者地域ふれあいセンター」を開設し、地域の困っている人を地域の人々が助け合う有料ボランティア活動事業を実施する事例もある。

＊24　協議会
障害者自立支援法では自立支援協議会との名称であったが、障害者総合支援法施行に伴い改称している。

＊25
協議会メンバーの一人であるろうあ者生活相談員の働きかけにより、協議会で聴覚障害者特有の問題（社会的不利）に関する共通認識を深め、パンフレットを作成、配布する等の活動に発展した事例もある。

＊26　個別支援計画
障害者総合支援法第42条に規定され、各厚生労働省令において「利用者の意向、適性、障害の特性その他の事情を踏まえた計画」とされ、これに基づき、利用者に障害福祉サービスを提供するとともに、その効果について定期的な評価を実施することが規定されている。

*27　個別の教育支援計画
「個別の教育支援計画」は、障害のある児童生徒の一人一人のニーズを正確に把握し、教育の視点から適切に対応していくという考えの下、長期的な視点で乳幼児期から学校卒業後までを通じて一貫して的確な教育的支援を行うことを目的とする。また、この教育的支援は、教育のみならず、福祉、医療、労働等の様々な側面からの取組が必要であり、関係機関、関係部局の密接な連携協力を確保することが不可欠である。他分野で同様の視点から個別の支援計画が作成される場合は、教育的支援を行うに当たり同計画を活用することを含め教育と他分野との一体となった対応が確保されることが重要である[12]。

*28　エコマップ
第5章p.76参照。

*29　支援マップ（生活マップ）
支援を必要とする当事者は、それぞれの生活場面でさまざまな関係者・関係機関とのかかわりをもつ。当事者がどのような人とかかわりをもち支援を受けているかについて、かかわりの強弱を含めて図示したもの。連携の全体像の把握に役立つ。

*30　サポートファイル
支援を必要とする子どもたちに対して、各ライフステージにおいて切れ目のない支援を実現するために、各ライフステージにおける支援担当者が支援の内容等について整理・記録したものを次の担当者につなぐなどして積み重ねる支援記録ファイル。

その目的を実現できないということも体験し自覚しているなど、連携の必要性を理解、共有していることが必要である。

　また、連携を可能にするために必須である情報の共有には、「個別支援計画*26」「個別の教育支援計画*27」「国際生活機能分類」（ICF・ICF−CY（国際生活機能分類児童版））の活用等が有効である。

　当事者と関係する専門職者等が、情報の共有を通して当事者を取り巻く社会資源について把握し、明らかになった社会資源をエコマップ*28や支援マップ*29、サポートファイル*30などととして整理すれば、連携を支える個々の役割分担や担うべき内容が明確になり、望ましい支援の実現が可能になるだろう。

(2)　さまざまな分野における連携

1)　保健・医療、教育機関との連携

❶精神保健福祉施策における医療と福祉の関係

　精神障害者は、患者としての医療サービスの対象であるとともに、障害者福祉サービスの対象でもある。保健・医療、福祉が必要な状況にある精神障害者とその生活に対して、生命を守り、病気を治すことを目標としている医療と、自分らしく生きる生活を実現することを目標としている福祉は、相互に緊張し対立してしまう関係にありがちである。しかし、生活の主体者である当事者の立場に立つ福祉を理解した者、つまり社会福祉専門職は、当事者の生活基盤の整備とともに彼らが主体的に医療を活用し、自らが望む生活を形づくっていくことができるように支援する役割も担っている。

❷精神障害にも対応した地域包括ケアシステム

　「平成29年患者調査」では、精神疾患を有する総患者数は400万人を超えるなど急増しており、外来患者数では特に後期高齢者の増加が顕著である。入院患者数全体では減少しているものの、65歳以上は増加している。精神疾患は誰でもかかる可能性があり、多くの場合は治療等により回復し社会生活が可能であるとされるが、精神障害者本人の苦しみ（生きづらさ）は周囲には理解されにくく、その地域生活の支援は、精神科医療機関や地域の援助事業者による努力だけでは限界がある。これらのことから、精神障害の有無や程度にかかわらず、だれもが安心して自分らしく暮らすことができる地域づくりをめざすため、2017（平成29）年「精神保健医療福祉の改革ビジョン」の基本指針である「入院医療中心から地域生活中心へ」に基づいて医療、障害福祉・介護、住まい、社会参加（就労）、地域の助け合い、教育が包括的に確保された「精神障害にも対応した地域包括ケアシステム」の構築に向けた取り組みが、各自治体において進められることとなった（図12−2）[13]。

図12－2　精神障害にも対応した地域包括ケアシステムの構築（イメージ）

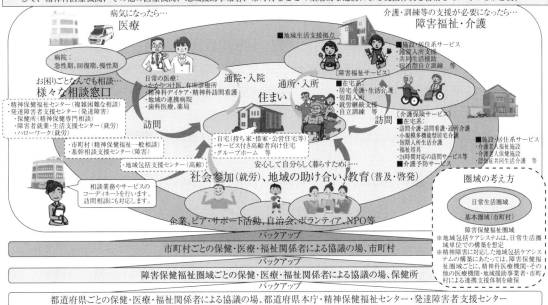

○精神障害者が、地域の一員として安心して自分らしい暮らしをすることができるよう、医療、障害福祉・介護、住まい、社会参加（就労）、地域の助け合い、教育が包括的に確保された地域包括システムの構築を目指す必要がある。
○このような精神障害にも対応した地域包括ケアシステムの構築にあたっては、計画的に地域の基盤を整備するとともに、市町村や障害福祉・介護事業者が、精神障害の程度によらず地域生活に関する相談に対応できるように、圏域ごとの保健・医療・福祉関係者による協議の場を通じて、精神科医療機関、その他の医療機関、地域援助事業者、市町村などとの重層的な連携による支援体制を構築していくことが必要。

出典：厚生労働省ホームページ：精神障害にも対応した地域包括ケアシステムの構築について
　　　https://www.mhlw.go.jp/stf/seisakunitsuite/bunya/chiikihoukatsu.html

　「精神障害にも対応した地域包括ケアシステム」の構築範囲は日常生活圏域単位が基本となり、そのうえで障害保健福祉圏域ごとに精神科医療機関・その他の医療機関・障害福祉サービス事業所等、市町村による連携支援体制確保が求められる。この連携支援体制には、地域における精神保健医療福祉及び行政の多職種（間）連携による包括的支援マネジメントを機能させることが必要であるとされる。包括的支援マネジメントは精神保健福祉士や看護師等が医療サービスを、相談支援専門員が障害福祉サービスを、保健師、精神保健福祉士、精神保健福祉相談員等が行政機関をそれぞれマネジメントしつつ全体として多職種によるアセスメントとプランニング、介入を包括した集中的ケースマネジメントを機能させるものであり、この実践を通して地域における支援関係者の「顔の見える連携」が促進され、ハローワーク、学校、職場、ピアサポーターを含む地域住民等を巻き込んだ地域全体の支援力が向上することが期待される。

❸身体障害者（児）・知的障害者（児）施策における医療・教育との連携

　疾病や事故等により病院で急性期の治療を受け回復期を経て、重度障害が

残った重症心身障害者（児）の場合は、その多くが医療的ケアを必要とし、生活を送るうえで専門性を備えた施設等とのかかわりが欠かせない。彼らが退院可能な状態にあっても、自宅を含めた環境整備が整っていないなどの理由から入院の長期化が生じることや、在宅医療、訪問看護等の利用に制限があることなどから、在宅介護の大半を家族（主に母親）が担うという現状があり、今後の課題とされている。

*31　難病等
第 4 章 p.70、第 8 章 p.129参照。

　また、障害者総合支援法の対象範囲に加えられた「難病等*31」をもつ人々は、それぞれの疾患に特有な症状により日常生活や就労に困難がある場合も少なくなく、個々の状況に配慮した看護や介護等の支援が求められている。

　障害者一人ひとりが住み慣れた地域において、必要なサービスを選択、利用しながら自立生活を送るためには、総合的な相談支援体制の充実が必要であると同時に、苦情対応等サービス利用者の権利を擁護する機能の充実も図らなければならない。

*32　医療的ケア児等
人工呼吸器を装着している児童その他の日常生活を営むために医療を要する状態にある児童や重症心身障害児のことをいう。

　障害者や医療的ケア児等*32とその家族が安心感をもち地域生活を継続するための支援には、医療、福祉、保健、子育て支援、教育等の多職種連携が必要不可欠である。厚生労働省「重症心身障害児者の地域生活モデル事業」(2012（平成24）～2014（同26）年度）「小児等在宅医療連携拠点事業」(2013（同25）～2014（同26）年度）は、重症心身障害児者、医療的ケア児等とその家族が安心、安全に地域でいきいきと暮らせるようにするため、医療型障害児入所施設等を中核とした関係する分野との協働による支援体制を構築すること等、総合的な地域生活支援の実現をめざすものである[14]。さらには、このモデル事業に採択された団体の実例報告をもとに「小児の地域包括ケアシステム」の構築が検討されている（図12－3）[15]。

　地域包括ケアシステムは、要介護高齢者の医療、介護、介護予防、住まい、生活支援の5要素を地域（市町村）で一体的に提供する体制をさすもので、介護保険制度のなかで用いられている概念である。そのため、現時点では小児についての枠組みはないが、小児在宅医療患者の地域生活を支える体制を構築するためには、成人の地域包括ケアシステムと比べてより広域でより多くの関係職種と協議する必要があるとされる[16]。障害者総合支援法に基づく「地域生活支援事業」は小児の地域包括ケアシステムに近い概念だが、医療の関与は想定されておらず「小児の地域包括ケアシステム」を実現するためには、医療者と相談支援専門員や医療的ケア児等コーディネーター*33が中心となってコーディネーター機能を果たし、医師、看護師、保健師、リハビリ、相談支援専門員、介護職、学校教員等と多岐にわたる関係者の「顔の見える関係」を構築し連携を実現することが必要である[17]。

*33　医療的ケア児等
コーディネーター
厚生労働省医療的ケア児等総合支援事業の実施について（2019（平成31）3月27日厚生労働省社会援護局通知）によると、医療的ケア児等の支援を総合調整する者と定義されている。

図12−3　「小児の地域包括ケアシステム」の構築のために

○医療、福祉、教育関係者が顔の見える関係を構築し、課題に柔軟に対応する
○医療者と相談支援専門員が連携してコーディネータ機能を担う
○都道府県と協働し、小児在宅医療を推進する事業を実施する
○市町村自立支援協議会に参加し、より適切な福祉サービスの提供を図る

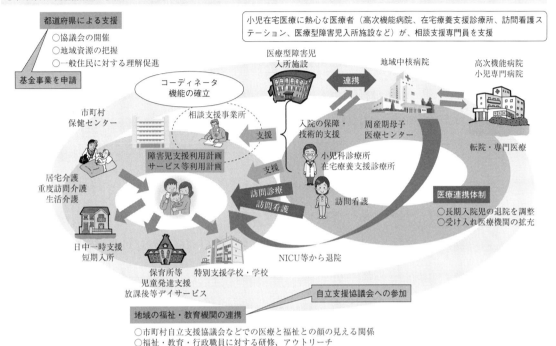

出典：厚生労働省「平成27年度小児等在宅医療にかかる講師人材養成事業」2016年　p.135

❹障害児支援の強化における連携

　障害児が地域社会の一員として豊かな育ちや学びを得るための支援には「ライフステージに応じた切れ目のない支援と各段階に応じた関係者の連携（縦横連携）」の充実という視点が重要である。障害児のライフステージに応じた切れ目のない支援の推進（縦の連携）には、障害児とその家族のライフステージに沿って、保健、医療、福祉、保育、教育、就労支援等の関係者がチームとなって支援を行うことと、それぞれのライフステージに応じて、上記各領域および関係者等と連携した地域支援体制（横の連携）の確立の双方が重要である。「横の連携」の推進において関係者等には、各々専門職としての役割を明確に意識すること、関係者間の水平的な関係を保ちつつ具体的な支援を担当することなどが求められる。「縦横連携による切れ目のない支援」の実現には家庭と教育（学校）と福祉（障害児通所支援事業所等）の相互理解、情報共有の促進など、より一層の連携が必要であることから、文部科学省と厚生労働省は家庭と教育と福祉の連携「トライアングル」プロジェクト

223

図12－4　トライアングルプロジェクトの概要

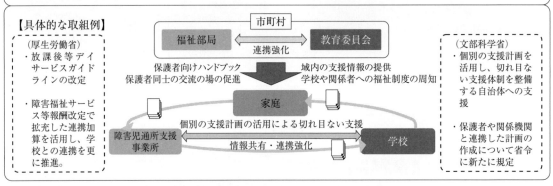

1．教育と福祉との連携に係る主な課題

　学校と放課後等デイサービス事業所において、お互いの活動内容や課題、担当者の連絡先などが共有されていないため、円滑なコミュニケーションが図れておらず連携できていない。

2．保護者支援に係る主な課題

　乳幼児期、学齢期から社会参加に至るまでの各段階で、必要となる相談窓口が分散しており、保護者は、どこに、どのような相談機関があるのかが分かりにくく、必要な支援を十分に受けられない。

今後の対応策

1．教育と福祉と連携を推進するための方策

・教育委員会と福祉部局、学校と障害児通所支援事業所との関係構築の「場」の設置
・学校の教育員等への障害のある子供に係る福祉制度の周知
・学校と障害児通所支援事業所等との連携の強化
・個別の支援計画の活用促進

2．保護者支援を推進するための方策

・保護者支援のための相談窓口の整理
・保護者支援のための情報提供の推進
・保護者同士の交流の場等の促進
・専門家による保護者への相談支援

【具体的な取組例】

市町村
福祉部局　　連携強化　　教育委員会

保護者向けハンドブック　　域内の支援情報の提供
保護者同士の交流の場の促進　　学校や関係者への福祉制度の周知

家庭

個別の支援計画の活用による切れ目ない支援

障害児通所支援事業所　　情報共有・連携強化　　学校

（厚生労働省）
・放課後等デイサービスガイドラインの改定

・障害福祉サービス等報酬改定で拡充した連携加算を活用し、学校との連携を更に推進。

（文部科学省）
・個別の支援計画を活用し、切れ目ない支援体制を整備する自治体への支援

・保護者や関係機関と連携した計画の作成について省令に新たに規定

出典：厚生労働省ホームページ：家庭と教育と福祉の連携「トライアングル」プロジェクト報告
https://www.mhlw.go.jp/stf/seisakunitsuite/bunya/0000191192.html

を発足させた（図12－4）。

　教育と福祉との連携を推進するために、相互の関係構築の場の設置や福祉制度の周知、情報提供など、相談支援専門員の担う役割は大きい。また、保護者同士の交流の場を設けるピアサポートの推進やペアレントメンター[*34]による相談支援の実施の促進が求められている。

＊34　ペアレントメンター
専門的な研修を受けた障害のある子どもを持つ保護者。

2）　就労支援における連携

　2007（平成19）年の厚生労働省「福祉施設、特別支援学校における一般雇用に関する理解の促進等、障害者福祉施策及び特別支援教育施策との連携の一層の強化について（19年通達）」を受けて始まった障害者の雇用を支える連携体制の構築・強化については、2013（同25）年の厚生労働省「障害者の雇用を支える連携体制の構築・強化について（25年通達）」のもと、ハローワークを中心に、地域障害者職業センター、障害者就業・生活支援センター、就労移行支援事業所、特別支援学校、ジョブコーチ等の関係機関によるチーム

図12－5　障害者就労支援の共通基盤

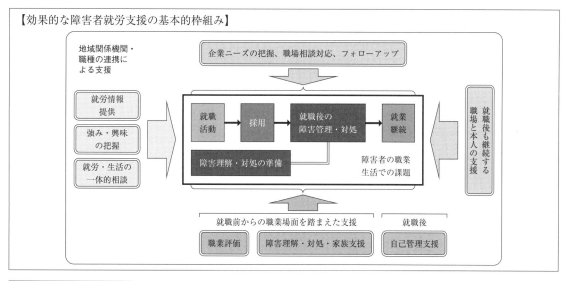

【効果的な障害者就労支援の基本的枠組み】

【多分野間の障害者就労支援の共通理解のポイント】
・障害者が職業生活を送ることを当然とする共生社会の理念の下では、就労支援を専門としていない保健医療、福祉、教育といった分野であっても、それぞれの専門性や価値観を踏まえた共通目標の認識の下で、多職種の連携による継続的かつ総合的な支援を実施するという役割認識と意向を有する場合には、就労支援機関と相まって、より効果的な就労支援の取組を行うことができること
・「就労支援が、障害者本人と雇用企業の両面にとって益となる」という基本的な考え方・信念が、効果的な障害者就労支援への取組に重要であること
・効果的な障害者就労支援が、各機関・職種の本来的な支援業務と共通目標を有することを確認することが重要であること
・障害者就労支援の基本的なポイント（職場環境整備・配慮、本人の強み・興味、職業場面での課題への予防的・早期対応等）や関連制度等の知識も、各機関・職種の取組のスタンスに応じて普及する必要があること

出典：高齢・障害・求職者雇用支援機構「保健医療、福祉、教育分野における障害者の職業準備と就労移行等を促進する地域支援のあり方に関する研究（調査研究報告書）」No.134　2017年　p.15

　支援に加え、中小企業等がもつ障害者雇用に対する不安解消や、支援対象者である障害者が利用している医療機関の医師や職員との積極的連携を図るなどの取り組みとともに、「福祉、教育、医療から雇用へ」の「移行推進事業」が実施されている。本事業においては、就労支援に携わる関係機関がハローワークと「顔の見える関係」を構築し、地域の就労支援体制強化に取り組むことが求められている[19]。
　障害者の就労支援においては、保健・医療、福祉、教育分野などの関係分野と共通認識をもって取り組むことが重要であることから、「障害者就労支援の共通基盤」として「効果的な障害者就労支援の基本的枠組み」と「多分野間の障害者就労支援の共通理解のポイント」の普及と活用が望まれている（図12－5）[20]。

本章のまとめ ●障害者福祉を支える人々がめざすもの●

　障害者の権利に関する条約（障害者権利条約）の批准に向け、2011（平成23）年に改正された障害者基本法には、「社会的障壁」という言葉を新たに規定した。この言葉は、「障害がある者にとつて日常生活又は社会生活を営む上で障壁となるような社会における事物、制度、慣行、観念その他一切のもの」（同法第2条第1項第2号）を意味する。

　社会的障壁の除去はソーシャルワーカーのみならず、本章で述べたような多様な人との連携によって進められていくものである。ここで忘れてはならないことは、「多様な人」のなかに障害者本人が含まれるということである。ソーシャルワーカーは、障害者支援にかかわる人々、そして障害当事者とともに社会的障壁の除去に取り組むのである。また、その際に留意すべきこととして、連携の必要性についてアセスメントなどから導き出す過程を経ずに、「連携が必要だから専門職等関係する人々に集まってもらうことから始めよう」という"連携ありき"で考えてしまっていないか、個人的な善意と努力と自己犠牲によって障害者のニーズに応えようとする「ニーズの抱え込み」に陥っていないかという2点があげられる。適切なアセスメントを行い、障害者とともに考え、自身の役割とその範囲を自覚し、障害者を取り巻く人々とよりよい関係を形成することから、障害者支援が展開されるということを心にとどめていただきたい。

【考えてみよう】

① 本章で述べた以外にも、障害者支援にかかわる人々はいる。他にどのような人々がいるか、その役割を含めて調べ、考えてみよう。

② 本章では障害者支援にかかわる社会資源のなかでも主に人に焦点を当てたが、社会資源には他にどのようなものがあるか考えてみよう。

③ さまざまな専門職者や障害者を支える人々を「つなぐ」役割を担う場合に求められるソーシャルワーク機能について考えてみよう。

④ 障害者が地域コミュニティの一員として「主体的に」生きることを支えるために求められる能力・資質について考えてみよう。

【さらに学びを深めるための参考文献】

1) 宮本節子『ソーシャルワーカーという仕事』筑摩書房　2013年

2) 中村剛『自分の将来を考えている"あなた"へ　これがソーシャルワークという仕事です－尊厳を守り、支え合いの仕組みを創る－』みらい　2016年

3) 尾上浩二、熊谷晋一郎、大野更紗、小泉浩子、矢吹文敏、渡邉琢『障害者運動のバトンをつなぐ－いま、あらためて地域で生きていくために－』生活書院　2016年

4) 日本障害者リハビリテーション協会『新ノーマライゼーション』(月刊誌)

5) 日本障害者協議会『すべての人の社会』(月刊誌)

【引用文献】

1) 久野研二『ピア・ボランティア　世界へ－ピア(仲間)としての障害者の国際協力－』現代書館　2012年　p.177

2) 同上書　p.178

3) 内閣府「平成20年度市民活動団体等基本調査報告書」(平成21年3月)

4) 長谷川真司・高石豪・岡村英雄・中野いく子・草平武志「多職種・多機関連携による触法高齢者・障害者の地域生活支援の現状と課題－A県B地域生活定着支援センターの事例から－」『山口県立大学社会福祉学部紀要』通巻第22号　2016年　pp.125－133

5) 厚生労働省・農林水産省パンフレット「福祉分野に農作業を－支援制度などのご案内－(Ver.8)」2020年

6) 近藤龍良編『農福連携による障がい者就農』創森社　2013年

7) NPO法人コミュニティシンクタンクあうるず編『ソーシャルファーム－ちょっと変わった福祉の現場から－』創森社　2016年

8) 岩間伸之・白澤政和・福山和女編『ソーシャルワークの理論と方法Ⅰ』ミネルヴァ書房　2010年　pp.236－245

9) 京極高宣監、小田兼三・京極高宣・桑原洋子・高山忠雄・谷勝英編『現代福祉学レキシコン(第2版)』雄山閣出版　1998年　p.519

10) 市川一宏・大橋謙策・牧里毎治編『地域福祉の理論と方法』ミネルヴァ書房　2010年　pp.169－171

11) 厚生労働省ホームページ：参考資料　障害保健福祉施策の動向　p.108
http://www.mhlw.go.jp/file/06-Seisakujouhou-12200000-shakaiengokyokushougaiho kenfukushibu/0000044482.pdf

12) 文部科学省ホームページ：「個別の教育支援計画」について

　　　https://www.mext.go.jp/b_menu/shingi/chousa/shotou/054/shiryo/attach/1361230.
　　　htm
13）厚生労働省「精神障害にも対応した地域包括ケアシステム構築のための手引き」
　　　2019年
14）厚生労働省ホームページ：平成27年度　小児等在宅医療連携拠点事業報告書
　　　http://www.mhlw.go.jp/file/06-Seisakujouhou-10800000-Iseikyoku/0000144580.pdf
15）厚生労働省「平成27年度小児等在宅医療にかかる講師人材養成事業」2016年　p.135
16）厚生労働省　同上書　p.135
17）厚生労働省　同上書　p.135
18）厚生労働省ホームページ：家庭と教育と福祉の連携「トライアングル」プロジェクト
　　　報告～障害のある子と家族をもっと元気に～　2018年
19）厚生労働省ホームページ：福祉、教育、医療から雇用への移行推進事業　2013年
　　　http://www.mhlw.go.jp/file/06-Seisakujouhou-11600000-Shokugyouanteikyoku/0000
　　　062610.pdf
20）高齢・障害・求職者雇用支援機構「保健医療、福祉、教育分野における障害者の職業
　　　準備と就労移行等を促進する地域支援のあり方に関する研究（調査研究報告書）」
　　　No.134　2017年　p.15

【参考文献】
・『障害者総合支援法事業者ハンドブック　指定基準編　2020年版－人員・設備・運営基
　準とその解釈－』中央法規出版
・独立行政法人高齢・障害・求職者雇用支援機構ホームページ
　http://www.jeed.or.jp/
・内閣府ホームページ：令和2年版障害者白書
　https://www8.cao.go.jp/shougai/whitepaper/r02hakusho/zenbun/index-pdf.html
・社会福祉法人全国社会福祉協議会：日常生活自立支援事業パンフレット『ここが知りた
　い　日常生活自立支援事業　なるほど質問箱』
・厚生労働省ホームページ：矯正施設退所者の地域生活定着支援（地域生活定着促進事
　業）
　http://www.mhlw.go.jp/stf/seisakunitsuite/bunya/hukushi_kaigo/seikatsuhogo/kyo
　useishisetsu/index.html
・定藤丈弘・佐藤久夫・北野誠一編『現代の障害者福祉』有斐閣　1996年
・上田敏『ICF（国際生活機能分類）の理解と活用－人が「生きること」「生きることの
　困難（障害）」をどうとらえるか－』きょうされん　2005年

第13章

障害者ケアマネジメント

● 障害者ケアマネジメントとソーシャルワーク実践

　障害者（児）の地域における自立生活が、単なる理念だけではなく実践においても本格的に取り組まれてきている。制度改革により地域移行、地域定着など地域生活支援に関する制度も数多く誕生し、ノーマライゼーションの理念が制度に反映されるようになった。障害者（児）が地域生活を営むにあたって、社会福祉領域をはじめ、さまざまな分野と連携しながらかかわっていかなければならない。また、契約による利用制度の導入に伴い、利用者自身が福祉サービスを選択する時代となった。このような背景のなかで、利用者のニーズと必要なサービスを適切に結びつけていく必要がある。そこで、障害者（児）の地域生活を支援するソーシャルワークの一つの手法としてケアマネジメントがある。ケアマネジメントの手法は、2005（平成17）年に制定された「障害者自立支援法」においても、当事者の地域生活を支援する手法として重要視され、「障害者の日常生活及び社会生活を総合的に支援するための法律」（障害者総合支援法）に引き継がれている。

　本章では、障害者ケアマネジメントの必要性、意味、理念、展開過程を概観し、わが国の法制度における位置づけについて考察する。そして、身体障害者、知的障害者、精神障害者個々に応じた支援方法（具体的流れ）から、理解を深めることとする。

1. ケアマネジメント

(1) ケアマネジメントの始まり

　ケアマネジメントの考え方は、1970年代のアメリカにおいて精神障害者の地域生活を支援する手法として用いられたことが始まりである（当時のアメリカでは、ケースマネジメントとよばれていた）。ケアマネジメントは、ノーマライゼーションの理念の普及とともに脱施設化をめざした実践を行うことと、増大する医療費抑制のために社会的入院を余儀なくされていた精神障害者の退院を促進し、地域生活に必要な多様なニーズに対し総合的なサービスを提供することを目的に導入された。ケアマネジメントは、福祉サービス利用者の地域生活を支援する手法として障害者（児）、高齢者、児童の領域にお

いても用いられるようになった。

　イギリスでは、コミュニティケアを普及させるために公的サービスを提供する手法としてケアマネジメントが導入された。ケアマネジメントという用語は、ケース（＝個人）をマネジメントするのではなく、ケア（＝サービス）をマネジメントすべきものであるという考えから用いられるようになった。

　わが国では、1994（平成6）年の「新たな高齢者介護システムの構築を目指して」（高齢者・介護自立支援システム研究会）においてケアマネジメントの手法が提案され、介護保険制度においてケアプランを作成する際にケアマネジメントの手法が制度として用いられた。そして、介護支援専門員（ケアマネジャー）がケアプランを作成することとなった。このように、ケアマネジメントは、介護保険制度の導入に伴い周知されたため、介護保険制度のケアプランを作成する手法がケアマネジメントであるといった誤ったとらえ方が一部でなされていたが、ソーシャルワークの一つの方法として、本来位置づけられるものである。

⑵　ケアマネジメントの必要性

1）　多様なニーズへの総合的・継続的支援

　ケアマネジメントは、ノーマライゼーションの理念の浸透とともに障害者（児）の地域生活を円滑に進めていくための手法として大いに注目されるようになった。当事者が地域で生活するには、福祉だけでなく、医療、保健、就労など幅広い支援が必要である。入所施設では職員に相談すればよく、施設サービスでほとんどのことが充足された。しかし、地域生活では、分野ごとに相談窓口が異なっており、利用者の生活全体を視野に入れることができない。各分野が別々に利用者に対応することによって矛盾が生じていく。利用者の観点から利用者一人ひとりの生活を理解したうえでニーズに応じた必要なサービスを総合的に継続して提供していく仕組みが必要となる。つまり、利用者の生活を全体的に理解し地域生活支援を円滑に行っていく必要性が生じてきた。

2）　適切なサービスの提供

　契約による利用制度の導入により、利用者自身がサービスを選択、決定することとなった。どのようなサービスが存在するのか、どのサービスが適切か、どこの事業所が適切かを見極めていかねばならない。しかし、利用者がニーズに見合ったサービスを選択、決定することは容易ではない。事業所の特性や所在、サービス提供団体のサービス内容と特徴、料金など、利用者に

適したサービスを紹介しなければならない。

　一方、規制緩和に伴い、サービス提供団体が多様化している。公的機関や社会福祉法人だけでなく、NPO法人、民間企業も参入するようになった。このような多様なサービス提供団体のなかから利用者に適したサービスを選択していく必要がある。加えて、ボランティア、近隣住民などの人的資源も不可欠である。

3）　効果的・効率的なサービス提供

　サービス提供を個々別々に行うと漏れやムダが生じる。限られた財源を最大限有効活用するためにも、利用者の生活の観点から利用者に必要なサービスを提供することによって、効果的・効率的に行う必要がある。

　障害者ケアマネジメントは、障害者（児）が地域社会の一員として自立した生活、いわば一人の人間として尊厳や主体性が保たれ、質の高い安心した生活を送っていくための非常に重要な概念であり手法といえよう。

(3)　ケアマネジメントの意味

　ケアマネジメントは、利用者が地域生活を円滑に送ることができるよう、利用者一人ひとりの多様なニーズを充足するために地域に散在するサービスを総合的・継続的に調整し提供する必要性から生み出された方法である。白澤政和は、「対象者の社会生活上での複数のニーズを充足させるため適切な社会資源*1と結びつける手続きの総体」と定義づけている[1]。

　それでは、障害者ケアマネジメントはどのように理解されているのだろうか。2001（平成13）年に障害者ケアマネジメント体制整備検討委員会から出された「障害者ケアマネジメントの普及に関する報告書」によると、「障害者ケアマネジメントとは、障害者の地域における生活を支援するために、ケアマネジメントを希望する者の意向をふまえて、福祉・保健・医療の他、教育・就労などの幅広いニーズと、さまざまな地域の社会資源の間に立って、複数のサービスを適切に結びつけ調整を図るとともに、総合的かつ継続的なサービスの供給を確保し、さらには社会資源の改善および開発を推進する援助方法である」と規定している[2]。

　2005（平成17）年に障害者自立支援法（現：障害者総合支援法）が制定され、障害者（児）が地域生活を円滑に営むために、厚生労働省障害保健福祉部から『相談支援の手引き』が出された。これによると、「地域社会の中で、利用者が地域社会による見守りや支援を受けながら、地域での望ましい生活の維持継続を阻害するさまざまな複合的課題に対して、生活の目標を明らか

*1　社会資源
生活上のさまざまな問題が生じたとき、解決・改善をめざして（すなわちニーズの充足をめざして）、活用される制度、施設・機関・団体、組織、人、もの、金銭、知識、技術、情報などをいう。

にし、課題解決に至る筋道と方向を明らかにして地域社会にある資源を活用し、総合的かつ効率的に継続して利用者のニーズに基づく課題解決を図っていくプロセスと、それを支えるシステム」としている[3]。

　ケアマネジメントは、高齢者、障害者（児）の生活を長期的に支えるために、サービスをパッケージ化して提供することであり、利用者と必要なサービス（社会資源）を結びつける取り組みである。そこには、フォーマルおよびインフォーマルな各種制度や具体的なサービス、人的な支援と活動のネットワークなどの社会資源を有効活用することが求められる。

　しかし、ケアマネジメントは、単なるサービス調整ではない。D. H. ヘップワースらは、「ケースマネジメントの中心は、クライエントと必要不可欠な資源を結びつけ、必要な資源を確保するにあたってクライエントが可能な限り自立的に機能できるようエンパワーすること」と述べている[4]。また、厚生労働省の『相談支援の手引き』においても障害者（児）が自立した地域生活を送るためにエンパワメントやストレングスの考え方が重要であり、それを引き出すためにケアマネジメントが必要であるとしている。このようにケアマネジメントには、自立した地域生活をめざしたり、維持継続したりするためにエンパワメント志向の実践が根底にあるといえよう。

　このように、障害者ケアマネジメントのポイントは、①障害者（児）の地域生活を支援する（自立と社会参加）、②当事者の意向を尊重する（エンパワメント志向の実践、権利擁護の視点）、③利用者の幅広い生活上の問題や課題を整理し、複数のニーズを把握する、④ニーズと社会資源とを結びつける、⑤サービスの総合的・継続的な提供を行う、⑥社会資源の改善・開発を図ると整理できる。

　以上のことから、ケアマネジメントは、障害者（児）の地域生活を利用者一人ひとりの生活の観点から支援する有効な手法といえよう。

⑷　障害者ケアマネジメントの理念

　障害者ケアマネジメント体制整備検討委員会の報告書では[5]、基本理念として、①ノーマライゼーションの実現に向けた支援、②自立と社会参加の支援、③主体性、自己決定の尊重・支援、④地域における生活の個別支援、⑤エンパワメントの視点による支援をあげている。また、原則として、①利用者の人権への配慮、②総合的なニーズ把握とニーズに合致した社会資源の検討、③ケアの目標設定と計画的実施、④福祉・保健・医療・教育・就労等の総合的なサービスの実施、⑤プライバシーの尊重、⑥相談窓口をあげている。

　谷口明広は、①サービス利用者が中心になる考え方（利用者主体）、②生活

者として高齢者や障害をもつ人たちをとらえる（QOLの重視）、③利用者自身が問題解決能力を身につけていく考え方（エンパワメント）、④自己決定を中心とする自立の思想（自立生活概念）、⑤高齢者や障害をもつ人たちの権利擁護を考えること（アドボカシー）をあげている[6]。

　また、身体障害者ケアマネジメントのケアの基本理念として、①自立と社会参加の支援、②地域における生活の継続支援、③主体性、自己決定の尊重・支援が、ケアの原則として、①総合的なニーズの把握とその評価（アセスメント）、②ケアの目標設定と計画的実施、③福祉・保健・医療等の総合的なサービスの実現、④プライバシーの尊重をあげている[7]。

　次に、知的障害者ケアマネジメントのケアの基本理念として、①自立支援、②主体性の尊重、③地域生活の充実、④家族への支援が、ケアの原則として、①ニーズに基づいたケア、②ケア目標の設定と計画的な実施、③総合的なサービスの提供、プライバシーの尊重をあげている[8]。

　これらの考えをもとにすると、障害者ケアマネジメントの理念は次のように整理できる。

①　自立と社会参加：障害者ケアマネジメントは、ノーマライゼーションの理念の実現に向け、利用者の地域における「自立」と「社会参加」をめざしている。利用者のQOLの向上をめざして生活を全体的にとらえていく。「ケア」の意味するものは、単なる身体介護のみをさすのではなく、医療、保健、福祉、就労などの各種制度の活用、移動、コミュニケーション、人的助け合い、各種相談支援など幅広いサービスをさしており、多様な社会資源の活用を含んでいる。

②　地域生活の継続：ノーマライゼーションの理念に基づき、利用者の地域における「自立」と「社会参加」をめざして住み慣れた地域社会でその人らしい質の高い生活を継続していくことが重要視されている。この地域生活を円滑に営むことができるよう支援することが障害者ケアマネジメントの目的の一つである。

③　利用者本位：利用者を一人の人として尊重し、利用者の生活を中心に考え、利用者の利益を最優先する。ケアマネジャーやサービス提供者の効率や利益を優先するのではなく、利用者のニーズから支援が出発する。

④　主体性の尊重：利用者の自己選択、自己決定を尊重する。そのために、利用者の意思（ニーズ）を引き出す支援が不可欠であり、ケアマネジャーやサービス提供者が主導権を握るのではない。

⑤　エンパワメント：利用者主体を実践するには、利用者の可能性や有する能力を引き出す支援が不可欠である。自己選択・自己決定を実現する

ためにも利用者を「できない存在」とみるのではなく、利用者の長所、よさに着目する。利用者の自己選択・自己決定を促し、そして、それが達成される経験を繰り返すことで自信につなげていく。

⑥　権利擁護（アドボカシー）：地域で生活していくうえで、利用者自身がエンパワーされていない場合も多い。また、利用者にとって必要なサービスが存在しなかったり、十分でなかったり、活用可能であるにもかかわらず利用者が選択できなかったりするなど、自らの権利を主張することができない利用者も多い。この場合、利用者の代弁者としての支援が不可欠である。

これらの理念をふまえたうえで、次のような支援の視点が重要となる。

① 　個別性の尊重：同じような障害や家庭状況、年齢の利用者であると同じようなサービスを想定しがちだが、一人ひとり異なる存在である。利用者の人生観や価値観、家族関係、経済状況など利用者やそれを取り巻く環境は異なっている。一人ひとりの個別性を尊重した支援が重要である。

② 　セルフ・ケアマネジメント*2：障害者ケアマネジメントでは、当事者自身が自らのサービスをマネジメントすることが最終目的となる。

③ 　多職種協働：利用者を取り巻くさまざまな職種や機関・団体がそれぞれの立場から専門性を発揮しながらも相互に協力しつつ一人の利用者を支援していくことが重要である。いわば、多分野・多職種の専門職が職種間の連携をもとにしたチームアプローチである。

④ 　社会資源の開発：既存の資源に利用者を結びつけるだけでなく、利用者にとって必要な社会資源を開発するという、利用者ニーズ中心の観点が必要となる。

⑤ 　パートナーシップ：契約による利用制度では、利用者とサービス提供事業所との対等な関係が求められている。利用者とケアマネジャーは対等な関係であり、ケアマネジャーが主導権を握るのではなく、利用者主体に基づく支援を行うためのパートナーとしての関係が求められる。

(5)　ケアマネジメントの展開過程

ケアマネジメントの展開過程は次のように整理できる（図13－1）。

① 　入り口（ケース発見・スクリーニング・インテーク）

利用者とケアマネジメントサービスを行う機関（ワーカー）が初めて出会う過程であり、信頼関係の醸成、大雑把なアセスメントをもとに複数のニー

*2　セルフ・ケアマネジメント
利用者自らが必要なサービスをマネジメントすることをいう。しかし、実際は最初からセルフ・ケアマネジメントが困難な利用者も多いため、相談支援専門員（ケアマネジャー）が調整する方式から徐々に利用者が主体となるケア・コンサルタント方式へ移行し、最終的にセルフ・ケアマネジメントをめざしていく方式が提案されている。

ズを有しケアマネジメントが必要かどうかを見極める。

② 　アセスメント

　利用者や家族、その他利用者に関連する情報を収集し、利用者理解を深め、利用者の生活上抱える問題や利用者の意向をふまえたニーズの把握を行う。単にADL、IADLや心身機能の状況だけでなく、生活状況を総合的に分析することになる。利用者理解では、利用者のストレングスにも注目しポジティブに理解することが重要である。ニーズの把握にあたっては、家族の意向をふまえつつも、いかに本人の意向を引き出すことができるかが重要なポイントとなる。家族の意向が強すぎるため本人の意向を確認しにくい場合、漠然としたニーズしかなく言語化できない場合、判断能力が十分でないため意思表明が困難な場合など意思を引き出すことは容易でない場合も多くみられる。したがって、利用者のペースにあわせ、意思確認を行いつつニーズの把握に努めるべきである。そして、必要なサービスおよび活用可能なサービスを模索しつつ適切な支援を考える。

③ 　支援目標の設定とケア計画の作成

　支援の目標を設定し、目標達成に向けた具体的な支援計画を作成する。

　目標は、ニーズが充足された状態をさし、ケア計画は、どこの提供者からどのような内容のサービスをどの程度利用するのかを決めていくことである。利用者の意向に基づき、サービス提供を依頼したり、利用者と提供者を結びつけたりしながら計画の作成を行う。

図13－1　ケアマネジメントの展開過程

④　ケア計画の実施*3

　計画に基づいてサービスが提供されるよう、各社会資源に働きかけて調整を行う。そして、実際に各サービス提供者がサービスを提供する。

⑤　サービス提供状況のモニタリング（監視）とフォローアップ（再点検）

　提供されたサービスは、適切であったか、計画通りにサービスが提供されたか、作成された目標や計画は適切であったか、またそれらの要因はどのようなものかを分析する。利用者のニーズに沿ったものか、利用者の生活状況は改善されているかを確認する。

⑥　再アセスメント

　モニタリングをもとに、再度アセスメントへ戻り、新たな支援目標や計画作成のための根拠を整理する。

⑦　評価／終了

　目標が達成されたり、支援が必要でなくなったりすると終了となる。どの程度目標が達成されたかを評価し、支援全体を振り返る。

⑹　わが国の障害者ケアマネジメントの取り組み

１）　わが国の障害者ケアマネジメントの経過

　わが国における障害者ケアマネジメントの具体的な取り組みは、1995（平成７）年に日本障害者リハビリテーション協会に「障害者に係る介護サービス等の提供の方法及び評価に関する検討会」が設けられ、障害者のニーズを把握し、的確なサービスを提供し、地域における障害者の自立を支援するケアガイドラインの検討を行ったことに始まる。全体会と三障害の部会が設けられ、ガイドラインの中間報告が行われた。

　1996（平成８）年以降、中間報告をもとに、試行事業、モデル事業や研究の推進が行われた。1998（同10）年には、国において検討委員会が設置され、身体、知的障害者介護等支援専門員養成指導者研修会が実施された。1999（同11）年には、障害種別ごとの試行事業を総合的に推進すべく「障害者介護等支援サービス体制整備推進事業」に改められ、ケアマネジメント実施マニュアルが作成された。

　そして、2000（平成12）年に、「障害者介護等支援サービス体制整備推進事業」は「障害者ケアマネジメント体制整備推進事業」に事業名が変更され、障害者ケアマネジメント体制整備検討委員会が設けられた。検討委員会では、ケアマネジメント普及に関する「障害者ケアマネジメントの普及に関する報告書」（2001（同13）年）がまとめられた。2002（同14）年には、検討委員会において初めて三障害共通のケアガイドラインが公表された。

2003（平成15）年度には、支援費制度が実施され、「障害者ケアマネジメント体制整備推進事業」に代わって「障害者ケアマネジメント体制支援事業」が開始された。障害者ケアマネジメントは、これ以降、国主導から各都道府県が運営主体として主体的に事業を推進していくこととなった。

２）「障害者総合支援法」と障害者ケアマネジメント

2005（平成17）年制定の「障害者自立支援法」では、障害福祉サービスの利用にあたってケアマネジメントの考えが導入され、地域を基盤とした相談支援体制の整備に努めたといえる。また2010（同22）年12月の改正により、相談支援体系として、基本相談支援、地域相談支援（地域移行、地域定着）、計画相談支援（サービス利用支援、継続サービス利用支援）が創設された。相談支援はさらに大きな役割を占めることとなり、2012（同24）年4月より施行されている。これらは改正法である「障害者総合支援法」においても引き継がれている（2013（同25）年4月施行）。

障害者（児）の相談支援は、相談支援事業者が行うこととなる[*4]。基本相談支援および地域相談支援を担う指定一般相談支援事業者と基本相談支援と計画相談支援を担う指定特定相談支援事業者がある。指定一般相談支援事業者および指定特定相談支援事業者は、市町村、職業リハビリテーション、教育機関などの関係機関との連携を図りつつ、障害者（児）の意向、適性、障害特性に応じて効果的な相談支援に取り組むことが求められている。これらの指定相談支援事業者には、相談支援専門員が配置されており、障害者ケアマネジメントを担う専門職の働きをしている[*5]。

また、障害者（児）の相談支援体制を整え、障害福祉サービス利用に関する一人ひとりの障害者（児）の支援計画を立てていくことが義務づけられた。これは計画相談支援として位置づけられている[*6]。具体的には、障害福祉サービスを利用、継続、変更するにあたって、あるいは地域相談支援の申請、継続利用や変更にあたって、障害者（児）の心身の状況、置かれている状況、利用に関する意向（障害児の場合は保護者）その他の事情を勘案して、障害福祉サービスや相談支援の種類や内容を定めた「サービス等利用計画」（障害児の通所支援の場合は、障害児支援利用計画）を作成したり見直しをしたりすることとなっている。このサービス等利用計画は、まさに障害者ケアマネジメントの考えや手法に基づいており、障害者（児）の地域移行、地域定着を実現すべく、利用者の生活を包括した支援計画でなければならない。その意味でも、今後ますますケアマネジメントが重要視されてくるであろう。

一方、障害者（児）の地域生活は、障害者総合支援法などの法制度上の枠

[*4] 相談支援にかかる費用を受給するには、相談支援事業者は指定を受ける必要がある。一般相談支援事業（基本相談支援・地域相談支援）は、都道府県知事・指定都市市長・中核市市長から指定された指定一般相談支援事業者が担い、特定相談支援事業（基本相談支援・計画相談支援）は、市町村長から指定された指定特定相談支援事業者が担う。第8章p.138、第12章p.208参照。

[*5] 相談支援専門員が障害者のケアマネジャーとして、地域移行・地域定着を支援する役割を担っている。

[*6] 障害児通所支援の利用計画については、児童福祉法に規定されており、都道府県知事が指定した指定障害児通所相談支援事業者等が行うこととなっている。

組みだけで成り立つものではない。法の定めにないサービスであっても、ニーズが存在する限り、利用者にとって必要なサービスを法の枠を超えて検討することも必要となる。サービスに利用者のニーズをあわせるのではなく、ニーズの充足に応じた必要なサービスを検討することがケアマネジャーには求められる。生活主体者の障害者（児）に接し、生活状況を把握したケアマネジャーだからこそ、当事者の立場に立った有効な支援の提案や開発ができる。したがって、地域に存在する社会資源を把握し、アクセスの方法等に関する知識を熟知する必要がある。

2．身体障害者のケアマネジメント

(1) 身体障害者の障害特性と生活ニーズ

1） 身体障害の種類と程度

身体障害と一口にいっても、実際にはその症状や現れ方は個人によってさまざまである。たとえば身体障害者福祉法に基づく「身体障害者障害程度等級表」では、「視覚障害」、「聴覚又は平衡機能の障害」、「音声機能、言語機能又はそしゃく機能の障害」、「肢体不自由」、「心臓、じん臓若しくは呼吸器又はぼうこう若しくは直腸、小腸、ヒト免疫不全ウイルスによる免疫若しくは肝臓の機能の障害」*7の5つに分類され、さらに細かい区分があるものもある。また状態に応じて1級から7級の等級区分がなされている。

*7
これらを総称して内部障害ともいわれる。

障害の発生年齢や発生原因、発生時の家庭環境や社会的役割、発生後の経過や環境により、必要とする支援や活用する社会資源も多岐にわたる。さらに複数の身体障害が重複する人や、知的障害や精神障害が重複する人もいる。また法で定める身体障害の範囲や認定基準も、社会状況を踏まえながら変化してきている。身体障害者のケアマネジメントでは、まずこの多様性を理解した上で個々の障害の状況や生活ニーズを把握し、他機関、他職種と連携しながら支援がなされることが重要である。

2）ICFによる身体障害の構造
❶心身機能・身体構造／機能障害

*8
第4章p.64参照。

ICF*8では以下のように心身機能が分類されている。

```
1．精神機能　　　　2．感覚機能と痛み　　　3．音声と発話の機能
4．心血管系・血液系・免疫系・呼吸器系の機能
5．消化器系・代謝系・内分泌系の機能　　6．尿路・性・生殖の機能
7．神経筋骨格と運動に関連する機能　　　8．皮膚及び関連する構造の機能
　　　　　　　　　　　　　　　　　　　　　　　（第1レベルまでの分類）
```

　身体構造は心身機能の各部位に対応する構造として分類される。そして心身機能または身体構造の著しい変異や喪失などが機能障害とされ、評価点によってその特徴が把握される。「身体障害者障害程度等級表」と比べると、ICFではより多角的な視点で心身機能・身体構造を把握していることがわかる。

❷活動／活動制限、参加／参加制約

　活動と参加の領域は、以下のような単一のリストとして示されており、実行状況と能力の2つの評価点によって評価される。

```
1．学習と知識の応用　　2．一般的な課題と要求　　3．コミュニケーション
4．運動・移動　　　　5．セルフケア　　6．家庭生活　　7．対人関係
8．主要な生活領域　　9．コミュニティライフ・社会生活・市民生活
　　　　　　　　　　　　　　　　　　　　　　　（第1レベルまでの分類）
```

　「実行状況の評価点も能力の評価点も、現在の環境を踏まえた視点が取り入れられ、福祉用具や人的支援をともなう場合と、ともなわない場合の両方について用いることができる」[9]。また、これらの領域における困難性や問題、制限や制約は、差別や偏見も含むさまざまな環境が原因となって生じる。

❸環境因子

　環境因子とは「人々が生活し、人生を送っている物的な環境や社会的環境、人々の社会的な態度による環境を構成する因子のことである」[10]。ICFでは、さらに、個人的レベルと社会的レベルで整理されている。

❹個人因子

　個人因子とは「個人の人生や生活の特別な背景であり、健康状態や健康状況以外のその人の特徴からなる」[11]。具体的には性別、人種、年齢、その他の健康状態、体力、ライフスタイル、習慣、成育歴、困難への対処方法、社会的背景、教育歴、職業、過去および現在の経験、全体的な行動様式、性格、個人の心理的資質などが挙げられている。

　身体障害者福祉法では、身体障害者手帳の交付を受けた者を身体障害者としているが、高齢期を迎える中で身体障害者手帳を取得した人など[*9]は、心身機能の状態を加齢による変化と捉え、自身が身体障害者であるとの認識は低い場合などもある。高齢化が進展する現代社会において、身体障害者手帳を所持する人の背景もより多様になっていることに留意する必要もあるだろう。

＊9
厚生労働省「平成28年生活のしづらさなどに関する調査（全国在宅障害児・者等実態調査）結果」（2018年）によれば、身体障害者手帳所持者のうち、はじめて手帳を取得した年齢が50歳以降の人が61.3%であり、最初の手帳所得年齢が65歳以降という人でも36.5%である。

3）身体障害者の障害特性と生活ニーズ

　ここでは、さらに視覚障害者、聴覚障害者、肢体不自由者、内部障害者について、その障害特性と生活ニーズについて考えていく。

❶視覚障害者の障害特性と生活ニーズ

　視覚障害者には、まったく見えない全盲の人から、視力が極端に低かったり視野が極端に狭かったりすることで見えづらい状態にある弱視（ロービジョン）者など、さまざまな人がいる。また弱視者の中でも、日常生活上にあまり支障がない状態から、拡大鏡などを活用しないと文字の読み書きが困難な状態、色の識別が困難な状態など、見え方は一人ひとり異なる。

　先天性もしくは乳幼児期から視覚障害がある場合、「見る」経験がないもしくは少ないため視覚的刺激に対して反応が起こらない、視覚を通じた模倣ができないことで、歩行や運動の制限、概念形成の制限、環境認知力の制限などが生じる。また、それにより認知・行動の発達、パーソナリティ形成、人間関係の形成にも影響を受けやすい。中途で視覚障害になった場合、それまでの視覚的経験を活用していける反面、視覚に頼れない生活に慣れないことによる制限や、見えないことへの喪失感も大きく、これらの制限や喪失経験を考慮していく必要がある。

　視覚障害者は移動・歩行に関わる領域に最も影響を受けやすく、他にもコミュニケーションや情報保障、日常生活動作、教育・就労、社会参加に関する生活ニーズがある。歩行や日常生活動作の訓練、盲導犬、ヘルパー、点字、パソコンの音声ソフト、携帯電話、ルーペや拡大読書器などの補助具、音訳・点訳・代筆サービス、心理的支援などを組み合わせながら対応していく。

❷聴覚障害者の障害特性と生活ニーズ

　聴覚障害者には、聴力がほとんどない「ろう（あ）者」、ある程度の聴力はあるが聞こえづらい「難聴者」、音声言語獲得期以後に失聴した「中途失聴者」など、さまざまな人がいる。また、たとえば聞こえの程度ではなく手話を母語とする者を「ろう者」とするなど、これらの区分は必ずしも明確ではない。知的障害などその他の障害を重複する人もいる。

　先天性もしくは乳幼児期から聴覚障害がある場合、言語獲得に困難が生じ、知的発達やパーソナリティ形成にも影響を受けやすい。中途で聴覚障害になった場合、前述の視覚障害者で見たような制限や喪失経験が発生するため、心理的な支援やリハビリテーションも必要になってくる。

　聴覚障害者はコミュニケーションや情報の送受に困難が生じ、外見からでは障害の状態や困難がわかりづらいこともあって、人間関係の形成、日常生活、教育、就労、社会参加のさまざまな面でニーズが生じる。早期の療育や

言語獲得支援だけでなく、手話や筆談や補聴器の使用、手話通訳や要約筆記の活用など、一人ひとりに合わせたコミュニケーション・情報保障が求められる。

❸肢体不自由者の障害特性と生活ニーズ

肢体不自由者には、先天性または事故や病気等による上肢・下肢・手指等の切断や機能障害、周産期の問題に起因する脳性麻痺、遺伝や原因不明の難病により筋萎縮や筋力低下が進行する進行性筋ジストロフィーや筋萎縮性側索硬化症（ALS）、骨の組織に起因する骨形成不全、事故等に起因して脊髄内の神経が損傷される頸椎・脊髄損傷、脳梗塞や脳出血に起因する麻痺や失語症、構成障害[*9]が生じる脳血管障害など、さまざまな障害[*10]がある人がいる。体調や加齢により影響を受けることも少なくない。

障害の程度や一人ひとりの状況が異なるため生活ニーズも個別性が高いものとなり、①身体的健康の維持、身体介助も含めた身辺自立、②行動および移動、③パーソナリティ形成や人間関係形成、問題解決力等に関わるソーシャル・スキル、④コミュニケーション、⑤教育・就労、⑥社会参加など多岐にわたる。いずれにおいても、身体のケアだけでなく心理面や社会生活面も含め、医療機関との連携や補助具の活用も行いながら、その人自身の意思と主体性の尊重が重要である。

❹内部障害者の障害特性と生活ニーズ

内部障害者は、生命維持に関わる臓器に障害があり、日常生活や社会活動に制限が生じるが、ペースメーカー、人工透析、人工膀胱や人工肛門、移植手術や抗免疫療法など、臓器の機能を補う機器の使用や治療により通常の日常生活や活動を行うことが可能である。重度の呼吸機能障害の場合は加圧酸素ボンベや人工呼吸器を使用することで生命が維持される。

内部障害者は外見からでは障害の状態や困難がわかりづらいことも多く、また定期的な通院治療や日常的な服薬、適度な身体的休息を必要とすることへの無理解や偏見が内部障害者の不安や悩み、日常生活、家庭生活、教育、就労、結婚、社会参加などの制限につながる。

したがって、医療、福祉、教育、労働などの分野が連携し、治療機器の管理や服薬管理、健康管理といったセルフケアから家庭生活や社会生活の維持や積極的参加、心理的な支援などとその環境整備を行うことが重要である。また内部障害についての理解促進と社会啓発も求められる。

(2)　身体障害者ケアマネジメントの特色

障害者ケアマネジメントの理念や展開過程については第1節を参照のうえ、

*9
構成失行ともいう。他の運動の失行（誤り）はないが、図形や文字がうまく書けない、積み木がうまく積めないなど、空間的形態を適切に構成できない障害。

*10
加齢、病気や事故等で「脳や神経系統を損傷した場合、意識や認識面、コミュニケーション等の障害として高次脳機能障害を伴う」[12]こともある。

ここでは身体障害者ケアマネジメントの特色を整理していく。

1）身体障害者ケアマネジメントの展開過程における留意点
❶入り口
　身体障害者の場合、移動やコミュニケーションに困難が生じるため、相談支援事業の周知・啓発、相談窓口へのアクセスについて配慮が必要である。
　前述のように身体障害者の障害の状態や生活ニーズは多様である。ケアマネジメントにおいてはこの多様性を理解する必要があるが、それは何も障害特性の理解だけでなく、個人の成育歴や日常生活および社会生活の状況、補助具や機器の活用、物理的・制度的・人的・社会経済的環境などを総合的に把握する視点を持っておく必要がある。

❷アセスメント
　視覚障害者、聴覚障害者、言語障害者などとのコミュニケーションにおいては、その障害者が意思表明しやすい方法を探る必要がある。視覚障害者の全員が点字を、聴覚障害者の全員が手話を使用できるわけではないことなど、日頃のコミュニケーション方法を把握することが重要である。
　先天性あるいは乳幼児期に障害をもった人の場合、年齢を重ねることで身体介助やその他さまざまな支援を受けることも生活の一部と捉え、自分なりのスタイルが確立できていることもある。ケアマネジャーは「普通」の枠組みにとらわれることなく、絶えずその枠組みを問い直すともに、プライバシーの尊重や倫理的配慮を忘れてはならない。
　中途で障害をかかえた人の場合や進行性の疾患がある人の場合、精神的なショックや喪失感、不安などに配慮し、自分の生活を主体的に営むことへの意欲を引き出すなどの心理的な支援も必要である。また聴覚障害者や内部障害者など外見からではわかりづらい障害をもつ人の場合は、周囲から誤解を受けやすいことや、それによる自己肯定感の低下にも配慮する必要がある。

❸支援目標の設定とケア計画の作成・ケア計画の実施
　支援目標の設定とケア計画の作成は、身体障害者のニーズに基づくものである。したがって、身体障害者の視点に立つことはもちろん、作成過程に身体障害者が参加して主体的に取り組んでいけるような支援も重要である。
　その内容は心身機能の維持・向上に限らず、身体障害者が望む生活の実現に向けて多角的に取り組まれる必要がある。身体障害者は心身機能上の制約を理由に主体的な活動を制限されたり、周囲からの差別や偏見、理解されない経験から自らあきらめてしまったりすることも少なくない。しかし、具体的な体験やチャレンジを通じて新たなニーズや意欲につながっていくのであ

り、そのような機会づくりも重要である。

　また、障害をもった時期も踏まえながら、ライフステージを見据えた支援が必要である。その際には自立生活（IL）運動が提起してきた、自分の人生を主体的に生きるという自立の視点をもち、一人ひとりに合った多様な自立のあり方を考えていくことが重要である。

　そして、公的な社会資源だけでなくインフォーマルな社会資源の活用、既存の社会資源の枠内ではなく新たな社会資源の創出を通じて、多様な分野の機関と連携しながらチームで支援を行っていく。

❹モニタリングとフォローアップ・再アセスメント

　ケア計画は実施することが最終目標ではなく、適切に実施されているか、新たなニーズが表出されていないかなど、定期的な情報収集等により必要に応じて適宜計画を見直していく。その際に身体障害者自身の意向を聞き取り、セルフ・ケアマネジメントの力をつけていくことも重要である。

❺評価／終了

　ケアマネジメントの評価や終了の判断においても、身体障害者自身がそこに参加して意見を表明する環境づくりが重要である。また、身体障害者がひとりの市民として社会生活を営むには、日常生活や社会参加を制限する物理的・心理的・社会的なバリアが解消されることが必要であり、ケアマネジメントはそうした総合的な視点を持って行われる必要がある。

２）心身機能・身体構造の理解において

　個人の心身機能上の困難（障害）の治療に重点を置き、生活課題を個人的問題と捉える「医学モデル」の考え方に対して、「障害」は個人と環境との関係性によって生じる困難と捉える「社会モデル」の考え方は、障害者の生活状況やその課題を理解する上での新たな視点を提起した。

　しかし、イギリスで誕生した初期の「社会モデル」に対して、心身機能上の障害による個人的経験をあらためて位置づけ直す動きが現れて[13] 現在に至っているように、心身機能上の障害と社会的障壁の双方を含めた総合的な視点が必要である。関連して、たとえばICFも「6つの要素から『生きることの全体像』をとらえ、生物（生命）、個人（生活）、社会（人生）のレベルに働きかける統合モデルを確立させた」[14]。

　身体障害者にとって、心身機能上の障害による個人的経験とは、「見える／ない」「動かせる／ない」などの「できる／できない」ことに起因する経験だけでなく、慢性的な身体の痛みや疲れなどもある。ある日突然、自己免疫疾患系の難病を発症した大野更紗は「手足、全身の関節は、もはや、ほとんど

動かなかった。膝など、ほんの少し角度を変えるだけで、歯を食いしばるような激痛が走る」[15)] 状態であったと綴っている。

痛みや疲れなどは主観的感覚のため、他者からは具体的に把握しづらい。また痛みや疲れは多くの人が日常で経験することから、生活に支障をきたすことへの理解が得られにくい。しかし、身体障害者ケアマネジメントにおいて、身体障害者の心身機能・身体構造を理解する際には、機能や動作面だけでなく主観的な感覚面にも目を向け配慮していくことも重要である。

3．知的障害者のケアマネジメント

(1)　知的障害者の障害特性と生活ニーズ

*11 ICD-10
「疾病及び関連保健問題の国際統計分類」
(International Statistical Classification of Diseases and Related Health Problems)。1990年に採択された第10版。また、WHOはICD-10を30年ぶりに改訂し、2018年6月にICD-11を公表した。現在、わが国の適用に向けた検討が進められている。

世界保健機関（WHO）によって作成されているICD-10[*11]によると、知的障害とは「精神の発達停止あるいは発達不全の状態であり、発達期に明らかになる全体的な知的水準に寄与する能力、例えば認知、言語、運動および社会的能力の障害によって特徴づけられる」と定義されている。

一方、日本においては、第4章、第6章で述べられたように「知的障害者福祉法」には知的障害の定義は規定されていない。厚生労働省が実施した「平成28年生活のしづらさなどに関する調査（全国在宅障害児・者等実態調査)」が、調査の対象としている知的障害児者については、療育手帳所持者を主な対象としている。しかし、療育手帳は「療育手帳について（昭和48年9月27日厚生省発児第156号厚生事務次官通知)」に基づいた制度で、法律で定められたものではなく、ここでも知的障害の定義は示されていない[*12]。

*12
厚生労働省「知的障害児（者）基礎調査」では、知的障害を「知的機能の障害が発達期（おおむね18歳まで）にあらわれ、日常生活に支障が生じているため、何らかの特別の援助を必要とする状態にあるもの」と定義している（第4章p.68、第7章p.108参照)。

したがって、実際の運用は「標準化された知能検査で知能指数がおおむね70以下であり」、そのような「知的機能の障害がおおむね18歳までにあらわれ」ており、「日常生活に支障が生じているため、何らかの特別の援助を必要とする状態」を総合的に勘案して判定を行うことが多い。

「知的障害」という概念は、他の障害と比べて目に見えにくく、客観的にとらえることが難しい。ここでは、ICFを用いてより多様的・総合的な側面から知的障害を概観し、知的障害の特性を考慮した支援のあり方を述べる。

1）　ICFによる知的障害の構造
❶心身機能・身体構造／機能障害

この領域において知的障害に主にかかわる項目は「精神機能」であり、そのなかには、意識、活力、欲望などの「全般的精神機能」と、記憶、言語、

計算などの「個別的精神機能」の２つがある。

　たとえば、全般的精神機能は対人関係、注意や関心のもち方、協調性、慎重さ、安定した精神機能、好奇心、快活さ、自己肯定感、信頼性などが含まれる。個別的精神機能では、注意や集中の維持、落ち着き、情動の制御、論理的な思考、妄想、抽象化、活動の計画、スケジュールの管理、柔軟性、自己理解、選択・決定などがあげられる[16]。

❷活動／活動制限、参加／参加制約

　活動と参加は、注意して視ることや基本的学習、社会課題のような複合的なものまで、生活の全ての領域を網羅する[17]ので、知的障害児者の生活の質に大きなかかわりがある。特に学齢期の知的障害児は教育・医療・福祉などの分野で多くの専門職がかかわっているので、まずエコマップや生活地図等を用いてすべての社会資源とのつながりを整理することから始めるとよい。

❸環境因子

　環境因子には大きく分けて、生産品と用具、自然環境を含む「物的環境」、家族や支援者、周囲の人たちとの支援関係と態度を含む「人的環境」、サービスや制度政策などの「社会的環境」がある。知的障害の分野においては、特に親という環境分子がどのような影響を及ぼしているのかを重視する必要がある[18]。生育過程において、わが子を愛するがゆえに、親が本人の行動を過剰に干渉しているのであれば、その親子関係は自立を阻む要因の一つかもしれない。

　知的障害の特性上、知的障害者は生涯にわたって何らかの支援を必要とするが、そのような支援を提供する役割は一般的に家族が担う部分が多い。家族、特に親という環境因子は他の要素に大きな影響を及ぼすため、十分に留意して検討すべきである。

❹個人因子

　個人因子は、個人的な特徴やその人固有のものであり、年齢や性別、価値観や生活歴、ライフスタイルなどがある。

２）　知的障害の特性と生活ニーズ

　知的障害の特性として、地域で生活するうえでのニーズは、居住の確保、日中活動、就労支援、生活支援、社会参加、権利擁護など広範な領域にわたるものであることから、これらのニーズを総合的にとらえることが必要となる。また、多くの知的障害者の場合、言語的なコミュニケーションを苦手とする人、言語以外の形で自らの思いを表現する人がいる。さらに、理解力や適応能力が十分ではなく、幼少期から意思決定の経験が少なく意思表明の力

が弱い人も多い。

知的障害者のニーズを把握するためには、自らの生活や人生において主役であり続けるよう、彼らの思いや希望を汲み取る相談援助技術を身につける必要がある。それには、知的障害者が自分の好みや希望を表出するための配慮や、意思疎通の工夫が求められる。全く意思が読み取れないようにみえる人でも必ず問いかけをし、表情や動作の変化から「こっちの方がうれしそう」等の解釈を行うことで、本人の希望により近づけることができるだろう。

(2)　知的障害者ケアマネジメントの特色

知的障害者が生まれ育つ地域における生活を支援し、その自立と社会参加を促進するためには、フォーマル・インフォーマルな社会資源の開発とともに、それを有効に活用できるよう調整を図るケアマネジメントの機能が必要とされる。

第1節で述べられたように、わが国においては、ケアマネジメントの手法は介護保険制度に導入されたものであるが、導入にあたっては三障害別に議論が進められてきた経緯がある。他の障害分野と協働しながら発展してきたケアマネジメントの技法であるが、知的障害者ケアマネジメントにおいては、次のような特徴がある。

1つ目は、知的障害者は誕生から幼少期、学齢期、成年期、高齢期といったその生涯において、発達段階ごとに支援が途切れてしまいがちであるため、誕生から高齢期までのライフステージを見据えた一貫した支援が必要となることである。2つ目は、知的障害者本人の主体性、自立性、自己決定を尊重し、専門家主導ではない、本人のニーズを中心とした支援が求められることにある。コミュニケーションが困難な知的障害者の場合、本人と本人のことをよく知る家族や支援者が協働し、本人の希望や思いの実現に向けてコーディネートしていくことが必要である。3つ目は、地域における社会資源の開発である。知的障害者が生まれた地域で成長し、生活するなかで、積極的な社会参加を果たすためのサービスが少ないのが現状である。新しい社会資源の創出とともに、地域住民とネットワークを形成することが重要である。

ここでは、具体的な知的障害者のニーズに沿った、ケアマネジメントの展開過程を紹介する。

1）　知的障害者ケアマネジメントの展開過程における留意点
❶入り口

一人の人間のケアマネジメントを行うということは、日々の生活を創るこ

と、そしてその先の人生を描くことである。どのような毎日を営むのか、それを決めるのは知的障害のあるその人自身であり、ケアマネジャーは彼らが自分の人生の主役として主体的に生きるお手伝いをすることになる。その際、ケアマネジャーがもつべき視点としては、以下の7つがあげられる[19]。

①エンパワメントの視点
②アドボカシーの視点
③総合的な生活支援の視点
④関係機関の連携の視点
⑤ニーズに基づく支援の視点
⑥中立、公平な視点
⑦生活の質の向上の視点

　これらは、ケアマネジャーが他者の生活・人生設計に深く関与するという重大な責任を負うことを示している。

　最初の出会いである、インテーク面接の質を高めていくには、まず知的障害者との信頼関係の構築が最も重要になる。受容的な態度による受け答え方、姿勢をもつことは、すべてのプロセスで必要となる。知的障害者は、その障害によって、生活のさまざまな場面で「わからない」「できない」ことでとまどったり、存在を否定される体験をすることがある。そのような経験から、自らに対し肯定的なアイデンティティをもてずに大人になる場合もある。

　そのため、ケアマネジャーには、知的障害者に対し一人の人間としての権利と独自性を尊重し、対等な立場でパートナーシップを形成することが求められる。コミュニケーションや自己決定が難しい場合は、本人や本人のことをよく理解している家族、周囲の人、支援者を交えて話し合い、本人のニーズを尊重できるよう十分に検討すべきである。

❷アセスメント

　サービス等利用計画および個別支援計画を立てる際、アセスメントを行う必要がある。アセスメントでは、知的障害者の心身の状態、生活環境を総合的に把握し、本人の希望や意向を尊重しながら、ともに解決すべき生活課題を明らかにしていく。

　アセスメントシートには複数の種類があるが、「複数の選択肢を比較、選択することが難しい」「コミュニケーションが十分とれない」など、知的障害者に共通して生じる困難性が認められるときは、本人の話を十分に聞き、本人が理解できる方法で情報を伝え、現在の状況を共有するまで多くの時間を費

やすことになる。また、何ができて何ができていないのかを把握することは大事だが、障害の程度が重度であればあるほど、アセスメントで「できないこと」ばかり列挙しがちである。そもそも病気や障害にだけ着目した質問ばかりを受けて、「できないこと」だけをピックアップされた内容のアセスメントシートは、本人のみならず、家族にとっても前向きに受け入れる気持ちになれないだろう。

　アセスメントの過程においては、ネガティブな側面だけではなく、本人のもつストレングスや意思、希望、夢なども含めて把握することで、ケアマネジャーとの人間的なつながりが形成されやすくなり、今後の支援にもよい影響が出る。本人の夢や希望を引き出すアセスメントが行われると、総合的な支援方針や長期的な目標をたてることにもつながる[20]。

❸支援目標の設定とケア計画の作成

　ケア計画の支援目標には、「総合的な援助の方針」に基づいて、「長期目標」「短期目標」を記載する。障害福祉サービスは都市部と地方ではかなり格差が生じているが、本人のニーズに対して、地域に社会資源がないから支援目標にあげられないと判断するのは間違いである。既存の社会資源ありきでニーズに寄り添おうとしても、十分な支援は難しい。本人のニーズに対して「オーダーメイド」な支援目標が設定できるよう、新たな社会資源を開発することもケアマネジャーの役割である。

　ケア計画を作成する際は、誰が主役のケア計画なのかを念頭に置く必要がある。アセスメントにおいて、家族や支援者の意向ばかりを把握し、知的障害者本人の意向が十分聞き取れていないと、本人不在のケア計画となってしまう。また、知的障害の特性上、「生活を総合的に支援する」という視点に立った内容である必要がある。そして、本人の安全性にばかり着目したリスクマネジメントにならないよう注意しなければならない。

❹ケア計画の実施

　ケア計画の実施に関しては、知的障害者自身、家族、支援者との相互連携がとれているか、段階を意識した支援となっているのか、本人の同意を得ながら支援が行われているか、設定された目標は効率よく進んでいるか、などがチェックポイントとなる。

❺モニタリングとフォローアップ・再アセスメント

　効果的な支援をするためには、ケア計画が適切に実施されているか否かについて、定期的かつ必要に応じて情報を収集し、確認することが重要である。特に、知的障害者の生活の場である施設の場合、よほど大きな状況の変化がない限り、本人のケア計画を見直さないことが多い。ケア計画を立案したま

ま、「支援継続中」で済ませてしまいがちである。だからこそ、ケアマネジャーをはじめとした支援者間でできる限り連携し、本人の少しの変化も見逃さず、新たな課題や支援ニーズをより多く発見できるよう努力することが大事である。

❻評価／終了

評価とは、目標達成状況などから知的障害者や家族などに対する支援効果について客観的に把握し、本人の新たな可能性やニーズを探究するとともに、アセスメント、支援目標、ケア計画、支援方法の妥当性などを検証することである。その評価結果に基づき、ケア計画の見直しを行うか、支援を終結するかなどを判断することになる。

評価における留意点は、違う立場のより多くの評価者によって、多角的・総合的に行うことである。そして最も大切なのは、知的障害者自身の自己評価である。これまでのプロセスを振り返ることで、本人が自分の新たな可能性や潜在能力に気づき、生活にかかわる自主性や主体性、意欲が高まると、より質の高いケアマネジメントが提供できるだろう。

4．精神障害者のケアマネジメント

(1)　精神障害者の障害特性と生活ニーズ

わが国の精神障害者に関する単独立法では、「精神障害者」を医療の対象である「患者」として位置づけてきた長い歴史がある。1981（昭和56）年に、蜂矢英彦が「疾病と障害の共存」という精神障害の特性を掲げた障害モデルを提唱したことによって[21]、精神障害者が福祉の対象である「障害者」として検討されることになった。そして、1993（平成5）年に成立した「障害者基本法」において、その「障害者」の定義に「精神障害者」が明記され、2年後の1995（同7）年に成立した「精神保健及び精神障害者福祉に関する法律」（精神保健福祉法）に「福祉」という文言が明文化されることとなった[*13]。このような歴史的経緯をふまえて、本節では、ICFを用いて精神障害を概観し、その障害特性を列挙することにする。

1)　ICFによる精神障害の構造
❶心身機能・身体構造／機能障害

精神障害は可視化が困難なことに加え、精神疾患と精神障害が区別しにくいという特性がある。たとえば、統合失調症にみられる幻覚や妄想を、統合

*13
精神保健福祉法第5条では、精神障害者を「統合失調症、精神作用物質による急性中毒又はその依存症、知的障害、精神病質その他の精神疾患を有する者」と医学的概念で捉えている。これに対して、障害者基本法第2条では、障害者を「身体障害、知的障害、精神障害（発達障害を含む。）その他の心身の機能の障害のある者であって、障害及び社会的障壁により継続的に日常生活又は社会生活に相当な制限を受ける状態にあるもの」としており、本人と本人を取り巻く環境の相互作用の観点から捉えている。精神障害者の観点から障害（生活のしづらさ）を理解するには、健康状態、生活機能、背景因子を考慮したICFモデルを使用すると理解しやすい。

失調症の基本症状とするのか、機能障害（思考障害・知覚障害）とするのか、両者をあわせもつととらえるのか、その見解が分かれている[22][23][24]。また、野中猛は機能障害の本態は認知障害であり、情報の文脈を読み取る障害、処理容量の狭さ、状況と照合することの障害、言動の自己追跡と修正の障害などに表現できると指摘している[25]。さらに機能障害には、精神疾患の治療過程（薬物治療による副作用等）における身体の機能低下も含まれる。

❷活動／活動制限、参加／参加制約

活動制限は、従来の国際障害分類における「能力障害」に相当するものであり、個人レベルの障害をさす。精神障害の活動制限として、先述の蜂矢は社会生活能力の低下・対人関係能力の低下・作業能力の低下を指摘している[26]。また臺弘は活動制限を「生活のしづらさ」と呼称し、①食事、金銭、服装、服薬管理、社会資源の利用などの面での生活技術の不得手、②対人関係での問題と尊大と卑下がからんだ孤立、③仕事での技術の習得、手順、要領の悪さなどの問題、④安定性と持続性の問題、⑤生き甲斐の喪失を列挙している[27]。さらに、活動制限には、多様な社会生活を経験する思春期・青年期に発病することによる社会生活の経験の少なさから生じるものも含まれる。

参加制約は、従来の国際障害分類における「社会的不利」に相当するものであり、個人の社会レベルにおける障害をさす。精神障害者の場合、思春期・青年期に初発を迎えることが多く、就学、就労、結婚、育児、余暇活動などの社会生活上の参加に制約が生じることは少なくない。

❸環境因子

環境には、物的環境（生産品と用具、自然環境と人間がもたらした環境変化）、社会的環境（サービス・制度・政策）、人的環境（支援と関係、態度）があり、ここでは社会的環境と人的環境における障壁に着目する。

まず、精神障害者を取り巻く社会的環境は、わが国の精神障害者に関する法・制度に影響を受けてきた。先述のように、1995（平成7）年になってようやく精神保健福祉法が成立し、2002（同14）年度から市町村による精神障害者居宅生活支援事業が実施された。また、同年12月に閣議決定された「障害者基本計画」に沿って、「重点施策実施5か年計画（新障害者プラン）」が策定された。その計画には施策およびその達成目標並びに推進方策が報告されたものの、進捗が遅々として進まないなか、2005（同17）年10月に「障害者自立支援法」（現：障害者総合支援法）が法制化された。本法の柱の一つに障害者施策の三障害一元化が掲げられたものの、今なお、精神障害者が利用できる施策が充実されたとは言い難い現状である。

また、精神障害者の社会参加を制約する制度的障壁の一つに「欠格条項」

がある。欠格条項とは「資格・免許制度等において障害があることを理由に資格・免許等の付与を制限したり、障害のある人に特定の業務への従事やサービスの利用などを制限・禁止する法令の規定」[28] をさす。精神障害にかかわるものでは、精神保健法成立時（1987（昭和62）年）まで公衆浴場の利用に際して、制約規定があった。同法改正時（1993（平成5）年）には栄養士、調理師、製菓衛生士等が、2年後の精神保健福祉法成立時は理容師、美容師が絶対的欠格事由から相対的欠格事由へ緩和された。その後、欠格条項の見直しに対する検討が終了し、絶対的欠格事由は、原則相対的欠格事由に改められることになった。しかし、未だ条例レベルでは福祉サービスの利用や教育委員会の傍聴などに関して、精神障害者の参加制約に対する規定は少なくない。2016（同28）年4月から「障害を理由とする差別の解消の推進に関する法律」（障害者差別解消法）がスタートし、「不当な差別的取扱い」を禁止し、「合理的配慮の提供」が規定された。今後は障害当事者の立場から制度的障壁を見直す必要がある。

　次に、人的環境に関する代表的な意識的障壁として「偏見」がある。偏見は物理的障壁や制度的障壁に強く影響を与えるものであり、精神障害者の社会参加を制約してしまう危険性がある。このような偏見を低減する方策の一つとして、精神保健福祉ボランティア活動が注目されている[29]。この活動は、同じ地域を構成する市民という観点から、精神障害者に関する正しい知識の普及や精神障害者本人から学んだことを啓発する役割がある。また、2004（平成16）年には「心の健康問題の正しい理解のための普及啓発検討会報告書」が提出され、その中核となる全国民を対象とした「こころのバリアフリー宣言－精神疾患を正しく理解し、新しい一歩を踏み出すための指針－」が公表された。さらに2011（同23）年7月には、厚生労働省が、がん、脳卒中、心臓病、糖尿病に精神疾患を加えた5大疾病を発表したことからも、今後の精神障害者に対する正しい理解の普及が期待される[*14]。

　このように、精神疾患は誰もがなる可能性のある疾患であり、精神障害者が一人の市民として社会参加できるように、精神障害者を取り巻く社会的環境や人的環境を改善していく必要がある。

❹個人因子

　個人因子には、性別、年齢、養育歴、教育歴、職業歴、個性と性格類型、経験などがある。たとえば、教育歴をとると、精神疾患の好発時期が思春期・青年期にあるにもかかわらず、現在の学習指導要領には「精神疾患」について学ぶ事項がないため[*15]、本人が精神的不調を感じていても、その対処方法がわからず適切な受診時期を逃してしまう場合もある。

*14
精神障害者に対する偏見の低減に関する他の方策として、精神障害者に対する正しい知識の習得と、精神障害者との良好な接触体験の機会があげられる。前者では、精神疾患の好発時期が思春期にあるため義務教育における早期導入が求められる。また後者では、当事者から病の経験を聞く機会や病の経験を活かした活動であるピアサポートの活動に触れる機会をもつことがあげられる。

*15
2022（令和4）年4月より施行される高等学校の学習指導要領では、保健体育における「現代社会と健康」の中で「精神疾患の予防と回復」の項目が新設された。

２）　上田敏による主観的体験

　上田敏は、ICFに対して主観的体験（主観的次元）を試案し、本人の満足
度、人生と自己価値・意味・目標、身近な人との関係、集団への帰属感・疎
外感、基本的態度を提示した[30]。精神障害のある人々のなかには、精神障害
に対する内なる偏見に苦しみ、人生に対する希望をもてずにいる人も少なく
ない。

３）　精神障害の特性と生活ニーズ

　精神障害の特性には、①視覚からの理解が困難である（目に見えず、ふれ
ることもできず、本人の言動から病理や障害を推測せざるを得ない）、②疾病
と障害が共存する、③各レベルの障害が相互に影響し合う、④各レベルの障
害が個々に独立して存在する、⑤機能障害や活動制限も固定されたものでな
く、障害の可逆性が生じる、⑥疾病を患った経験が直接、社会参加の制約に
影響する、⑦環境因子が障害に影響する等がある[31][32][*16]。このような障害特
性のある精神障害者の生活ニーズとして、窪田暁子は、①諸問題間の構造的
関連、②生活史的累積の構造、③人間関係の問題、④それらの内面化をあげ、こ
れらが重層的につながっていると指摘している[33]。

(2)　精神障害者ケアマネジメントの特色

１）　ケアマネジメントの類型

　ケアマネジメントには、仲介モデル[*17]、ACTモデル[*18]、ICMモデル[*19]、リ
ハビリテーションモデル[*20]、ストレングスモデルなどの類型がある。どのモ
デルを使用するかは、クライエントの希望、ニーズ障害のレベル、クライエ
ントのもつサポートネットワークの状況に加え、その地域に存在する精神保
健福祉サービスの状況によって判断することになる[34][35]。

２）　ストレングスモデルのケアマネジメント

　ここでは、ソーシャルワークのパラダイム転換をもたらしたといわれるス
トレングスモデルに基づきながら、その支援の展開過程をみていく。

❶ストレングスモデルのケアマネジメントが必要とされた背景

　Ｃ.Ａ.ラップによると、精神障害者がパワーレスな状態になる要因として、
問題・欠陥・病状の支配、ダメージモデル、環境の不備、犠牲者への非難、
継続的な世話と変化の連続があるという。このような抑圧的な要因を打破し、
精神障害者のリカバリー[*21]に有益な概念として、熱望で満ちた心理状態（回
復力、エンパワメント）と、統合とノーマライゼーションおよび市民性（生

*16
山根は、精神障害の特
性として、①疾患と障
害の共存、②相対的独
立性、③相互の影響性、
④環境との相互作用、
⑤障害の可逆性、をあ
げている。

*17　仲介モデル
（Broker Model）
サービス斡旋調整が中
心のモデル。ケアマネ
ジャーはオフィスでク
ライエントとの面接や
電話によるサービス連
携を行うが多い。

*18　ACTモデル
（Assertive Community
Treatment Model）
他職種チームで支援を
行うモデル。チームに
より医学的・心理社会
的・リハビリテーショ
ン的な要素のある生活
援助サービスを直接提
供する。

*19　ICMモデル
（Intensive Case Ma-
nagement Model）
仲介モデルとACTモデ
ルの中間にあるモデル。
他職種チームを採用せ
ず、ケアマネジャーが
受け持ちのクライエン
トを担当する。

*20　リハビリテー
ションモデル
（Rehabilitation Model）
ボストン大学で理論化
されたモデル。精神科
リハビリテーションの
理論と原則に基づくリ
ハビリテーションを志
向している。

*21　リカバリー
当事者が疾病や障害は
自身の一部にすぎない
という認識をもち、希
望に満ちた自分らしい
生き方を再獲得してい
く連続的なプロセス、
ならびにその状態のこ
と。

態学的観点、コミュニティのストレングス）をあげており、これらを目標と
したストレングスモデルを提唱した[36]。

❷ストレングスモデルの原則（Rapp, C. A. & Goscha 2006）[37]

原則1：精神障害者はリカバリーし、再生し、彼らの生活を改善できる。

原則2：焦点は障害ではなく、個人のストレングスに当てる。

原則3：コミュニティを社会資源のオアシスとしてとらえる。

原則4：クライエントは援助過程のディレクターである。

原則5：ケースマネジャーとクライエントの関係性は最も重要であり、不可
　　　　欠なものである。

原則6：われわれの仕事はコミュニティで行われる。

3）　精神障害者ケアマネジメントの展開過程における留意点

❶入り口

　入り口段階はケアマネジャーと利用者の最初の出会いの段階であり、両者
の間に信頼関係を形成すること、その関係を基盤として利用者の望む地域生
活の実現に向けた動機が高まることを目的とする。

　しかし、この入り口に利用者本人がアクセスすることが困難な場合がある。
たとえば、本人が相談窓口の情報を知らない場合や病気に対する認識が低く
相談に躊躇している場合、受動的な生活が長く自ら進んでサービスを求めよ
うとしない場合などがある。また本人よりも先に、家族や親戚、近隣、地域
住民、関係機関などが相談窓口を訪れることもある。

　このような入り口段階に至るまでの経過を鑑みながら、ケアマネジャーは
利用者の生活の場にアウトリーチを繰り返しながら、利用者の思いや生活の
しづらさに共感的な態度で接し、利用者の発する言葉や態度をありのままに
受容する。そして、ケアマネジャーは、利用者本人の理解できる言葉で「ケ
アマネジメント」とは何かを説明し、ケアマネジメントを利用することによ
り、今の生活課題が解消する可能性を示す。このような支援により、本人の
ケアマネジメントを利用する動機が高まり、利用者本人の意思に基づいてケ
アマネジメントの契約を行う。

❷アセスメント

　伝統的な医学モデルの診断では病理や障害に着目するため、精神疾患を
患った人に「病者」や「障害者」のレッテルを貼る傾向がある。そのような
診断に対して、C.カウガーはストレングスに着目したアセスメントの必要性
を明示し、エンパワメントをめざしたアセスメントのガイドラインを提示し
ている（表13-2）[38]。

表13－2　ストレングスに基づくアセスメントのガイドライン（Cowger,C.1994）

1. クライエントの事実に対する理解を優先する。
2. クライエントを信じる。
3. クライエントが望んでいることをみつける。
4. クライエントとその環境のストレングスをアセスメントする。
5. 多次元のストレングスをアセスメントする。
6. クライエントの個別性をみつけるためにアセスメントを活用する。
7. クライエントが使う言葉を用いる。
8. クライエントとワーカーの協働でアセスメントを行う。
9. アセスメントではクライエントとワーカーが相互に同意するまで行う。
10. クライエントを非難することはしない。
11. 因果関係的（原因と結果）な考え方は避ける。
12. 診断ではなく、アセスメントを行う。

　アセスメントでは、ケアマネジャーは対話を通して利用者のニーズを明確にし、個人と環境のストレングスを活用しながらケア計画を検討する。

　ストレングスに関して、C.A.ラップは個人と環境のストレングスを指摘し、前者には熱望（aspirations）、能力（competencies）、自信（confidence）をあげ、これらのうち一つでも欠けると目標が達成できないという。後者には、資源（resources）、社会関係（social relations）、機会（opportunities）をあげており、生活がうまくいくには少なくともこれらの一つにアクセスする必要があると述べている[39]。また、D.サリビーは、ストレングスとして、病気や苦しみの対処方法や生活経験による知恵、障害を乗り越えてきた「サバイバー・プライド」をあげている[40]。ケアマネジャーは精神障害者が病いを患うことで得た生活の知恵（経験知）を「ストレングス」ととらえ、これらを活用できるような社会関係の形成や機会の提供を行うことが求められる。

❸支援目標の設定とケア計画の作成・ケア計画の実施

　ケアマネジャーは利用者がケア計画の作成過程に参加し、ケア計画に主体的に取り組むことができるように支援する。ケア計画の作成に際して、長期目標は利用者本人の熱望を重視し、本人の使用する言葉で目標を掲げる。また、短期目標には成功体験が可能となるまで細分化した内容を掲げる。加えて、精神障害者は思春期・青年期に初発を迎えることが多いため、ケア計画の作成にあたっては生活者としてのライフステージ上の課題にも配慮し、利用する資源は精神保健福祉サービスに限定せず、一市民として利用可能な資源を考慮する。その資源の利用に関して、有効性（availability）、接近性（accessibility）、便宜性（accommodation）、適切性（adequacy）を確認することが

望ましい[41]。

❹モニタリングとフォローアップ・再アセスメント

モニタリング段階では、作成したケア計画が予定通り実施されているか、新しいニーズが生じていないかを確認する。その際、ケア計画が予定通り実施されない場合や新しいニーズが生じた場合は再アセスメントを行う。ケア計画の適合性や新しいニーズのアセスメントを繰り返しながら、精神障害者が「病者」や「障害者」ではなく、「一人の市民」として当たり前の地域生活が可能となるように見直すことが望まれる。

❺評価／終了

評価段階では先述までのケアマネジメントの過程を通して当初の目標の達成状況を把握する[*22]。

精神障害のある利用者が一人の市民としての地域生活が可能となり、自身で必要な資源や支援をマネジメントできる（セルフ・ケアマネジメント）ようになれば、ケアマネジメントは終了を迎える。しかし、精神障害者の場合、ライフイベントや環境の変化により症状が再燃する可能性があることから、ケアマネジャーはケアマネジメント終了後もコンサルタントとしてかかわることが望まれる。

(3) 「ケアマネジャーになる」関係性

ストレングスモデルにおいて、C.A.ラップによれば、ケアマネジャーと精神障害者の関係性は不可欠なものである。しかし、臨床の場における精神障害者の声に耳を傾けると、専門職の配慮ない言葉によって傷つけられ、関係を築くことに疑いを感じている人が少なくない。ケアマネジメントは「専門職―クライエント」という役割をもつ者同士の出会いから始まるが、精神障害者本人からケアマネジャーとして認められなければ、本当の意味での本人主体のケアマネジメントの進展は難しい。岡村重夫は障害者を対象化するのではなくて、同じ人間として見る・見られる相互関係の重要性を指摘し、その相互関係のなかで、それぞれの役割をもつ一人の人間同士の理解が図れることを強調している[42]。

利用者から「ケアマネジャー」と認められるためには、利用者を一人の人間として敬意を示し、かけがえのない人間同士の関係を大切にしながら、見る・見られる相互関係のなかで利用者から学ぶ姿勢をもつことが求められる。そのかかわりの積み重ねのなかで、利用者のケアマネジャーの役割を担う人に対する疑いが信用に変わるとき、「ケアマネジャーになる」ことができるのであり、本当の援助（支援）関係が始まるといえる。ケアマネジャーの役割

*22
近年、精神保健福祉サービスは精神障害者のリカバリーをめざす傾向がある。その評価尺度として、本人の主観を重視したリカバリー尺度や、よいリカバリー支援を特定するための尺度であるINSPIRE評価法などがある。

を担う人は見る・見られる関係を重視し、ケアマネジャーになるということを謙虚な気持ちで受けとめることが必要といえる。

本章のまとめ●障害者ケアマネジメントの今後の課題●

ソーシャルワークの一つの方法としてのケアマネジメントと「障害者総合支援法」という法の枠組みのなかでの援助（支援）の関係性が不十分な点がある。国は、アセスメントからモニタリングまでケアマネジメント手法の導入を示しているが、実際には、障害者総合支援法に基づく障害支援区分判定前後のサービス等利用計画作成といった狭い範囲でのケアマネジメント手法が存在しており、依然、十分整理されていないのが現実である。介護保険制度のように制度としてケアマネジメントが十分位置づけられておらず、今後制度の流れを見極めながら整理していく必要があろう。

　2点目は、ケアマネジャー（相談支援専門員）の中立・公平性の問題である。指定相談支援事業者が自らサービスを提供していない事業所とされているのは、中立・公平な立場で相談支援（ケアマネジメント）を行うためである。ケアマネジャーが関係する機関・団体のサービスを意図的に活用するのではなく、あくまでも利用者に必要なサービスを中心に考えていかなければならない。福祉現場に競争原理が導入されているなか、この中立・公平性の確保の問題がある。

　3点目は、ケアマネジャーの資質の向上の問題である。障害者自立支援法（現：障害者総合支援法）の施行により、ようやく障害者ケアマネジメントが実施され始めたが、ケアマネジメントの意味を理解し、障害者（児）の自立と社会参加などの理念をふまえた実践を可能とするケアマネジャーの養成が緊急の課題といえる。今後、相談支援従事者初任者研修[23]や相談支援従業者現任研修に加え、ケアマネジャーの資質の向上に向けた研修体制整備が重要である。

*23　相談支援従事者初任者研修
従来の障害者ケアマネジメント従事者養成研修を発展させたものである。障害者総合支援法に市町村の必須事業として相談支援事業が位置づけられている他、自立支援給付のなかにサービス等利用計画作成費が制度化されるなど障害者ケアマネジメントが重要な役割を果たすことから、本研修が重要な位置を占めることとなる。

【考えてみよう】

① 障害者（児）が地域で安心して生活するためには、どのようなサービスや社会資源が必要か、障害特性や障害状況を設定して考えてみよう。

② あなたの住んでいる地域には、障害者（児）の生活を支援するためにどのようなサービスや社会資源が存在するのか調べてみよう。特に、インフォーマルな社会資源としてどのようなものがあるだろうか。社会資源マップを作成してみよう。

③ あなたがサービスを利用する利用者であると仮定して、どのようなケアマネジャーだと安心して相談をもちかけることができるか、理想とするケアマネジャー像を考えてみよう。

【さらに学びを深めるための参考文献】

1）大阪障害者ケアマネジメント協会監　北野誠一・大谷悟・西岡努編『障害者ケアマネジメント実践事例集』中央法規出版　2003年

2）大塚晃監修・埼玉県相談支援専門員協会編『相談支援専門員のためのサービス等利用計画作成事例集－障害がある人の生活支援充実のために－』中央法規出版　2014年

3）日本相談支援専門員協会編『障害のある子の支援計画作成事例集－発達を支える障害児支援利用計画と個別支援計画－』中央法規出版　2016年

【引用文献】

1）白澤政和『ケースマネジメントの理論と実際－生活を支える援助システム－』中央法規出版　1992年　p.11

2）障害者ケアマネジメント体制整備検討委員会「障害者ケアマネジメントの普及に関する報告書」2001年

3）厚生労働省 社会・援護局 障害保健福祉部『相談支援の手引き』2005年　p.4

4）Hepworth,D.H. , Roony,R.H. & Larsen,J.A., *Direct Social Work Practice : Theory and Skills 5th Edition,* Brooks : Cole Publishing Company, Pacific Grove,CA., 1997, p. 456.

5）障害者ケアマネジメント体制整備検討委員会「障害者ケアマネジメントの普及に関する報告書」2001年

6）谷口明広『障害をもつ人たちの自立生活とケアマネジメント－IL概念とエンパワメントの視点から－』ミネルヴァ書房　2005年　p.169

7）身体障害者ケアマネジメント研究会監『障害者ケアマネジャー養成テキスト身体障害編（第4版）』中央法規出版　2003年　pp.50－56

8）知的障害者ケアマネジメント研究会監『障害者ケアマネジャー養成テキスト知的障害編（第3版）』中央法規出版　2003年　pp.57－60

9）障害者福祉研究会編『ICF　国際生活機能分類－国際障害分類改訂版－』中央法規出版　2002年　p.14

10）同上　p.15

11）同上　p.16

12）都村尚子編『福祉コミュニケーション論－支援を必要な人が求めるもの、支援する人に必要なもの－』中央法規出版　2011年　p.85

13) 秋風千恵「軽度障害者の語りにみるディスアビリティ経験」『フォーラム現代社会学』第17号 関西社会学会 2018年 p.175

14) NPO大阪障害者センター・ICFを用いた個別支援計画策定プログラム開発検討委員会編『ICFを活用した介護過程と個別支援計画』かもがわ出版 2019年 p.65

15) 大野更紗『困ってるひと』ポプラ社 2011年 p.28

16) 世界保健機関（WHO）『ICF国際生活機能分類－国際障害分類改定版－』中央法規出版 2002年 p.58

17) 世界保健機関（WHO）同上書 p.123

18) 大阪障害者センター・ICFを用いた個別支援計画策定プログラム開発検討会編『本人主体の「個別支援計画」ワークブック』かもがわ出版 2014年 p.88

19) 日本相談支援専門員協会「サービス利用計画の実態と今後のあり方に関する研究報告書」（平成24年３月）pp.15－16

20) 日本相談支援専門員協会編『相談支援専門員のための「サービス等利用計画」書き方ハンドブック－障害のある人が希望する生活の実現に向けて－』中央法規出版 2017年 p.11

21) 蜂矢英彦「精神障害における障害概念の検討－リハビリテーションを進める立場から－」『障害者問題研究』第44巻 全国障害者問題研究会 1986年 pp.9－22

22) 大熊輝雄『現代臨床精神医学（改訂第７版）』金原出版 1997年 p.504

23) 上田敏「障害の概念と構造－身体障害者のリハビリテーションの経験から－」『第３回精神障害者リハビリテーション研究会報告書』1996年 pp.114－124

24) 伊藤哲寛「精神分裂病と地域リハビリテーション」『臨床精神医学講座第３巻 精神分裂病Ⅱ』中山書店 1997年 pp.275－299

25) 野中猛「精神障害者とケアマネジメント」竹内孝仁他監『ケアマネジメントの実践と展開』中央法規出版 2000年 p.54

26) 蜂矢英彦 前掲書14) pp.9－22

27) 臺弘「生活療法の復権」『精神医学』第26巻 医学書院 1984年 pp.803－814

28) 総理府内閣総理大臣官房内政審議室編『平成12年版障害者白書』大蔵省印刷局 2000年 p.190

29) 栄セツコ「精神保健ボランティア活動に関する研究」『社会福祉学』第39巻１号 日本社会福祉学会 1998年 pp.177－192

30) 上田敏『ICFの理解と活用』きょうされん 2005年 pp.32－42

31) 山根寛「精神障害者に対する疾患・障害構造モデル」『病院・地域精神医学』第39巻４号 病院・地域精神医学会 1997年 pp.64－69

32) 伊藤哲寛 前掲書16) pp.275－299

33) 窪田暁子「精神障害者の福祉」『精神医学ソーシャルワーク』第27巻 日本精神医学ソーシャルワーカー協会 1990年 pp.18－21

34) 高橋清久・大島巌『ケアガイドラインに基づく精神障害者ケアマネジメントの進め方』精神障害者社会復帰促進センター 2001年 pp.33－34

35) 三品桂子「ケアマネジメントとケアガイドラインの特徴」日本精神保健福祉士協会『精神障害者のケアマネジメント』へるす出版 2001年 pp.114－127

36) Rapp, C. A., *The Strengths Model : Case Management with People Suffering from Severe and Persistent Mental Illness,* Oxford University Press, 1998, pp.1-23.

37) Rapp, C. A. & Goscha R. J., *The Strengths Model : Case Management with People with Psychiatric Disabilities Second ed.,* Oxford University Press, 2006, pp.54-72.

38) Cowger, C., *Assessing Client Strength : Clinical Assessment for Client Empowerment.,* Social Work, 39 (3), 1994, pp.262-264.

39) Rapp, C. A. & Goscha R. J. op.cit., pp.34-53.

40) Saleebey, D., *The Strengths Perspective in Social Work Practice 4rd ed,* Allyn and Bacon, Boston, 2005, pp.82-84.

41) Rapp, C. A. & Goscha R. J. op.cit., pp.166-167.

42) 岡村重夫「座談会『福祉の心』」『大阪市社会福祉研究』（特別号－岡村　重夫　先生　講演及び座談会録－）大阪市社会福祉協議会　2002年　pp.15－39

【参考文献】

・杉本敏夫監修、津田耕一・植戸貴子編『障害者ソーシャルワーク』久美出版　2002年

・大阪障害者ケアマネジメント協会監　北野誠一・大谷悟・西岡努編『障害者ケアマネジメント実践事例集』中央法規出版　2003年

・障害者ケアマネジメント体制整備検討委員会「障害者ケアマネジメントの普及に関する報告書」　2001年

・谷口明広『障害をもつ人たちの自立生活とケアマネジメント－IL概念とエンパワメントの視点から－』ミネルヴァ書房　2005年

・福祉士養成講座編集委員会編『障害者福祉論（第4版）』（新版社会福祉士養成講座）中央法規出版　2006年

・厚生労働省 社会・援護局 障害保健福祉部 精神保健福祉課監　高橋清久・大島巌『ケアガイドラインに基づく精神障害者ケアマネジメントの進め方』精神障害者社会復帰促進センター　2003年

・身体障害者ケアマネジメント研究会監『障害者ケアマネジャー養成テキスト　身体障害編（第4版）』中央法規出版　2003年

・知的障害者ケアマネジメント研究会監『障害者ケアマネジャー養成テキスト知的障害編（第3版）』中央法規出版　2003年

・厚生労働省「平成28年生活のしづらさなどに関する調査（全国在宅障害児・者等実態調査）結果」　2018年

・身体障害者ケアマネジメント研究会監修『新版　障害者ケアマネージャー養成テキスト［身体障害編］』中央法規出版　2002年

・Shanks, V., Williams, J., & Leamy, M.et al., *Measures of Personal Recovery: A Systematic Review.,* Psychiatr Serv., 64(10), 2013, pp.974-980

・A website about the work of recovery research team at the Institute of Mental Health:Inspire

http://researthintorecoverty.com/inspire

障害者ソーシャルワークの実際

第14章

事例1　身体障害者の地域生活支援

● 本事例のポイント

> 本事例において、ソーシャルワーカーが障害者の支援を進めるうえで留意すること
> として、以下の点を踏まえる。
>
> ①　身体障害の特性を知り、関係機関に分かりやすく説明すること
>
> ②　他分野（本事例では医療）との連携
>
> ③　インフォーマルな資源（本事例では家族）の活用

1．利用者・支援者の紹介

(1)　利用者と家族

①　Aさん（男性・42歳・身体障害者手帳4級・障害支援区分2）

　大学卒業後、電器メーカーの営業職として勤務。X年1月12日に脳梗塞を
発症し救急車で病院に搬送された。急性期の治療を受けた後、リハビリテー
ション科で主に言語療法を受けた。病院を退院したのちも週に1回通院での
リハビリテーションを続けていた。

　運動の麻痺はほとんどなく、杖なしで屋外を歩行することができ、食事・
トイレ・入浴などの動作にも介助は必要なかった。

　言語面で失語症[*1]を生じていた。身の回りの物品の名前や食べ物の名前な
どの日常使う言葉は比較的理解ができ、日常生活のなかで話しかけられたこ
と（例：ご飯ができましたよ）も理解して行動することができた。しかし、
政治・経済関係のニュースなど専門用語が多い情報は、時間をかけて説明し
ても理解が困難な状態であった。表出では、話しかけられたことに対して二
〜三語で応答することはあったが、自分から自発的に話を始めることは少な
く、とりわけ家族以外の人たちとグループでの会話をする場面には参加した
がらなかった。言葉を話そうとする時に、喚語困難[*2]や錯語[*3]が認められた。

＊1　失語症
脳の病気や外傷により
「話す」「聞く」「読む」
「書く」の言葉を操る
機能が低下し、生活の
中で意思疎通に支障を
来す状態。

＊2　喚語困難
失語症の症状の一つで、
言いたいことがあるが
言葉として出てこない
状態。

＊3　錯語
失語症の症状の一つで、
言いたいこととは別の
言葉が出てきてしまう
状態。

② Aさんの妻（38歳）

　妻はパートで働いている。はじめはAさんの言葉がなぜ出ないのかが理解できなかったが、医師からの説明により失語症の症状として理解はしている。しかし、時間が経てば少しずつでもよくなって、いずれは元のように話ができるようになるのではないかという回復期待も抱いている。

　家族は妻以外に小学校6年生（11歳）の男の子がいる。

③ 家族関係

　病前は良好であった。病後、子どもは父親にどのように話しかけたらよいか分からず戸惑っており、病前に比べ父親との会話は減少した。

(2) 支援者

① S相談支援事業所（特定相談支援事業所）
  - B相談支援専門員（社会福祉士・精神保健福祉士）
② T地域活動支援センター
  - C生活支援員（社会福祉士）
③ U病院リハビリテーション科
  - D医師
  - E言語聴覚士
  - F医療ソーシャルワーカー

2．事例の概要

　電器メーカーの営業職として働いていたAさんは、営業畑で15年勤務し若手の指導も任されている中堅社員であった。X年1月12日に脳梗塞を発症し、救急車でU病院に搬送された。急性期の治療を経て意識を取り戻したときに妻と子どもはとても喜び、妻は「夫は今後の治療で元通りに治り、会社にも再び出勤できるようになる」という期待を抱いた。リハビリテーション科では理学療法士による歩行訓練と言語聴覚士による言語訓練が中心に行われた。四肢の麻痺は軽度で、ほどなく杖無しで訓練室内を歩行できるようになった。言語は急性期の治療を行っていた頃は妻との言葉のやりとりが難しく、話しかけても苦笑いをしたり頷くような反応しか見られなかった。

　発症から約1年後には、
・身の回りの物品や、食べ物の名前などの日常的な単語の理解が向上
・日常生活のなかで話しかけられたことは概ね理解して行動する
・試合の勝敗のような二者択一の情報は理解ができる。

・論説・意見・考え方を理解することは困難であるが、政治・経済関係の
　ニュースでは部分的には理解できる用語や人名がある。

・主語と述語を含む二〜三語で応答することはある。

・身振りを交えたりキーワードを紙に書いて説明すると、理解の手助けにな
　ることがある。

・家族に用事があるときに「おーい」という呼びかけができる。

・家族以外とは自分から自発的に話を始めることは少ない。

・言語表出時に喚語困難や錯語が認められる。

・言葉が出てこないときにスマートフォンを操作して写真で意思表示をする
　こともある。

・顕著な運動麻痺は認められず、公共交通機関を利用できる。

・てんかんは認められない。

という状態であった。

　この会社では休職*4期間は1年6か月までとされ、1年6か月経って職場
復帰できないときには退職しなければならなかった。家計のことも考えて職
場復帰を希望することにしたAさん夫妻であったが、職場復帰に向けて会社
との話し合いをどのように始めたらよいかが分からなかった。そこで、入院
中に身体障害者手帳の交付手続きを相談をしたことがあるU病院のF医療
ソーシャルワーカーに、職場復帰の手順について相談した。F医療ソーシャ
ルワーカーは失語症の人の職場復帰支援経験がある、S相談支援事業所のB
相談支援専門員*5に助言を求めた。

3．支援の過程

(1)　アセスメント

　S相談支援事業所のB相談支援専門員はAさん、Aさんの妻、U病院リハ
ビリテーション科のD医師、E言語聴覚士*6、F医療ソーシャルワーカーか
ら話を聞いた。

1)　Aさん本人との面談
①　仕事に戻らないと生活に困ると思っている。
②　しかし、営業の仕事は難しいと感じている。
③　もっと、話ができるようになりたいが、回復するだろうか。

*4　休職
勤務先の会社から労働
が免除されて勤務を休
むこと。法律に基づい
た制度ではなく会社が
就業規則に基づいて設
けている。このため、
休職期間や職場復帰の
ための条件は会社によ
り異なっている。

*5　相談支援専門員
障害のある人が自立し
た生活ができるように、
様々な相談を行う。
サービス等利用計画を
作成して複数のサービ
スを組み合わせて活用
するための支援を行う
ことが中心的な仕事で
ある。他に、病院など
から地域生活への移
行・定着に向けた支援
や、成年後見制度の利
用に関する支援なども
行っている。

*6　言語聴覚士
言語聴覚士は音声機能、
言語機能、または聴覚
に障害のある人々に対
して、その機能の維持
向上を図るため、言語
訓練その他の訓練や必
要な検査及び助言など
を行う。言語聴覚士法
に基づく国家資格を有
する専門職である。

2） Aさんの妻

① 職場復帰できないと世帯収入が激減する。

② 収入の減少が子どもの将来に影響することが心配である。

③ X年1月12日に発症し、その後1年6か月休職期間があると聞いているが、休職期間の満了日がいつなのか、正確には分からない。

④ 会社の窓口は総務部であるが、総務部の中の誰と話をすればよいのかは分からない。会社からは休職期間を使ってゆっくり休むように言われているが、職場復帰に関しては何の打診も受けていない。

3） U病院スタッフ（D医師、E言語聴覚士、F医療ソーシャルワーカー）

① 職場復帰する場合、会話が中心の営業職は難しい。

② 言葉を使う比重が少ないこと、コミュニケーションを取るメンバーをできるだけ限定することが仕事の環境としては適している。

③ 職場に戻ることは、例えば「外国語が話せない日本人が外国に一人で行った」状態になると考えて欲しい。復職当初はかなり疲れると思うので、短時間の勤務から始めることが望ましい。

⑵ 面接におけるコミュニケーション上の配慮

失語症の人への相談経験があるB相談支援専門員はこの面接において、
・ゆっくりと話をする
・1～2文節を目途に言葉を区切って話しかける
・大人同士の会話の口調で話し、決して子ども扱いしない
などに気をつけた。失語症の人が言葉を用いた活動を行うときに疲れやすいことを考慮して45分程度で相談を終了した。これらの配慮は、Aさんから「自分に分かるように会話をしてくれる人だ」と信頼を得る目的があった。

⑶ 支援目標の設定

初回面接で得られたアセスメント情報をもとに、職場に復帰したいというAさんの希望を実現するために、今後の支援目標と役割分担についての話し合いが行われた。

<出席者>
　Aさん、Aさんの妻、B相談支援専門員、E言語聴覚士、F医療ソーシャルワーカー

　Aさんと妻は、将来に向けての経済的な不安を訴えているので、仕事の内

容がどのようなものであろうと、職場に復帰できることを第一の目標とする。

　在宅生活からいきなり職場復帰を目標とせず、家族以外の人との会話に慣れる機会を作り、スモールステップで職場復帰に近づける。

　職場復帰における会社側の担当者が不明なため、Ａさんの妻を通して担当者を確認する。併せて、休職期間の満了日を確認する必要がある。

　会社に失語症を説明するときには、できるだけ医学的な専門用語は使わずに分かりやすく説明する。知的機能が全般的に低下している訳ではないことを理解してもらう。

表14－1　支援目標・計画

生活上の問題やニーズ	支援の目標	支援計画
①職場に復帰したい	・営業職以外にできる仕事を社内で見つけて職場に復帰する。	▶会社側の窓口者や休職期間の満了日を確認する（妻） ▶Ａさんの失語症の特性について分かりやすい説明を考える（D医師、E言語聴覚士、F医療ソーシャルワーカー） ▶担当可能な仕事を探すための話し合いの機会を作ることを会社に働きかける（妻）
②もっと話ができるようになりたい	・家族以外と日常会話ができるところに通う	▶疲れない程度に会話をしたり、レクリエーション活動ができる場を探す（B相談支援専門員）

(4)　支援の過程

●第1期（1か月目～2か月目）

支援の内容	支援者側の留意点等
● Ａさん夫妻とB相談支援専門員との初回面談（U病院のD医師、E言語聴覚士、F医療ソーシャルワーカー同席） 病院のF医療ソーシャルワーカーの依頼で、失語症者への支援経験があるB相談支援専門員が病院を訪ね、Ａさん夫妻と面談した。面談ではＡさんの失語症の状態を聞き取るとともに、今のＡさんが置かれている身分（雇用契約が継続しているか）や休職に関する会社の規程についての確認が必要であることが明らかになった。	▶B相談支援専門員は失語症者への支援経験がある専門職として呼ばれており、失語症の人とのコミュニケーションの取り方の一般的な留意点を踏まえて会話をしている。病気や障害についての基本的な知識を有しておくことは、クライエントの安心感につながり、信頼

支援の内容	支援者側の留意点等
●Aさん夫妻とB相談支援専門員との2回目の面談（U病院のE言語聴覚士、F医療ソーシャルワーカー同席） 初回面談の後、支援目標の設定や今後確認すべき情報を整理するために面談の機会を設けた。今後職場復帰に向けて会社と相談するにあたってAさん夫妻を通じて会社に確認して欲しい情報、失語症の状態についての説明のしかた、Aさんには「もっと話ができるようになりたい」という気持ちがあること、などをテーマに話し合いを行った。	関係を形成する上で重要である。 ▶患者及び家族は、会社の就業規則などついて正確な知識を持っていないことも多い。会社の規程に基づく正確な情報を確認するよう助言する必要がある。

▶第1期での支援のポイント

　まず、初回面談では信頼関係の形成が最も重要である。次に一般企業での就労という観点から、クライエントが置かれている立場を労働法規や社内規程の面から理解することが必要となる。疾患や外傷による中途障害の場合「もっと良くなりたい」という気持ちは誰でも持つものである。この気持ちを受け止めることも大切である。

❷第2期（3か月目）

支援の内容	支援者側の留意点等
●Aさん夫妻、B相談支援専門員、F医療ソーシャルワーカーとの面談 休職期間の満了日は年次有給休暇＋1年6か月の休職として、X年の翌年の8月20日であること、会社の窓口者は総務部人事課長であることを確認した。	
●Aさん夫妻、B相談支援専門員、E言語聴覚士、F医療ソーシャルワーカーとの面談 失語症を会社にどのように説明するか話し合い、できるだけ分かりやすい言葉で記述してAさんの了解を得た（表14-2）。その内容は後日D医師に見てもらいD医師の了解も得た。会社にはAさん夫妻から説明することとした。	▶障害特性の説明内容は失語症や聴覚障害のようにコミュニケーション障害がある人に対してもできるだけ丁寧に説明して本人の了解を得ることが重要である。また、医療に関することは医師の了解を得ておくことも大切である。
●地域活動支援センターⅠ型日中活動の利用 家族以外の人と会話をする場として地域活動支援セン	▶利用時間などにおいて、柔軟な利用のしかたができる

ターの利用を提案した。失語症の人は会話により疲労しやすいことを考慮し1回当たり1時間程度の利用を勧めた。在職中の人が地域活動支援センターを利用できるかどうかについては福祉事務所と調整し、目的と期間を明確にしたうえでの利用を行うこととした。

通所先として地域活動支援センターを選んだ。身近な地域で失語症の当事者団体や失語症会話パートナー*7の協力を得ることが可能なら、それらを活用することも考えられる。

*　7失語症会話パートナー
失語症についての基本的な知識を身に付けて、失語症の人の会話を支援する意思疎通支援者である。簡潔にはっきり話す、先回りせずに話をじっくり聞くなど、失語症の特性に合った方法で会話をしたり、文字・地図・カレンダー・スマホなどの補助的方法を活用することにより言語環境を整えて日常生活を支援する。2000（平成12）年から養成講座が始まっている。

表14-2　Aさんの失語症に対する配慮について

- 静かな環境で、ゆっくりと話をしてください。
- 大人同士の会話の口調で話をしてください。
- 1～2文節を目途に言葉を区切って話しかけてください。
- 長文はキーワードを書いてもらえれば理解しやすいです。
- 文字はひらがなよりも漢字の方が理解しやすいです。
- 言葉が理解できないときには実物、絵、写真、カレンダー、地図などを使うと理解しやすいです。
- 私がうまく言えないときには、「○○のことですか？」と選択肢を示して尋ねてもらえたら助かります。
- コミュニケーションは不自由ですが、知的能力が低下しているわけではありません。

▶第2期での支援のポイント

　職場復帰の調整や「もっと話ができるようになりたい」というAさんの希望を実現するために必要な情報を集め、それを関係者で共有した。

❸第3期（4か月目～6か月目）

支援の内容	支援者側の留意点等
● Aさん夫妻が人事課長と面談 会社はAさん夫妻とだけ話をしたい意向があり、職場復帰に向けた話し合いに福祉・医療の関係者が同席することができなかった。 Aさんは職場復帰を希望しているが、営業職は難しいと思うので他の仕事への配置転換を望んでいることを伝えた。失語症の状態についてはU病院のスタッフと打ち合わせた内容に即して、主に妻が口頭で説明した。人事課長からは後日、工場での消耗品管理や備品の社内への貸し出し業務で職場に復帰してはどうかとの提案があった。	▶会社は障害者雇用促進法に基づいて合理的配慮*8を提供する義務がある。障害の特性を説明するときには、どのような配慮や工夫があれば能力が発揮しやすいかに重点を置いて説明する。 ▶失語症の人が言葉の障害がない人の集団に入ると、コミュニケーションに取り残されやすいので、利用時間

*　8合理的配慮
雇用分野における差別の解消のための具体的な措置は障害者雇用促進法の定めるところによるとされている。障害者差別解消法では合理的配慮に関して民間事業者は努力義務とされているが、雇用分野については障害者雇用促進法において、事業主等の合理的配慮の提供が義務とされている。

●地域活動支援センターへの通所
Aさんは地域活動支援センターに1回2時間、週2日通所することとなった。職員と話をしたり、テレビを見たり、他の利用者と卓球をするなどして、家族以外の人とコミュニケーションをとっている。
利用前にはU病院のスタッフと相談して作成したAさんの失語症についての説明（表14-2）を地域活動支援センターの職員に示して説明した。

中に1対1で話をする時間を作ることが大切である。

▶第3期での支援のポイント

　第3期は職場復帰や「もっと話ができるようになりたい」という希望を実現するために、それぞれの立場で具体的な行動を起こしていった。会社との話し合いは本人・家族が行い、支援者はバックアップする立場で支援を行った。地域活動支援センターへの通所では、失語症の特性について職員に十分説明を行い、障害特性への対応が可能であるという見込みを持って実施した。

❹その後の経過（7か月目以降）

　その後、会社から提案があった工場での消耗品・備品管理の仕事で約2週間の間、1日4時間程度の「試し出勤」を行った。電話対応は社内の内線であっても困難であることや、昼休みの雑談に参加することの難しさはあったが、お互いの助け合いを尊重する生産現場での組織風土もあって、職場に復帰することができた。

4．新たな課題と残された課題

　職場に復帰したAさんは、復帰当初から意気込んで働こうとした。会社側も「試し出勤」で準備ができたであろうという見込みをもっていた。しかし、実際に8時間勤務を始めると疲労感は想像以上で、帰宅するとすぐに横になって休む状態であった。公共交通機関による通勤に片道1時間15分を要し、「試し出勤」のときとは異なりラッシュ時で席に座れないことも体力的に大きな負担となった。失語症のために周囲の乗客に席を譲ってほしいと話しかけることが難しかった。

　通勤を含めた勤務状態をAさんの妻から聞いたB相談支援専門員とF医療ソーシャルワーカーは、運動機能面では不要であっても杖を持って優先席の近くに立つことで、着席の必要性が周囲の乗客に分かるようにする方法を提案した。

　会社での勤務が６時間程度の短時間勤務にできれば、業務の負担軽減とともにラッシュ時を避けての通勤が可能になる。しかし、Ａさんの会社では育児・介護に関わる短時間勤務制度以外には正社員が短時間で働くことができる制度がなかった。就労移行支援事業所や就労継続支援Ｂ型事業所などを休職中に利用することが認められていることから[*9]Ａさんの場合、これらの事業所を活用して８時間労働への耐性をつけることも選択肢であったと思われる。また、会社としては短時間正社員制度の導入などにより働き方に多様性が持たせられるかどうかも今後の課題となる。

5．事例の考察

　本事例は一般企業への職場復帰をめざす事例を取り上げた。本節では就労支援に従事するソーシャルワーカーの心得について考えておきたい。

　医療や福祉の分野では連携が強調されお互いにつながることが強調されるが、本事例で取り上げたように一般企業は必ずしも支援者側との連携を希望するとは限らない。このような場合は、就労に向けて確認すべきことや障害について会社にどのように説明するかを本人・家族としっかり打ち合わせて、会社との職場復帰を調整していくなかで交渉者として機能できる力をつける支援を必要としている。ソーシャルワーカーは代理人や代行者ではなく、クライエントが環境の中でより良く機能できることを支援する立場なのである。

　企業の価値観や考え方を知ることは就労支援（特に一般就労の支援）に従事する上では大切なことである。社会福祉法人等で勤務すると、経済・金融・景気などに関心を向ける機会が少なくなり、利益を生むことを使命とする一般企業の価値観を理解することが困難になるかも知れない。景気の動向、業界事情、労働力の需給状況など企業の経営についての情報には意識して目を向け、企業人ともコミュニケーションができる支援者をめざしたい。

＊9
厚生労働省のホームページでは、「障害福祉サービス等報酬改定等に関するＱ＆Ａ」という、法律の解釈や運用について、厚生労働省が各自治体からの質問や疑義に対して答えた問答集が公開されており、「△△の場合に○○サービスは利用可能か」などの実務的判断の参考になる情報を入手することができる。

【考えてみよう】
① 本事例では職場復帰の例を扱ったが、新規に就職先を探すとしたらどのような機関を利用することができるだろうか。
② 失語症の当事者の集まりに参加することができれば、それはＡさんや妻にとってどのような意味があるだろうか。
③ 行政から発信された制度の運用情報を１人のソーシャルワーカーが網羅的にカバーするのは困難なことがある。そのようなとき事業所内又は事業所間でそれぞれどのような協力ができるだろうか。

事例2　知的障害者の地域生活支援

● 本事例のポイント

> 本事例において、ソーシャルワーカーが障害者の支援を進めるうえで留意することとして、以下の点をふまえる。
> ①　障害者およびそれを取り巻く環境の交互作用に焦点化して問題解決を図るためのエコロジカル視点
> ②　障害者およびそれを取り巻く環境がもつ強みに焦点化したストレングス視点
> ③　障害者の主体性を回復するためのエンパワメント視点

1．利用者・支援者の紹介

⑴　利用者と家族

①　Aさん（男性・17歳・療育手帳A（重度）・障害支援区分6）

　1歳10か月に急性骨髄性白血病を患い、1年間の入院治療生活において、抗がん剤治療および放射線治療を受け、臍帯血移植を行った。その際に頭部への放射線治療を行った影響から5歳より難治性のてんかん発作を発症し、現在も治療は続いている。身長は133cm、体重22kgとたいへん小柄であり、12歳より成長ホルモン注射を開始している。小学校までは市立の特別支援学級に通ったが、中学からは特別支援学校に通学するようになり、現在は高等部3年生である。

　高等部1年生のころより情緒面が不安定となった。身の回りにあるものを投げ、他者をたたくなどの行為が頻発し、3年生になってからも落ち着かない様子が続いている。また、自ら行うことができていたADLのうち、排せつ時の便のふきとりができない、着衣の前後の認識が不十分であるなど、家族らの介助や最終確認を要し、著しく低下してきている。食事は欠食・偏食による栄養障害から皮膚疾患を起こしている。IADLは身についていない。

　その他、コミュニケーション方法は、2語文までの発語があり、絵・カード等のコミュニケーションツールを活用する。これにより、本人の興味がある範囲内においての簡単なやりとりは可能である。

　余暇は、電車に乗ること、見ること、あるいはインターネットでの動画視聴を好む。また、犬や猿など動物のぬいぐるみが好きである。

② 父親（43歳）会社員

父親は会社勤めであり、Aさんの養育にはほとんどかかわらず、母親（妻）に任せきりであった。母親が病気を患ってからは、Aさん中心の生活に対応してきたものの、今後のAさんの将来等に心配を募らせ、P相談支援事業所へ相談に訪れた。

③ 家族関係

父親との2人暮らしである。母親はAさんが高等部2年生のときに病気のため他界している。高等部1年生のときに母親は病気を患い、そのころから父親による養育が始まった。これまでかかわりが少なかった父親との関係形成は十分にできておらず、またAさんの情動が高まり暴れ出すと手がつけられないこともあり、Aさんの意向中心の生活スタイルを余儀なくされている一面もある。

祖父母はまだ健在であるが遠方に住んでいるため、1年に2度ほど顔をあわせる程度である。

(2) 支援者

① P相談支援事業所（指定特定相談支援事業所）
- ●B相談支援専門員（女性・社会福祉士）

② Q障害福祉サービス事業所
- ●Cサービス提供責任者（男性・社会福祉士）

③ R短期入所サービス事業所（Q障害福祉サービス事業所内に設置）
- ●Dサービス管理責任者[10]（女性・社会福祉士）

④ S生活介護事業所
- ●Eサービス管理責任者（男性・社会福祉士）

⑤ てんかん専門医療機関
- ●F医師（男性）

⑥ T大学病院小児科
- ●G医師（女性）

⑦ 家族（父親）

*10　サービス管理責任者
第12章p.209参照。

2．事例の概要

Aさんは、中等部を卒業するころまでは、人懐っこくひょうきんという評判であったが、母親が病気のため養育にかかわることができなくなったころから情緒が不安定になり、身の回りにあるものを投げ、他者をたたくなどの

粗暴な行動が多くみられるようになった。そのため、T大学病院小児科のG医師から抗精神薬を処方され服用することになった。しかし、情緒不安定とともに、それまでに身についていたADLについての著しい低下がみられ、また、食欲低下および栄養不足による皮膚疾患も重症化し、状況はさらに深刻さを増していった。

　平日の日中は特別支援学校に通学するが、1年生のときが最も情緒面に落ち着きがなく、粗暴行為等の対応に教員たちも苦慮していた。日々のかかわり方の工夫等により、3年生となった現在では、落ち着いて過ごせる時間も増えてきたものの、粗暴行為等の不安定な様子は依然としてみられる。国語や数学などの学習への参加を働きかけても応じることは難しく、絵を描いて過ごすことが多い。その一方、機織りを行う手工芸の時間になると、教員に手を添えられながらも意欲的に反物をつくる姿がみられる。

　学校が終わる14〜15時ごろからQ障害福祉サービス事業所（指定障害児通所支援事業所でもある）の放課後等デイサービス事業（障害児通所支援）を利用し、父親が仕事から帰宅する19時ごろまでの生活場所を確保している。なお、学校までは通学バスを利用し、学校までの迎えや自宅までの送りはQ障害福祉サービス事業所の送迎車を利用している。

　土曜日は、8〜13時まではQ障害福祉サービス事業所の日中一時支援（地域生活支援事業）を利用し、13〜19時までは同事業所の放課後等デイサービス事業を利用している[*11]。平日の夕方や土曜日のこれらサービスの利用に関しては比較的楽しみにしており、Aさんの生活のなかでは3年間を通して最も落ち着いて過ごすことのできる時間であった。電車が好きなAさんは、毎週日曜日には電車に乗りに行くが、これには父親が同行している。夏休みなどの長期休暇についても、土曜日と同様にQ障害福祉サービス事業所のサービスを利用して過ごすが、昼食の準備は保護者負担であるため、父親が弁当をつくり持参させていた。

　てんかん専門医療機関の通院は毎月1回は必須であり、また成長ホルモン注射を自宅にて週に6回打たなければならず、その通院も毎月1回ある。月に2度の通院の日にはAさんは学校を休み、父親が仕事を休んで同行していた（表14-2は、この当時のAさんの障害児支援利用計画[*12]に基づく週間サービス計画表である）。

　父親は、特別支援学校卒業後のAさんが望む日中活動の場や暮らし方などの進路について不安に思っていた。また、会社では中間管理職であるが、その役割を担うためには、これまでのようなAさん中心の生活を続けることの難しさも感じていた。そのため、P相談支援事業所のB相談支援専門員に相

*11
これは、各サービス利用に関する時間的制約やAさんの支給量の調整を含め、同事業所がサービスのつなぎを行い、提供している形のものである。

*12　障害児支援利用計画
障害児（の保護者）が、児童福祉法に基づく通所サービスを利用するにあたり、市町村に提出する計画（障害児相談支援（児童福祉法第6条の2の2第6〜8項関係））。障害者総合支援法に基づく「サービス等利用計画」に相当するもの（支給決定を受けるため、事前に計画案の提出が必要になることも同様である）。

表14-2　Aさんのサービス利用にあたっての週間計画表（児童期）

	月	火	水	木	金	土	日
6:00	起床・朝食	起床・朝食	起床・朝食	起床・朝食	起床・朝食	起床・朝食	起床・朝食
8:00	特別支援学校	特別支援学校	特別支援学校	特別支援学校	特別支援学校	Q障害福祉 サービス事業所 （日中一時支援）	余暇
10:00							電車乗車・見学
12:00							（父親同行）
14:00	Q障害福祉	Q障害福祉	Q障害福祉	Q障害福祉	Q障害福祉	（放課後等 デイサービス）	
16:00	サービス事業所 （放課後等	サービス事業所 （放課後等	サービス事業所 （放課後等	サービス事業所 （放課後等	サービス事業所 （放課後等		帰宅
18:00	デイサービス）	デイサービス）	デイサービス）	デイサービス）	デイサービス）		余暇
20:00	帰宅・夕食	帰宅・夕食	帰宅・夕食	帰宅・夕食	帰宅・夕食	帰宅・夕食	夕食
22:00	余暇	余暇	余暇	余暇	余暇	余暇	余暇
0:00	就寝	就寝	就寝	就寝	就寝	就寝	就寝

【週間以外の活動】	【主な日常的活動】
月に2回の定期通院あり（父親による同行）。	家庭やサービス利用時での余暇時間は、絵描き・動画視聴・ポケット型ゲーム機を楽しむ。 お茶とコーヒーが好きで、常に飲める状況にある。

談すると、Aさんの児童期から成人期への転換期であることもふまえ、今後の支援についての検討が開始されることになった。

3．支援の過程

(1)　アセスメント

　P相談支援事業所のB相談支援専門員は、Aさん、Aさんの父親から話をうかがった。

1)　Aさん本人との面談

　面談時、AさんはB相談支援専門員からの問いに簡単な単語で以下のように答えた。

① 　電車が見たい、乗りたい。

② 　インターネットで電車の動画が観たい。

③ 　揚げ物が食べたい。

④ 　お絵描きがしたい。

⑤ 　ぬいぐるみと一緒に寝たい。

⑥　発作で頭をぶつけるのが痛い。

⑦　落ち着いて過ごすことのできるQ障害福祉サービス事業所での宿泊（短期入所（ショートステイ））を経験してみたい。

2）　Aさんの父親との面談

　父親の意向は以下の通りであった。

①　本人の情緒が安定し、潜在しているADLが発揮できる生活を願う。

②　本人が健康に暮らしていくため、医療機関の継続受診を願う。

③　本人が好む活動が提供できる施設等での生活場所の確保。

④　本人が第一に望む「電車」の余暇を定期的に実現したい。

⑤　仕事の都合上、現在利用できているパターン（本人の安全面が確保された生活）での支援サービスを成人になってもお願いしたい。

⑥　自分（父親）が支えられなくなった場合に、支援を受けながら本人が自立した生活をしていくことができる環境の確保。

　アセスメントの内容を整理したうえで、障害福祉制度およびサービスの現状をふまえて、B相談支援専門員は次のような話し合いをした。

①　法制度に基づく利用サービスの転換期について

・18歳となり高等部を卒業すると、児童福祉法に基づく放課後等デイサービス事業の利用ができなくなる[13]。

・「見守り」という意味合いでの、日中の自宅に訪問して行われるサービスはないが、障害福祉サービスである「居宅介護（ホームヘルプ）」を利用すれば、自宅においてヘルパーと夕飯づくりなどを行うことはできる（限られた時間ではあるが、支援者の目が行き届いた状態をつくることはできる）。

・あるいは、高等部卒業後の日中の活動場所として、障害福祉サービスである「生活介護」を通所で利用する[14]。夕方の時間帯については、「日中一時支援」を引き続き利用することで、父親の終業時間までAさんの安全面が確保された生活を提供することができる。

　また、生活介護事業所の通所利用では昼食が提供され、夏休み等の長期休暇もない。これまでの児童期のような、弁当づくり等の父親の負担を軽減できることや、生活介護と日中一時支援の組み合わせにより、長時間利用のサービスを調整する必要がなくなるといったメリットも見込める。

　まずは、学校と連携して、生活介護事業所における現場実習を開始して様子をみる方法もある。

*13
放課後等デイサービスは6〜18歳までの児童を対象とした児童福祉法に基づくサービスである（なお、特例として、継続して放課後等デイサービスを受けなければその福祉を損なうおそれがあると認められれば、20歳までの利用は可能である（児童福祉法第21条の5の13））。

*14
生活介護などの障害者支援施設に入所・通所して行われるサービスを利用するにあたっては、障害支援区分の認定と、障害福祉サービス受給者証の交付を受けることになるが、在学中の現場実習においてはその必要はない（サービス利用の契約時には必要となる）。

② 医療面の継続支援について

・外出時に同行し、通院等の支援を行う「移動支援事業（通院等介助）」（地域生活支援事業）のサービスがある。ただし、スタッフの状況により、いつでも利用ができる状況ではない。

　また、スタートとゴール地点が同じ場所ではならない原則から、自宅から出発して施設へ送る工程を計画することができない。これについては実質上必要とされるインフォーマルなサービスであり、支援のつなぎの工夫が必要となる。

・Aさんの意向である「電車」の乗車について、通院の際に利用ができることを鑑みると、「移動支援事業（通院等介助）」の利用と同時に、健康の維持が図られ余暇支援にもつながる。これは、Aさんのもつストレングスを活用した支援を展開できるものといえる。

③ 親亡き後のAさんの自立生活に向けて

・親亡き後のAさんの生活を考え、早い段階からショートステイの利用を経験し、将来的には共同生活援助（以下、グループホーム）の利用を視野に入れていく必要がある。また、ショートステイの利用は、Aさんの養育にあたる父親のリフレッシュを図るためにも必要である（レスパイト機能）。

⑵ 支援目標の設定とサービス等利用計画の立案

サービス担当者会議（初回）の実施

＜出席者（支援チーム）＞
Aさん、父親、B相談支援専門員（P相談支援事業所）、Cサービス管理責任者（Q障害福祉サービス事業所）、Dサービス管理責任者（R短期入所サービス事業所）、Eサービス管理責任者（S生活介護事業所）

　B相談支援専門員の議事進行で進められる。これまでのアセスメントの結果報告を行い、各機関において共有すべき情報の確認を行い、今後の支援目標の設定やサービス等利用計画の立案に向けて話し合いがなされた。

① このサービス担当者会議を経て、Aさんにとって明らかになったニーズは、健康の維持増進を図りながら、生活に意欲となる楽しみを加えながら生活する環境や資源の提供と、それにかかる支援である。

② 数年先の将来を見据え、家族から離れてもサービスを利用しながら自立したAさんらしい暮らしの実現を図るための準備が必要である。

Ａさん本人および父親のニーズに沿う形で生活を支えることが可能なサービス事業所の調整が行われ、また、そのサービス提供の現況をふまえた調整が行われた。本会議をふまえ、Ｂ相談支援専門員を中心としてＡさんの暮らしを支えるための支援目標・計画が設定された（表14－3）。

　表14－4はそのサービス等利用計画に基づく週間計画表である。

表14－3　支援目標・計画

生活上の問題やニーズ	支援の目標	支援計画
①情緒の安定を図りたい。体調面も含めた生活リズムを構築したい。	●Ｓ生活介護事業所の利用開始とともに生活に意欲をもつことができる活動と支援方法の特定、情報を共有する。 ●情緒の安定を図るとともに、定期的な通院支援による体調管理を行う。	●新規利用という環境面の変化を考慮した支援の実施、および事業所間の合同支援研修の実施。 ●日常的な支援を通じた信頼関係の構築を図る。 ●移動支援事業（通院等介助）の利用。
②毎週日曜日には、余暇活動に出かけたい。	●「電車」の余暇活動の定期的な実施を図る。	●移動支援事業（余暇）の利用。
③自立生活に向け、宿泊の体験をしていきたい。	●週末を利用した宿泊体験を積むとともに、家庭以外の場所で落ち着いて過ごすことのできる耐性面の強化を図る。	●ショートステイの利用。 ●信頼関係の構築を図りつつ、当面は本人の楽しみとなる活動となるよう留意する。

表14－4　Ａさんのサービス利用にあたっての週間計画表（成人期）

	月	火	水	木	金	土	日
6:00	起床・朝食	起床・朝食	起床・朝食	起床・朝食	起床・朝食	起床・朝食	起床・朝食
8:00	Ｓ生活介護事業所（生活介護）	Ｓ生活介護事業所（生活介護）	Ｓ生活介護事業所（生活介護）	Ｓ生活介護事業所（生活介護）	Ｓ生活介護事業所（生活介護）	Ｑ障害福祉サービス事業所（日中一時支援）	余暇
10:00							電車乗車・見学
12:00						Ｑ障害福祉サービス事業所（移動支援事業（余暇））	
14:00							
16:00	Ｑ障害福祉サービス事業所（日中一時支援）	Ｑ障害福祉サービス事業所（日中一時支援）	Ｑ障害福祉サービス事業所（日中一時支援）	Ｑ障害福祉サービス事業所（日中一時支援）	Ｒ短期入所サービス事業所（短期入所）	帰宅	帰宅
18:00							余暇
20:00	帰宅・夕食	帰宅・夕食	帰宅・夕食	帰宅・夕食		帰宅・夕食	夕食
22:00	余暇	余暇	余暇	余暇	余暇	余暇	余暇
	就寝	就寝	就寝	就寝	就寝	就寝	就寝
0:00							

【週間以外の活動】	【主な日常的活動】
月に2回の定期通院あり。移動支援（通院等介助）を活用し、ヘルパーが同行。	家庭やサービス利用時での余暇時間は、絵描き・動画視聴・ポケット型ゲーム機を楽しむ。 お茶とコーヒーが好きで、常に飲める状況にある。

(3)　支援の過程

❶【第1期】1か月目～4か月目（高等部3年生の12月から翌年3月までの4か月間）

支援の内容・Aさんの様子	支援者側の留意点等
● 「S生活介護事業所」への実習参加（月～金曜日） 特別支援学校を卒業してからの進路として、S生活介護事業所を紹介、実習に参加する。 S生活介護事業所のEサービス管理責任者との面談をもち、インテークおよびアセスメントで入手した本人のストレングスに着目したかかわり方の引き継ぎを行う。これをもとにかかわりながら、S生活介護事業所内で意欲的になれる活動の選定および創出の検討を行う。 Aさんは、さをり織りを行う作業班での活動を中心に実習に取り組む。また、絵画クラブに参加し、絵を描いて楽しく過ごした。	▶S生活介護事業所には、面談を行ったEサービス管理責任者以外にもたくさんの職員が存在し、Aさんともかかわることになる。そのため、実習の参加に向け、Aさんに関する情報や支援目標の共有など、事業所内での引き継ぎをしっかり行っていただけるようにしなければならない。
● 移動支援事業（通院等介助）の利用開始（月2回） 通院の際には、Q障害福祉サービス事業所が行う移動支援事業を利用する。まずは、てんかん専門医療機関への通院から開始した。同行するヘルパーは、放課後等デイサービスセンター利用時にかかわりのあった相性のよい支援者を初回に配置していただく。片道1時間半かかる道のりを電車に乗り継いでいくプランとなった。 当初、Aさんは通院に行くために電車に乗るという概念をもてないことから、プラットホームで行き交う電車を数分見続けるというアクシデントが起こったものの、あらかじめ用意していたF医師（てんかん専門医）の顔写真と注射の絵カードを用いて理解を求め、無事に通院が完了した。 その後の通院においてはスムーズに利用ができ、4か月後には「通院前日の様子が楽しそうであり、定例の取り組みと位置づけられた様子である」と父親から報告を受けた。	▶サービス調整を行う相談支援専門員は、移動支援事業（通院等介助）を設定する事業所に対し、無理な時間配分でのプラン立てにならないように指示する必要がある。今回の事例のように、予定していた時間をオーバーする可能性を鑑み、経験のない初回等は特にゆとりあるプラン設定をするように助言するとよい。 ▶父親（保護者）と連携のうえ、受診にあたってのサービス利用とその状況について、医療機関とも情報を共有しておく必要がある。
● ショートステイの利用開始（金～土曜日） ショートステイの利用を開始するため、再度細かい生活支援内容を聞き取るために、父親との面談の場	▶家庭での生活しか経験のない利用者に対し、宿泊サー

支援の内容・Aさんの様子	支援者側の留意点等
を設けた。聞き取りの後、Dサービス管理責任者（R短期入所サービス事業所）との面談をもち、引き継ぎを行った。 Aさんは偏食が多く、食べるものが限られているなかでの栄養摂取が健康面における課題となっている。しかし、当面は外泊体験を楽しいものに印象づけを行うため、Aさんの「揚げ物が食べたい」という願いを取り入れ、ショートステイの夕食メニューを揚げ物に設定した。 4か月の期間を経て、「月に1度の利用を楽しみにしている様子である」と父親から報告を受けた。	ビスを初めて導入する際には留意すべきことは非常に多い。インテークから計画策定までに行った面談では知ることができていない情報がある可能性も否めないため、相談支援専門員は、宿泊サービス利用に特化した面談を改めて設ける必要がある。

▶第1期での支援のポイント

　相談支援専門員は、サービス等利用計画を策定するためのインテークやアセスメント面談のみで情報を把握できたと考えるのではなく、日頃から利用者にかかわる複数の事業所や本人・家族からの情報を可能な限り収集する必要がある。

　また、定期的にサービス担当者会議を開き、各事業所との計画の進捗および利用者支援についての共有を図っておく必要がある。その際の留意点として、本人の精神面などの状況は変化するものであることを前提とした、サービス利用中の本人の様子を確認しに行くこと（モニタリング）も重要な役割であり、利用者の変化の気づきとなる。

❷【第2期】5か月目以降（高等部卒業後の4月以降）

支援の内容・Aさんの様子	支援者側の留意点等
● S生活介護事業所の契約利用の開始（4月以降） 第1期で行った実習をふまえて、日中活動の場としての定着を目標に支援が始まった。 S生活介護事業所内での活動について、さをり織りの作業班への配属となったが、休み時間に手持ち無沙汰となり不安定になる様子がみられたことから、その対応について検討された。 Aさんは絵を描いて過ごすことを好むが、同じ絵しか描かない。そこで、同じ絵を描き続けられる点に着目し、これを用いた作品をつくることになった。画用紙いっぱい無数に描かれたその作品はまだ活用には至っていないが、展示会等に出すことを検討しており、作業の休憩時間中も本人の希望に応じて絵描きをして過ごしてもらうことにした。	▶ストレングスを意識したかかわりを行い、本人の得意なことを導き出し、活動につなげていく支援は重要である。 利用者に適合する日中活動がない事業所の場合、相談支援専門員は、その利用者の特徴や個性をしっかり引き継ぎ、新たな作業工程やあるいは作業種をつくり出せるよう、事業所に働きかけることが必要である。

● 移動支援事業（通院等介助）の継続利用（月2回） 　第1期では、かかわり経験のあるヘルパーが支援に入ったが、段階を踏んで他のヘルパーへの引き継ぎが行われた。Aさんは特に不安定になることなく通院することができた。	▶同じ支援者でしか支援できない状況をつくらないように助言することが必要である。
● 移動支援事業（余暇）の利用開始 　毎週日曜日に父親が同行していた電車の乗車については、月に1度はQ障害福祉サービス事業所による余暇支援として実施されることになった。 　その初回に父親に同行してもらうことで細かな支援の引き継ぎが可能となった。	▶支援内容および細かな注意点について、次の担当者への引き継ぎの時間は必ず設ける。

▶第2期での支援のポイント

　S生活介護事業所での3か月間の実習をふまえた相談の末、Aさんは高等部卒業後の進路として、S生活介護事業所の通所サービスの利用を開始することとなった。なお、Aさんは、同事業所との契約利用にあたり、障害支援区分の認定を行っており、その結果、「区分6」と判定されている[*15]。

　このように重度の障害のある利用者のケースでは、その進路先として障害者支援施設が提供するサービスを選択することは多い[*16]。しかしながら、一人ひとりの利用者にとって、すべてが適合する活動や事業内容が、利用する事業所に必ずしもあるとは限らない現状を意識しておく必要がある。個別に支援を必要とするケースは利用者の数だけ存在するため、利用者一人ひとりのストレングスを意識した活動をつくり出すことも重要である。

　また、支援の共有を図るための支援者同士の引き継ぎも重要である。

4. 新たな課題と残された課題

① 今後のAさんの自立生活に向けて

　Aさんは、母親が亡くなったことを起因として情緒面が不安定となり、生活上に困難が生じることになった。そこで、Aさんが望む生活ができるよう、さまざまな障害福祉サービスを活用するなかで、各関係機関による支援を開始された。しかし現段階においては、Aさんの生活は、父親が支え手の中心となっている。そのため、今後は父親自身が支え手になれなくなったときのAさんの自立が課題である。通所サービスの継続利用により、日中の活動をより充実したものになるよう、Aさんの情緒面の安定を図ることが必要である。また、昼食の場面では、本人の様子を見極めつつ、偏食の改善を図る支

*15
障害児については、発達するにつれて障害の状況が変化する可能性があることや、現在活用できる指標が存在しないことから、障害支援区分の認定は行われない。なお、在宅の障害児が「居宅介護」「短期入所」「同行援護」「行動援護」「重度訪問介護」を利用するにあたっては、障害支援区分の認定とは異なる調査方法で支給の要否や支給量が決められている。

*16
第11章p.202参照。

援も必要であろう。ショートステイでの宿泊の経験を積んだ後には、グループホームでの生活も視野に入れていきたい。

②　本事例をふまえた、今後の障害者福祉サービスの現状における課題

第一は、福祉人材の不足である。本事例において、Ａさんは通院、余暇で地域生活支援事業を活用しているが、マンパワー不足により、実際にはサービスの利用を制限されてもいる。休日に好きな場所に行ったり好きなものを食べたりして過ごしたいと思うのは当然なことである。そのような願いに少しの支えが必要な人が多く存在する。したがって、障害者支援従事者の存在は不可欠である。

第二は、制度化されていないインフォーマルな隙間の支援である。本事例においてＡさんは、数か所の事業所を利用しているが、その事業所間の移動手段については、Ｑ障害福祉サービス事業所が送迎を行っている。仮に、別の事業所のサービスを利用していたとして、送迎の対応がなかった場合は、その手段について検討し、対応しなければならなくなる。また、現在の制度においては、特別支援学校や施設などへ事業者が迎えに行く送迎サービスは存在していない。

しかし、利用者は事業所間の移動を一人でできないことが現実的には多く、この制度・サービスのあり方については改善すべき課題が残る。インフォーマルな視点から生まれる必要なサービスが利用者にとって最も必要なことである。

5．事例の考察

本事例のポイントとしてあげた、ソーシャルワーカーとして留意すべき、①エコロジカル、②ストレングス、③エンパワメントそれぞれの視点をふまえて考察する。

①　エコロジカル視点

Ａさんの生活を構成しているさまざまな環境を全体的にとらえ、すべてのかかわりに着目して、その関係が良好な状態にあるかどうかモニタリングしていく必要がある。

②　ストレングス視点

Ａさんのもっているストレングスを生かした取り組みとして、本事例では、通院と余暇活動を組み合わせることや、「同じ絵しか描かないＡさん」に注目して活動に発展させるといった支援の工夫をしている。

③　エンパワメント視点

　自立に向け、Aさんができることに着目して目標を設定し、できることからの成功体験を積み重ねることができる障害福祉サービス事業所の選定を行っている。本事例におけるショートステイの利用がその一つであろう。

　障害者の支援にあたる専門職は、想像力（imagination）を醸成し、本人に向き合い、本人の成長を信じ、寄り添いながら支援とは何かを考え続けなければならない。

【考えてみよう】

① 障害者支援における家族の立場や、Aさん（当事者）にとって、家族はどのような存在であるかについて、ソーシャルワークを基軸に考えてみよう。また、その家族の将来についてもあわせて考えてみよう。

② Aさんの特性を鑑みて、ストレングスを生かした活動は本事例以外に何があるのか考えてみよう。

③ 本事例を通じてみえる、Aさんの生活を支えるために行われたサービスの一つひとつについて、思いつく限り細分化してあげてみよう。これらの支援をフォーマル、インフォーマルに分けることができるだろうか。また、今後必要とされる社会資源は何かを考えてみよう。

【参考文献】
・NPO法人言語障害者の社会参加を支援するパートナーの会　和音編『改訂　失語症の人と話そう　失語症の理解と豊かなコミュニケーションのために』中央法規出版　2008年
・沖田啓子編　「特集　これだけは知っておきたい　すぐに役立つ失語症基礎知識」『リハビリナース』第7巻　第1号　メディカ出版　2014年　pp.8-54
・厚生労働省「平成29年度障害福祉サービス等報酬改定等に関するQ&A（平成29年3月30日）等の送付について」
http://www.rehab.go.jp/application/files/7415/2299/2716/2_05_2929330.pdf

索　引

あ行

IADL→手段的日常生活動作
ICIDH→国際障害分類
ICF→国際生活機能分類
ICMモデル　252
アジア太平洋障害者の十年　51
アスペルガー症候群　69、111
アセスメント　235
アドボカシー→権利擁護
医学モデル　71
医師　211
石井亮一　34
一般雇用　189
移動支援事業　138
糸賀一雄　36
医療型児童発達支援　140
医療型障害児入所施設　140
医療的ケア児等　222
医療的ケア児等コーディネーター　222
医療給付制度　136
院内救助　35
インクルージョン　52、101
ヴォルフェンスベルガー, W.　29、53
運営適正化委員会　41
ACTモデル　252
ADA→障害をもつアメリカ人法
ADHD→注意欠陥多動性障害
ADL→日常生活動作
エコマップ　76
エコロジカル思考　75
エコロジカル視点　74
NPO→民間非営利組織
LD→学習障害
エンパワメント　78、233
応益負担　41、145
応能負担　130、145
近江学園　36

か行

介護給付　130
介護福祉士　207
ガイドヘルプサービス　209
カウガー, C.　253
学習障害　69、111
家族　215
学校教育法　117、201
活動　65
活動制限　65
環境因子　65
看護師　211
完全参加と平等　24、39、50
基幹相談支援センター　138
義肢　211
義肢装具士　211
機能・形態障害　62
機能障害　62、65
基本相談支援　138、208
QOL→生活の質
救護法　36
教育基本法　117、201
協議会　219
共生型サービス　135
共同生活援助　131
居住支援　131、132
居宅介護　130
居宅介護従業者　209
居宅訪問型児童発達支援　140
国等による障害者就労施設等からの物品等の調達の
　推進等に関する法律(障害者優先調達推進法)　118
グループホーム→共同生活援助
呉秀三　35
訓練等給付　130
ケア計画　235
ケアマネジメント　229
ケアマネジャー→相談支援専門員
計画相談支援　138、208、237

形態障害　62
欠格条項　250
健康診査制度　136
言語聴覚士　211
権利擁護　169、234
交互作用　75
構成障害　241
公的年金制度　183
行動援護　130
公認心理師　214
公費負担医療制度　136
公民権運動　30
合理的配慮　44、163
高齢者、障害者等の移動等の円滑化の促進に関する
　法律（バリアフリー新法）　119、154
国際障害者年　24、39、50
国際障害者年行動計画　39、50、61、87
国際障害分類　62
国際生活機能分類　64
国際ソーシャルワーカー連盟　57
国民年金法　118
国連・障害者の十年　24、39、51
個人因子　65
子育て世代包括支援センター　206
個別支援会議　218
個別支援計画　219、220
コロニー　13
今後の障害保健福祉施策について（改革のグランド
　デザイン案）　126
コンピテンス　76

さ行

サービス管理責任者　209
サービス担当者会議　218、235
サービス提供責任者　209
サービス等利用計画　142、237
作業療法士　210
サポートファイル　220
サマランカ宣言　200
参加　65
参加制約　65
支援費制度　40、104
支援マップ　220

四箇院　33
施設コンフリクト　19
施設入所支援　130
シチズン・アドボカシー　170
市町村審査会　144
市町村保健センター　122
指定一般相談支援事業者　208、237
指定自立支援医療機関　136
指定特定相談支援事業者　208、237
児童委員　215
児童相談所　121
児童発達支援　140
児童福祉司　208
児童福祉法　36、70、115
自動物価スライド制　185
視能訓練士　211
自閉症　69、111
社会参加　158
社会資源　231
社会生活力　54
社会的障壁　42、102、111、154、226
社会的不利　63
社会福祉士　205
社会福祉の増進のための社会福祉事業法等の一部を
　改正する等の法律　40、125
社会福祉法　40
社会復帰調整官　117
社会モデル　72
重度障害者等包括支援　130
重度訪問介護　130
就労移行支援　131、195
就労継続支援　131、195
就労支援員　210
就労定着支援員　210
就労定着支援　131、192
手段的日常生活動作　54
恤救規則　34
障害基礎年金　118、184
障害厚生年金　118
障害支援区分　41、106、144
障害児　70
障害児通所支援　139
障害児入所支援　139

障害児福祉手当　187
障害者インターナショナル　15、50、51
障害者基本計画　103
障害者基本法　39、42、67、101
…の基本原則　102
…の障害者の定義　67、102
障害者虐待　113
障害者虐待の防止、障害者の養護者に対する支援等
　に関する法律（障害者虐待防止法）　43、112、171
障害者ケアマネジメント　232
障害者雇用納付金制度　194
障害者雇用率　193
障害者支援施設　134
障害者職業カウンセラー　213
障害者自立支援法　41、104、126、237
障害者自立支援法違憲訴訟　41、146
障害者スポーツ推進プロジェクト　162
障害者就業・生活支援センター　123
障がい者制度改革推進会議　42
障がい者制度改革推進本部　42
障がい者制度改革推進本部等における検討を踏まえ
　て障害保健福祉施策を見直すまでの間において障
　害者等の地域生活を支援するための関係法律の整
　備に関する法律　104
障害者対策に関する新長期計画　39
障害者対策に関する長期計画　39
障害者に関する世界行動計画　24、51、63
障害者の機会均等化に関する標準規則　51
障害者の権利宣言　24、50
障害者の権利に関する条約（障害者権利条約）　24、
　42、44、51、158
障害者の雇用の促進等に関する法律（障害者雇用促
　進法）　43、118、189、192
障害者の日常生活及び社会生活を総合的に支援する
　ための法律（障害者総合支援法）　43、70、104、
　127、237
…の障害者の定義　105
障害程度区分→障害支援区分
障害福祉計画　106
障害福祉サービス　130
障害をもつアメリカ人法　30、101
障害を理由とする差別の解消の推進に関する法律
　43、114、164、172

障壁　63、153
職業指導員　210
職業リハビリテーション　193
職能判定員　212
職場適応援助者　192、213
職場適応援助者支援事業　192
ショートステイ→短期入所
ジョブコーチ→職場適応援助者
自立訓練　131
自立支援医療　134
自立支援給付　130
自立生活援助　131
自立生活運動　29、50
自立生活センター　50、55
自立生活体験室　56
自立生活の理念　55
自立生活プログラム　56
人権　11
心身機能・身体構造　65
心身障害者対策基本法　39、101
心神喪失等の状態で重大な他害行為を行った者の医
　療及び観察等に関する法律（医療観察法）　116
身体障害者更生相談所　120
身体障害者雇用促進法　37、189
身体障害者障害程度等級表　68、108、238
身体障害者相談員　215
身体障害者手帳　68、108
身体障害者の定義　67、107
身体障害者福祉司　120、207
身体障害者福祉法　37、67、106
身体障害者福祉法別表　67、107
身体障害者補助犬法　119
身体障害の構造　238、239
心理的ニーズ　85
スティグマ　157
ストレングス視点　76
ストレングスモデル　252
スペシャルオリンピックス世界大会　162
Specialプロジェクト2020　163
生活介護　130
生活機能　64
生活支援員　210
生活の質　52

生活福祉資金貸付制度　186
生活保護法　36、185
精神衛生法　37、94
精神障害者保健福祉手帳　69、110
精神障害者の定義　69、110
精神障害の構造　249
精神障害の特性と生活ニーズ　252
精神薄弱者福祉法　37、108
精神病者監護法　35
精神保健及び精神障害者福祉に関する法律（精神保健福祉法）　40、69、109
精神保健観察　117
精神保健福祉士　206
精神保健福祉センター　121
精神保健福祉相談員　208
精神保健法　40、109
生存権　11
成年後見制度　174
成年後見制度の利用の促進に関する法律（成年後見制度利用促進法）　175
生理的ニーズ　84
世界人権宣言　23
セルフ・アドボカシー　169
セルフ・ケアマネジメント　234
セルフヘルプグループ　216
全国障害者スポーツ大会　162
全国ろうあ者体育大会　162
戦傷病者戦没者遺族等援護法　188
戦傷病者特別援護法　188
装具　211
相談支援　137
相談支援事業　138
相談支援事業者　237
相談支援従事者初任者研修　256
相談支援専門員　208、237、256
ソーシャル・インクルージョン　52、57
ソーシャルワークの定義　57
ソーシャルサポートネットワーク　218
措置制度　40、104

た行

滝乃川学園　35
多職種（間）連携　219

脱施設化　158
短期入所　130
地域移行　158
地域移行支援　134
地域社会における共生の実現に向けて新たな障害保健福祉施策を講ずるための関係法律の整備に関する法律　127
地域障害者就労支援事業　190
地域障害者職業センター　123、213
地域生活活動拠点等　160
地域生活支援事業　129、138
地域生活定着支援センター　176、217
地域相談支援　138、208
地域包括ケアシステム　220
地域包括支援センター　206
地域福祉権利擁護事業→福祉サービス利用援助事業
知的障害者更生相談所　120
知的障害者相談員　215
知的障害者の権利宣言　24、50
知的障害者の定義　68、108
知的障害者福祉司　120、207
知的障害者福祉法　37、108
知的障害の構造　244
知的障害の特性と生活ニーズ　245
知的障害の定義　68
注意欠陥多動性障害　69、111
仲介モデル　252
DPI→障害者インターナショナル
適応行動（適応スキル）　68
デフリンピック　162
同行援護　130
当事者組織　216
特定障害者に対する特別障害給付金の支給に関する法律　184
特定非営利活動促進法　217
特別支援学校　117、201
特別支援教育　117、201
特別支援教育コーディネーター　212
特別児童扶養手当等の支給に関する法律　186
特別障害者手当　187
特例子会社制度　189

な行

難病　106
ニィリエ, B.　27、52
ニーズ　83
日常生活自立支援事業→福祉サービス利用援助事業
日常生活動作　54
日中一時支援　139
日中活動　131、132
人間の基本的ニーズ　83
ネットワーク　218
ネットワーキング　218
能力障害　62
ノーマライゼーション　26、49、52

は行

パーソナル・アシスタンス制度　27、28、165
パール・バック　16
背景因子　65
パターナリズム　78
発達支援　112
発達障害　69、111
発達障害児　69、111
発達障害者支援センター　121
発達障害者支援法　69、110
発達障害者の定義　69、111
ハビリテーション　54
パブリック・アドボカシー　170
パラリンピック競技大会　162
バリア→障壁
バリアフリー　155
ハローワーク　122
バンク−ミケルセン, N. E.　26、52
ピア・カウンセリング　55、216
ピア・ボランティア　214
ピープル・ファースト　14
評価　236
福祉型障害児入所施設　140
福祉サービス利用援助事業　41、173
福祉事務所　122
福祉的就労　195
不当な差別的取り扱い　164

プロフェッショナル・アドボカシー　169
ベーテル　13
偏見　157
保育士　207
保育所等訪問支援　140
放課後等デイサービス　140
保健師　212
保健所　122
母子及び父子並びに寡婦福祉法　37
母子福祉法　37
母子保健法　116
補装具　137
ホームヘルプ→居宅介護
ホームヘルプサービス　209
ボランティア　214
本人主義　15

ま行

民間非営利組織（NPO）　217
民生委員　215
モニタリング　236

や行

優遇税制　188、189
優遇措置　188
優生政策　12
ユニバーサルデザイン　155
ユニバーサルデザイン2020行動計画　155、156

ら行

ラップ, C. A.　252
ラベリング　157
リーガル・アドボカシー　170
理学療法士　210
リカバリー　252
リハビリテーション　28、54
リハビリテーションモデル　252
療育手帳　109
利用者負担　145
療養介護　130
臨床心理士　213
労働者災害補償保険法（労災保険法）　188

新・社会福祉士養成課程対応

障害者福祉論
－障害者ソーシャルワークと障害者総合支援法－

2021年3月31日　初版第1刷発行
2023年3月1日　初版第3刷発行

編　　集	相澤 譲治・橋本 好市・津田 耕一
発 行 者	竹 鼻 均 之
発 行 所	株式会社みらい

〒500-8137　岐阜市東興町40 第5澤田ビル
TEL　058-247-1227㈹　FAX　058-247-1218
https://www.mirai-inc.jp/

| 印刷・製本 | サンメッセ株式会社 |

ISBN978-4-86015-544-5　C3036
Printed in Japan　　　　　　　　乱丁本・落丁本はお取り替え致します。